U0274203

新质生产力

连平 等◎著

看懂未来经济走势

清华大学出版社

北京

本书封面贴有清华大学出版社防伪标签，无标签者不得销售。

版权所有，侵权必究。举报：010-62782989，beiqinquan@tup.tsinghua.edu.cn。

图书在版编目 (CIP) 数据

新质生产力：看懂未来经济走势 / 连平等著 .

北京：清华大学出版社，2024. 7. -- ISBN 978-7-302
-66620-2

Ⅰ . F120.2

中国国家版本馆 CIP 数据核字第 2024WD7537 号

责任编辑：吴　雷
封面设计：李召霞
版式设计：方加青
责任校对：宋玉莲
责任印制：丛怀宇

出版发行：清华大学出版社

网　　　址：https://www.tup.com.cn，https://www.wqxuetang.com
地　　　址：北京清华大学学研大厦 A 座　　　邮　　编：100084
社 总 机：010-83470000　　　邮　　购：010-62786544
投稿与读者服务：010-62776969，c-service@tup.tsinghua.edu.cn
质 量 反 馈：010-62772015，zhiliang@tup.tsinghua.edu.cn
印 装 者：涿州汇美亿浓印刷有限公司
经　　　销：全国新华书店
开　　　本：170mm×240mm　　　印　　张：15.25　　　字　　数：256 千字
版　　　次：2024 年 7 月第 1 版　　　印　　次：2024 年 7 月第 1 次印刷
定　　　价：69.00 元

产品编号：107773-01

编委会 ▶

Editorial Committee

编委会主任：夏　斌

编委会副主任：连　平　盛松成

编委会成员（按姓氏音序排列）：

陈兴动　崔　历　郭　磊　李迅雷　林采宜　刘利刚

刘煜辉　陆　挺　鲁政委　彭文生　钱学宁　屈宏斌

沈建光　沈明高　汪　涛　徐　高　张　明　朱海斌

总　策　划：朱　蕻

读懂新质生产力，看懂中国新趋势

新质生产力，是2023年9月习近平总书记在黑龙江考察调研期间首次提出的重要概念。2024年1月31日，习近平总书记在二十届中央政治局第十一次集体学习时，对新质生产力进行了系统论述，并指出"发展新质生产力是推动高质量发展的内在要求和重要着力点"。

2024年"两会"期间，李强总理在《政府工作报告》中强调"大力推进现代化产业体系建设，加快发展新质生产力"。

新质生产力，是当下中国经济转型升级的新理念、政府宏观经济政策的新思路、未来中国实现现代化的新动力。"加快发展新质生产力，扎实推进高质量发展"，正在成为各级政府、各类企业与全社会的共识。

如何理解新质生产力？如何提升新质生产力？

中国经济在经历了几十年的高增长后，正在向高质量发展阶段转型。在转型的关键时期，经济基本面出现了宏观走弱、需求不足、债务风险等挑战。中央政府着力推动新旧动能转换：一面压降房地产泡沫，控制城投债增长，严控金融市场风险，推动地方政府化债；另一面发行超长期特别国债，战略性投资民生、教育、科技等国家工程，促进新能源、新技术、新制造、新产业发展。

高质量发展，不仅是经济结构的转型升级，更是增长方式、经济理论与政策思路的革新。新质生产力为高质量发展提供了理论指导。

与传统数量型的经济增长方式、生产力发展路径不同，新质生产力是效率型经济增长方式，是高科技、高质量、高效率的生产力发展路径。根据习近平总书记的论述，新质生产力的提升来自三方面：技术革命性突破、生产要素创新性配置、产业深度转型升级。新质生产力以全要素生产率大幅提升为核心标志，特点是创新，关键在质优，本质是先进生产力。

对于市场而言，新质生产力是洞察下一个阶段中国宏观经济走向和增长逻辑的新窗口，是理解政府政策立场和改革方向的新路径，是关注市场预期与投资机会的新维度。

为了深入理解新质生产力，中国首席经济学家论坛编委会组织了18位首席经济学家，从新质生产力的内涵外延到经济转型、宏观政策、技术创新，再到投资机会，进行了深入解剖与系统分析。首席经济学家是经过专业训练的经济研究者，他们擅长宏观分析和政策建言，同时各自研究有所侧重。如今，编委会将丰富的研究成果整合成书，试图以新质生产力为主线，帮助市场主体理解中国经济的底层逻辑，看懂中国经济的未来走势。

本书开篇，中国首席经济学家论坛理事长连平首先从整体上论述了新质生产力的内涵、特征、构成、发展方向、实现路径、重大意义，并且提出了发展新质生产力的对策。然后，全书分五部分逐一展开：

第一部分，新质生产力与实现路径。鲁政委、王涵、薛清和三位聚焦"如何理解新质生产力"，分析了新质生产力提出的背景、内涵与实现路径。

第二部分，新质生产力与转型升级。汪毅、陈雳、赵建、董忠云四位从"新质生产力推动中国经济新旧动能转换"的角度梳理了中国经济的变迁与方向。

第三部分，新质生产力与宏观政策。芦哲、张明、罗志恒三位分析了税收与财政政策、货币与金融政策如何促进新质生产力发展。

第四部分，新质生产力与技术创新。夏乐、夏春、黄文涛三位研究了新质生产力的核心问题，即如何提高全要素生产率，如何提高技术创新与产业创新能力，资本应该聚焦哪些战略性新兴产业和未来产业。

第五部分，新质生产力与投资机会。荀玉根、刘陈杰、屈宏斌、陈洪斌四位分析了发展新质生产力过程中的技术、产业与金融投资机会。

新质生产力，是一个紧跟中央顶层设计的大议题，也是一个理解中国经济转型及当下政策的纲领性概念。它跟中国经济新旧动能转换、经济转型升级、货币政策、财政政策、房地产政策、产业投资机会、技术创新等高度相关。读懂新质生产力，才能看懂中国经济的未来走势。

最后，衷心地感谢18位首席经济学家为本书的研究所付出的巨大努力以及贡献的卓越智慧！

中国首席经济学家论坛编委会
2024年6月

目录 ▶
Contents

新质生产力与转型升级

新质生产力与宏观政策

新质生产力与技术创新

新质生产力与投资机会

新质生产力：经济高质量发展的原动力 ①

连平　中国首席经济学家论坛理事长　广开首席产业研究院院长兼首席经济学家

在新发展格局下，实现经济高质量发展是我国全面建设社会主义现代化国家的首要任务。新质生产力是推动经济高质量发展的内在要求和着力点。新质生产力为我国在新发展阶段打造经济发展新引擎、增强发展新动能、构筑国家发展新优势提供了重要指引。在数字经济的大趋势以及我国全面建设中国式现代化的时代背景下，新质生产力具有深刻的内涵和鲜明的特征。新质生产力对于经济高质量发展具有重要意义。新质生产力的发展方向代表着经济高质量转型发展的方向。针对新质生产力在发展过程中出现的各种问题，应对症下药，有效加以解决，推动新质生产力持续健康稳定发展，使其为经济高质量发展提供源源不断的动力支持。

一、新质生产力的内涵与特征

习近平总书记指出，"新质生产力是创新起主导作用，摆脱传统经济增长方式、生产力发展路径，具有高科技、高效能、高质量特征，符合新发展理念的先进生产力质态。它由技术革命性突破、生产要素创新性配置、产业深度转型升级而催生，以劳动者、劳动资料、劳动对象及其优化组合的跃升为基本内涵，以全要素生产率大幅提升为核心标志，特点是创新，关键在质优，本质是先进生产力"。这是对新质生产力内涵和特征全面而深刻的阐述。科技创新催生出新产业、新服务和新业态并最终使其转化为新动能。科技创新是发展新质生产

---

① 广开首席产业研究院宏观高级研究员罗奂劼对此文亦有贡献。

力的核心要素。与传统生产力相比，新质生产力更加重视科技创新、技术进步和智力资源等对生产方式、生产效率和生产质量的全面提升。以技术创新为导向，是信息化、数字化和智能化时代的重要标志。简言之，新质生产力是一种集"创新、质优"于一体的先进生产力。

在新质生产力的基本内涵中，生产要素创新性配置推动全要素生产率的提升主要体现在以下三个方面：

①劳动者水平显著提升。与新质生产力相匹配的不是以简单重复传统劳动为主的普通工人和技术工人，而是能够充分利用现代信息科学技术、适应现代高端先进设备和具有知识快速迭代能力的智力工人。

②劳动资料进一步升级。与新质生产力匹配的不再是普通机器设备和计算机，而是具有人工智能、虚拟现实和增强现实等功能的更为高端的精密仪器和智能设备。

③劳动对象范围扩大。与新质生产力相匹配的不仅有以物质形态存在的机器设备等，还包括数据等不受空间和时间限制的非物质形态资源。

从多个维度来看，新质生产力都具有鲜明的时代特征。

一是以数字化、信息化、网络化和智能化等新技术为支撑。当前和未来一个时期，全球科技创新正处于密集活跃期。新一代信息、数字、能源、材料和生物等领域颠覆性技术不断涌现，并呈现多点突破、高度复杂和深度交叉融合的发展态势。支撑社会发展和民生福祉的基础设施也会在新技术的作用下进一步拓展和延伸，形成信息化、数字化、智能化的新型基础设施。

二是以数据为关键生产要素。纵观历史，科技革命与经济变革之间存在着周期性的耦合。以数字形式存储和流动的数据要素，由于具有低成本、强渗透性和高融合性等特点，可以推动生产资料、生产方式、生产效率和资源配置方式等不断优化升级，从而推动生产力的创新发展。

三是以科技创新为核心驱动力。以往的工业化进程更多是依靠传统要素驱动和投资驱动。经过长期发展，以依靠传统资源大规模投入为特点的粗放式发展方式的弊端已经凸显，因此有必要从科技创新中寻找新方式和新途径，加快实现高科技领域的自立自强，为新质生产力的发展提供强大支撑。

四是以高新技术深化应用为主攻方向。战略性新兴产业和未来产业既是培育和发展新质生产力的主阵地，也是抢占未来国际竞争制高点和构建国家竞争新优势的主赛道。通过运用新技术、新成果和新产出，将传统产业改造升级为战略性新兴产业并衍生出未来产业，将为新兴产业的发展提供坚实基础。

五是新质生产力所产生的社会经济影响具有广泛性和革命性。在新一代科学技术与数据要素共同作用下，新模式和新业态不断涌现，传统产业重塑变革持续推进，由此产生的影响不仅体现在自然科学领域、经济发展模式和社会生产范畴之内，还将对人类社会的劳动方式、生产组织方式、资源配置方式、社会组织运行和社会制度体系等方面产生革命性影响。

二、新质生产力的构成与发展方向

新质生产力的核心是创新，载体是产业。离开了产业，创新就会成为"无源之水"。经济发展依靠的是主导产业和支柱产业持续不断的迭代和优化。要紧紧抓住新一轮科技革命和产业变革的机遇，以科技创新为引领，加快传统产业向数字化、智能化、高端化和绿色化的升级改造，培育壮大战略性新兴产业，积极发展数字经济和现代服务业（尤其是生产性服务业），加快构建符合完整性、先进性、融合性和安全性要求的现代化产业体系，以产业升级和战略性新兴产业的发展推进生产力跃升。随着近年来科技水平的不断提高，我国科技支撑产业发展的能力不断增强，为发展未来产业奠定了良好基础。综上所述，以战略性新兴产业和未来产业为代表的新制造，以具有高附加值为特点的生产性服务业、以数字化平台为代表的新业态将成为新质生产力的核心构成和发展方向。

（一）新制造是发展新质生产力的主阵地

战略性新兴产业将会在新质生产力形成和发展过程中发挥推动作用。从技术路线和要素结构的角度来看，战略性新兴产业和未来产业都以重大技术突破和重大发展需求为基础，具有技术和知识密集度高、物质资源消耗少、成长潜力和空间大等突出特点。在国家战略规划支持、各级政府积极落实以及各类资本的协同推动下，我国战略性新兴产业逐步迈向成熟发展阶段，对经济社会全局长远发展的引领作用日益显现。由于未来产业与前沿科技创新的互动较为紧密，因而更具前瞻性和指导性，也是各国面向新一轮科技革命和产业变革重点培育扶持的对象。在资金大力支持下，创新投入和激励、人才引进和培养等政策措施逐步落实到位，未来产业的新赛道将不断细分，数字化、信息化和绿色化的产业成长主线日趋清晰，这将在更大范围和程度上改变传统生产方式和生产力要素构成。未来产业将与战略性新兴产业一道，共同发挥新质生产力引领中国经济高质量发展的动力源作用。

战略性新兴产业和未来产业共同构成了新制造业态。与传统产业相比，战略性新兴产业具有高技术含量、高附加值、高成长性、产业辐射面广等特点，是建设现代化产业体系和发展新质生产力的主体力量。战略性新兴产业与传统产业并非绝缘。强调培育和壮大战略性新兴产业并非简单地摒弃传统产业。战略性新兴产业的发展以传统产业为基础，并对其提供技术支撑。因此，要运用新技术和新成果来改造和提升传统产业，为战略性新兴产业发展提供强大动能。根据"十四五"规划和党的二十大报告，战略性新兴产业主要包括新兴信息技术、新能源、新材料、生物医药、高端装备制造和节能环保等领域。

如果说战略性新兴产业是产业发展的主攻方向，那么未来产业则是产业发展的新趋势，其涉及范围更广、成长不确定性更大，培育周期也更长。未来产业拥有四个"新"特点——依托新科技、引领新需求、创造新动力和拓展新空间。2024年年初，有关部门提出了未来产业发展技术路线，明确了前沿技术创新突破方向，构建了未来产业生态体系，提出了创新合作、开放包容、安全可持续等政策导向，为推动未来产业创新发展提供有力支撑。相关文件还明确提出了未来制造、未来信息、未来材料、未来能源、未来空间和未来健康六大方向的主要构成和技术路线。

①未来制造包括智能制造、生物制造、纳米制造、激光制造、循环制造、柔性制造、共享制造及工业互联网、工业元宇宙等。

②未来信息包括新一代移动通信、卫星互联网、量子信息、类脑智能、群体智能、大模型等。

③未来材料包括先进基础材料、关键战略材料以及超导等前沿新材料。

④未来能源的发展方向包括核能、核聚变、氢能、生物质能、高效太阳能电池及相关电子设备、新型储能、能源电子等。

⑤未来空间包括载人航天、探月探火、卫星导航、临空无人系统、先进高效航空器等空天高端装备，深海潜水器、深海作业装备等海洋高端装备，深地资源探采、极地探测与作业等深地及极地装备等。

⑥未来健康则包括细胞和基因、合成生物、生物育种、新型医疗服务、高

端医疗装备和健康用品等。

综上所述，未来产业的六大构成犹如一幅具有未来价值投资的路线图。

（二）新服务是新质生产力发展的生力军

服务与生产是密不可分的，服务成为生产力重要的组成部分是社会分工不断深化的结果。新质生产力需要有新服务。新服务的重点在于镶嵌在全球产业链和供应链之中的对全球产业链和供应链具有重大影响的生产性服务业。据统计，生产性服务业的价值往往占到中高端设备、装置和制成品中 50%～60% 的附加值。按照国家统计分类，生产性服务业包括为生产活动提供的研发设计和其他技术服务，主要包括货物运输、通用航空生产、仓储和邮政快递服务、信息服务、金融服务、节能和环保服务、生产性租赁服务、商务服务、人力资源管理和职业教育培训服务、批发与贸易经济代理服务和生产性支持服务共计十大类。这十大类和制造业都是密切相关的，因此制造业和服务业的各种附加值大多与此有关。生产服务不到位则制造产品就较难高端化。目前，尽管我国制造业增加值占全球比重约 30%，连续 14 年居全球首位，但与制造业密切相关的生产性服务业发展却相对滞后，导致我国在全球产业链和供应链中地位不高。在全球主要发达经济体中，生产性服务业的占比较高。第二十五届北大光华新年论坛上黄奇帆在题为《新质生产力：用新制造、新服务、新业态打造未来中国发展的新增长极》的演讲中提到：美国占 GDP 约 80% 的服务业里面有约 70% 是生产性服务业，即生产性服务业约占 GDP 的 56%；欧盟 27 国服务业占 GDP 的比重是 78%，其中 50% 是生产性服务业，即欧盟 GDP 的 39% 是生产性服务业；G20 国家中多数国家的生产性服务业占 GDP 的比重也在 40%～50%。近年来，服务业占我国 GDP 的比重略高于 50%，其中超过 2/3 的是生活性服务业，生产性服务业占比不到 1/3，因此生产性服务业占 GDP 比重为 17%～18%，与美国超过 50% 和欧盟约为 40% 的占比差距较大。

要实现经济的高质量转型升级、中国式现代化和高质量的中国制造，就必须加快发展生产性服务业，大力提升跟制造业强相关的高附加值的生产性服务业增加值。为此，要通过培育和发展新质生产力来提升生产性服务业在服务业、终端商品和 GDP 中的占比。据测算，若我国服务业占 GDP 比重提升至 60%，其中生产性服务业的比重将提升至 50%，那么生产性服务业占 GDP 的比重将达到 30%。生产性服务业水平的提升将会成为新质生产力发展的新的动力之一。

（三）新业态是新质生产力发展的组织模式

发展新质生产力还应培育和发展新业态。培育和发展新业态的核心任务是推动产业变革，即进行产业组织的深刻调整。新业态的主要模式是数字化产业互联网平台。平台型业态组织是在互联网环境下，通过不断激发网络效应而灵活安排和变换组织形式的一种组织类型。这种业态的组织能够更加便捷地聚拢资源，同时通过满足多方需求而实现获利。平台型业态组织具有"三台"分工协同的特征，呈现分布式集成运行形态。前台贴近市场和用户，同时掌握资源指挥权；中台负责持续对内外部资源进行整合，是前台的支持与赋能机构；后台明确整个平台的战略目标，并负责制定平台内部的各项规则。数字化则是平台型组织的基础。平台通过大数据技术，精准营销并匹配用户的个性化需求。以数字化为媒介和载体，通过人工智能、物联网、云计算等技术为生产赋能，建设智能工厂。"小而灵"、敏捷性和即时性是平台型组织的优势。以"小前端创业体"为前台的结构能够更加灵活地贴近用户需要和快速适应市场变化。平台型组织是平台生态中的领导者和佼佼者，它开放自身边界以吸引和聚集各方参与者来实现价值共创。平台型组织随着数字化和智能化技术的引入，横向的部门之间、垂直的纵向层级之间的各种信息屏障被打破，使信息可以在不同部门和层级之间传递和共享。其结果是各类信息能够横向和纵向地自由流动，形成了网络式结构，使组织扁平化，并促进中心化。各类生产企业通过此类平台，形成以客户为中心的全产业链紧密协作的产业集群，还会带动相关服务企业的参与。产业平台本身就会成为集"生产、金融、贸易和服务"于一体的"四中心"新业态发展模式。

三、加快发展新质生产力的路径

加快发展新质生产力，是我国把握新一轮科技革命机遇、建设现代化产业体系、全面塑造发展新优势、推动经济向高质量转型发展的关键之举。当前和未来一个时期，要充分发挥产业体系完备、市场规模巨大和拥有集全国之力办大事等体制优势，多管齐下加快培育并发展新质生产力。

（1）深入推进科技创新并完善其体系，加快培育新质生产力的动能。科技创新是发展新质生产力的本质特征和核心动力。随着科学技术的不断进步，在全球信息化和数字化的浪潮下，科技创新能力已经成为国与国之间综合竞争实力的决定性因素。近年来，中国在不少领域取得了突破性成就，归根结底是科技不断创新带来的结果。科技创新是推动新质生产力形成的重要路径之一，主要体现在将科学研究中的最新发现和技术发明等最先进的成果，有效应用和转化到具体生产活动过程中，不断创造新的价值，全面提升生产效率和产出，并最终推动传统生产力向"创新＋质优"的新质生产力转变。必须通过加快实现高水平科技的自立自强并打好关键核心技术攻坚战来加强科技创新能力，特别是原创性、颠覆性科技创新的能力，推动各类科技创新成果竞相涌现，培育发展新质生产力的新动能。

（2）在关键技术领域持续突破，从量变到质变发展新质生产力。在持续性科技创新基础上形成重大关键性技术领域突破是新质生产力的基础。近年来，以数字技术、人工智能技术、新材料和新能源、新生物等新技术为核心的技术突破和技术创新为新质生产力的发展奠定了坚实基础。但也要看到，我国在部分关键环节和核心技术领域仍然受制于人，产业链和供应链的安全风险隐患一直存在且仍较突出，不利于新质生产力的持续稳定发展。为此，必须以高水平科技的自立自强为指引，努力争取在三方面实现重大科技突破：①在长期坚持和提前布局的基础上实现重大基础研究的新突破；②在科学规范的基础上实现重大科技装备建设全球领先的突破；③以产业创新需求为导向，有效推进创新链、产业链、资金链和人才链的"四链"融合，实现重大应用研究与科技成果产业化转化的新突破。

（3）高度重视人才培养，夯实新质生产力发展的人力资源基础。在生产力的三要素中，劳动力是首要要素和重要资源，是组织生产过程的主体力量。因此，只有深度挖掘"人才"这个"第一资源"，打造与新质生产力相匹配的新型人才资源队伍，包括能够创造新质生产力的战略型人才和能够熟练掌握新质生产资料的应用型人才，有效提升全社会的人力资本和"人才红利"，才能加快形成和发展新质生产力。应深化人才体制机制改革，尤其是针对前沿技术领域的稀缺人才，探索建立差异化、多元化和长周期的专业人才评价体系和激励机制。深化高等院校、职业院校、专科学校和企业之间的合作关系，打通科研创新、科技成果转化、企业产业创新应用之间的"接口"。利用先进技术对传统人才培养体系进行数字化、信息化、智能化等方面的转型升级。

（4）深化数字技术与实体经济融合，催生数字化的新生态。数字化作为新劳动和生产资料促进了新质生产力的形成。数字时代的劳动资料不仅仅是传统的机械设备，而是涵盖了大量数据化、信息化和智能化的工具。数字化这一新劳动对象的引入，尤其是在新能源和新材料上的应用，不仅能够推动产业结构的升级，也能推动经济的可持续发展。在数字经济时代，数据作为新的要素被纳入生产过程中，与传统的劳动、资本、土地等要素相互结合，形成了全新的生产要素和生产模式。这种优化配置有利于不断提高全要素生产效率。数字技术创新通过数字网络和智能算法将对未来的生产流程、生产模式、生产管理方式产生颠覆性影响。伴随数字技术创新在各产业领域的渗透、覆盖和应用，其赋能效应将不断扩大，能有力促进传统产业数字化转型升级和催生出基于数字化的新产业业态模式，加快形成新质生产力。

（5）通过激发企业创新活力，不断增强新质生产力的创新动能。新质生产力的承载主体是企业，企业是产业发展壮大的基石。要突出和强化企业在科技创新中的主体地位，通过激励机制不断增强企业发展新质生产力的创新活力。政府要营造良好的市场经济环境、政策环境和金融环境，鼓励与支持企业的发展与壮大。以发展数字经济、加快推动人工智能、广泛应用数智技术、绿色技术和加快传统产业转型升级为目标，大力扶持以先进制造企业和注重科技研发的高科技企业等为代表的创新型企业快速发展；同时，提升企业家素质，培育、引导和激发企业家创新精神；此外，进一步加大高等院校和科研院所的科研资源向企业特别是民营企业的开放力度，深化科研院校与企业的合作关系。

（6）打造全球性的开放创新生态，持续吸收国际科技创新的养分。实践表明，高水平对外开放对于加快形成新质生产力具有积极推动作用。为此需要建立多元化和广泛化的国际合作网络，积极创造和参与全球多边和双边合作机制，不断拓展技术交流和合作渠道并加强深度和广度，形成具有全球竞争力的开放性创新生态。持续与国际先进企业、研发机构建立长期、稳定、深入的合作关系，吸收他方先进技术，输出己方已有成果，推动技术创新和转移。加强知识产权保护，为技术创新提供有力保障。鼓励国内企业大胆"走出去"，积极拓展海外市场，努力实现技术交流合作的跨越式发展。加大对国际化人才培养和引进的投入，吸引海外高层次人才，提高人才综合素质和跨文化交流能力，助力我国科技创新。

（7）持续推进传统生产力和新质生产力的有机结合，拓展新质生产力的成长空间。新质生产力是生产力质态的变化，可以带来更高的经济效率，但经济社会的发展不可能只是依靠新质生产力，传统生产力仍然要发展。新质生产力和传统生产力息息相关。传统生产力是新质生产力的基础。在科技创新的催化下，传统生产力升级转化成了新质生产力。因此，新质生产力是传统生产力发展到一定程度所产生的质态变化的结果。传统生产力和新质生产力之间的密切关系，决定了二者必须紧密结合以最大限度释放生产力，为经济增长提供最强大的动能。

（8）加快完善全国统一大市场，为新质生产力发展提供完善的全产业链循环保障和内需扩容保障。加快完善激励和约束机制，破除地方保护和区域壁垒，规范市场不当竞争和干预行为，为市场微观主体构建良好营商环境。加快推动区域经济一体化和产业协作化，优化创新资源布局。在科教研资源相对丰富和新兴产业具有领先优势的地区，加快建设综合性国家或区域科技创新中心，更好发挥科技创新潜力和辐射带动作用。优化产业布局，完善产业体系。构建市级—省级—国家级—世界级集群梯次新兴产业培育发展体系。在发达地区率先打造一批具有国际竞争力的战略性新兴产业集群，增强内陆地区承接产业转移能力，推动制造业有序转移。

四、新质生产力对经济高质量发展具有重要意义

习近平总书记强调，"高质量发展，就是能够很好满足人民日益增长的美好生活需要的发展，是体现新发展理念的发展，是创新成为第一动力、协调成为内生特点、绿色成为普遍形态、开放成为必由之路、共享成为根本目的的发展"。我们理解，经济高质量发展必须处理好"质"和"量"的关系。在中国经济向高质量转型的关键时期，推动新质生产力发展具有十分重要的意义，主要体现在以下三个方面。

（1）新质生产力是推动新旧动能转换，引领中国经济高质量发展和推进中国式现代化建设的主要抓手和关键动力。发展新质生产力，既为经济高质量发展提供新的航向，也为经济高质量发展铸造新动能，还为实现中国式现代化打造新的基础。党的二十大报告指出：高质量发展是全面建设社会主义现代化国家的首要任务。无论是建设制造强国、质量强国、网络强国、数字中国，还是

最终建成社会主义现代化强国，都需要实现经济的高质量发展。要想实现高质量发展，就要推动经济质的有效提升和量的合理增长并使之有机地结合起来。"质"是指经济发展的结构和效益。质的提升是经济高质量发展的必然要求和推动力量。当经济发展到一定程度和规模时，经济增长动能就会逐步减弱。如果没有新的发展动力和发展模式，不仅经济增长会进一步减速，而且陈旧过时的经济发展结构和模式还会滋生出各种问题来拖累经济增长。新质生产力为经济高质量发展找到了明确的着力点。发展新质生产力，既要发展前沿技术和推进突破性创新，又要激发颠覆性技术和自主式创新，带来"新制造"和"新服务"等新的发展动能，还要发掘新生产要素和创造新要素的组合，推动全要素生产率大幅提升。新质生产力的发展将有力地推动中国式现代化的实现。根据《中华人民共和国国民经济和社会发展第十四个五年规划和2035年远景目标纲要》，未来我国的经济实力、科技实力和综合国力都将大幅提升，人均GDP将达到中等发达国家水平；基本实现新型工业化、信息化、城镇化、农业现代化；居民人均可支配收入位居世界前列，贫富差距进一步减小，中等收入群体比重显著提高；社会保障更加完善，人民生活更加幸福美好。上述目标都与新质生产力的发展有着不可分割的内在联系。因此，无论是宏观、中观或微观层面的高质量发展，还是中国式现代化，其核心新动能都可以源于新质生产力。

（2）新质生产力既是支撑战略性新兴产业和未来产业创新发展的动力来源，也是推动构建现代化产业体系的关键力量。根据国家发展改革委的定义："现代化产业体系是以现代先进技术广泛运用为基础、以战略性新兴产业和高技术产业为引领、以产业链供应链现代化为方向、以满足消费需求为目的的新兴产业体系，是现代生产力的基本载体。现代化产业体系具备系统性、持续性、动态性和全局性特征，强调整个产业体系的协调联动，强调产业可持续发展的动能转换，强调结构调整与经济发展的耦合协同。"推动新质生产力发展是技术变革和产业变革的必然趋势。新质生产力意味着要改造提升传统产业，培育壮大新兴产业，布局建设未来产业。新质生产力将助力传统产业实现深度转型和升级。伴随数字技术、信息技术、云计算和人工智能等先进技术在生产流程、交易渠道、供应链管理等多个方面的应用，传统产业也插上了"数智"的翅膀，并衍生出战略性新兴产业并催生出未来产业。战略性新兴产业是新技术、新业态和新模式在产业层面的具体体现，具有更高的科技创新含量和发展潜力。未来产业则成为新质生产力深化发展的孵化地和孕育地。

（3）发展新质生产力是塑造国家竞争优势和提升国际竞争力的战略选择和重要支撑，是我国在新一轮科技革命中"变道超车"的重要保障。纵观世界经济和科技发展史，哪个国家拥有了革命性和颠覆性的先进生产力和前沿科学技术，哪个国家就拥有了强大的国家竞争优势。新质生产力作为又一个先进生产力革命的代表，必然会激发出具有世界领先水平的战略性新兴产业和未来产业，为国家增加竞争优势奠定坚实的基础。同时，由于科技创新是新质生产力的核心，因此会涌现出许多前端科学技术，使得我国在这些技术领域处于全球领先水平，进一步夯实国家竞争优势。

五、发展新质生产力面临的问题与对策

新质生产力是我国经济高质量发展的原动力，但在其推进过程中仍会存在不少问题。这些问题的存在不利于新质生产力的持续稳定发展，对此应具体问题、具体分析，对症下药，逐一打通新质生产力发展过程中的堵点。

生产力决定生产关系，生产关系反作用于生产力。当生产关系适应生产力时，就能够促进生产力发展；反之，就会阻碍生产力发展。由于传统生产力严重依赖要素投入，主要是依靠劳动资料、劳动对象和劳动者的大量投入，故存在生产效率较低、技术含量不高，科技创新速度较慢以及产品更新换代周期较长等问题。为了释放新质生产力的发展动能，就要不断调整生产关系以适应和引领先进生产力的发展。应加快推进供给侧结构性改革，减少无效和低效的低端供给，扩大有效的中高端供给，增强供给侧对需求侧变化的适应性、灵活性和及时性，提高全要素生产率。优化生产要素创新性配置，实现劳动资料、劳动者和劳动对象的最优配置组合。通过完善基于传统生产关系的体制机制和联动机制，提升组织能力，放宽市场准入规则、降低准入标准，充分释放市场活力。

当前科技创新效率不高，创新体制仍然存在短板。深层次体制机制障碍还没有完全破除，主要体现在科技资源与金融资源、人力资源匹配程度不高、创新引领与开放带动和改革赋能之间协同机制不畅等方面，难以适应新质生产力发展的要求，需要通过优化要素市场化配置，健全产业金融、数据安全治理及合作机制等方式来推动其科技创新与体制改革。通过激发人才、资本、数据等创新要素的活力，优化要素市场配置。不断完善科创人才的培养机制、采用机

制、激励机制和竞争机制，创造良好的科创人才成长环境。建立健全数据要素产权制度体系，培育壮大数据要素市场。有效推动金融市场支持科技创新，优化金融市场的"供血"功能，完善多层次资本市场，提供覆盖企业全生命周期的金融产品和服务，促进创新创业和产业升级，形成"金融—科技—产业"的良性循环。把握好新质生产力的新规律，积极探索在资源配置中"更好发挥政府的扶持和监管作用"的方式。一方面，积极提供和创造有利条件，引导与鼓励新型技术、新兴产业、新兴市场、新型业态、新型模式、新型服务和创新型企业的健康发展；另一方面，针对发展过程中出现的垄断、商业欺诈、损害社会利益和不正当竞争等问题，应创新监管思路、方法、手段，进行有效监管。

产业结构尚有较大完善与提升的空间。尽管制造业经过持续发展后取得了长足进步，但内部结构中传统低端资源加工和高能耗制造业占比仍然偏高，而中高端制造业占比则较低，制造业整体技术含量有待进一步加强；战略性新兴产业仍处于"点状"发展局面，产业链各环节发展不均衡且不畅通，规模效应不明显；产业发展区域协调度不高，各地竞相布局新兴产业，存在同质化竞争的"内卷"现象。从服务业来看，整个服务业占 GDP 比重仍有较大提升空间，且整体质量偏低，服务业结构有待进一步优化。生活性服务业占比较高，但附加值较低，而附加值较高的生产性服务业占比较低。未来需要持续优化和改善产业结构。在保留传统优势产业的基础上，继续剔除高污染、低产出的产业。保留的传统产业需要以绿色转型和数字赋能为方向进行升级。加大 5G、6G 等信息基础设施的建设力度及工业软件和智能装备的投入力度，打造一大批云企业和数字化车间，高质量地建成数个国家级工业互联网示范区。加快抢占新兴产业新赛道，积极布局未来产业，合理构建供应链配套体系，优化配置产业分布。在加快培育新能源汽车、锂电池、太阳能电池等"新三样"的同时，做大做强以小纳米芯片为核心的新一代信息技术产业及生物医药等新兴产业，加快打造一批具有核心竞争力的战略性新兴产业集群。加快提高生产性服务业占比，提升生产性服务业效能，优化生产性服务业空间布局。聚焦现代化产业体系建设需要，实施生产性服务业升级计划，抓好制造业和服务业融合试点，研究促进生产性服务业跨越发展政策。依托新一代信息技术和数字技术的广泛应用，大力推广个性化和定制化服务、供应链管理、共享制造、全生命周期管理等服务型制造新模式和服务新业态，大力培育服务型制造示范企业和工业设计中心。

资源要素配置迫切需要优化。当前，资源要素配置效率不高。供地紧张与用地低效、浪费并存，融资难和成本高等问题仍较为突出。民营企业进入国有企业供应链存在一定困难，一些隐性壁垒依然存在。资源要素流动不畅的状况仍普遍存在。不同地区、不同环节，甚至不同部门之间存在着"各自为战"的现象，无法做到有效整合和协同合作。部分地区优化资源要素配置的开创性和市场化思路欠缺，促进优质要素向新质生产力集聚的体制机制尚不完善。要提高资源要素利用效率，建立公共数据分类分级管理制度，出台数据资源管理标准，建成汇集、整理、分类、应用管理体系。做优做强数据交易平台，构建数据生态，推动数据与产业深度融合，促进数据"资源"变"资产"，释放数据要素潜能。提高土地综合利用效率，统筹各类用地指标，降低土地使用成本。提高金融服务实体经济水平，强化财政政策与金融政策深度融合，创新融资模式及政策工具。完善多层次资本市场体系，盘活被低效占用的金融资源，进一步提高资金使用效率。要加快资源要素配置改革，健全要素市场化配置体系，系统推进土地、劳动、资本、技术、数据等要素市场化配置改革，推动国家要素市场化配置综合改革试点尽快落地，为建设高标准市场体系探索路径。加快推进全国统一大市场建设，努力破除制度壁垒，促进各类人才、资本、技术、服务等要素双向流动。坚定落实"两个不动摇"政策，鼓励国企民企协同共进。进一步强调国企在重要环节发挥带头引领作用的同时，积极鼓励民企共同参与，将重要应用场景向民营企业开放，打造充满活力的企业生态氛围。

加快形成新质生产力，既是发展命题，也是改革命题。发展是方向，改革是前提。通过改革和针对性的政策，将新质生产力发展过程中的堵点打通，则可以促进新质生产力的快速形成，进一步推动经济高质量发展并实现中国式现代化。

新质生产力
与实现路径

"新质生产力"的内涵及其实现路径

鲁政委　中国首席经济学家论坛理事　兴业银行首席经济学家

　　基于中央财办对"新质生产力"的解读，本文阐述了"新质生产力"的内涵和实现路径。其中内涵包含驱动因素、基本含义及核心标志等，具体而言：

　　（1）从其驱动因素看，创新是"新质生产力"的主要驱动力，借助技术革命性突破、生产要素创新性配置和产业深度转型，新质生产力得以形成。其中，技术革命性突破带来生产力质的飞跃，数据这一新型生产要素的产生给生产要素创新性配置带来了机遇；产业深度转型包含由传统产业向新兴产业升级，传统产业与新技术、新要素相结合两层含义。

　　（2）从其基本含义看，劳动者、劳动资料、劳动对象及其优化组合的质变为"新质生产力"的基本含义。具体表现在：人口红利由"数量增长"向"质量提升"转变；劳动资料由"机械化"向"智能化"和"数字化"转变；以数据、信息为代表的"无形物"开始成为重要的劳动对象。

　　（3）从其核心标志看，依托于技术进步和生产要素重新组合实现全要素生产率的提升是"新质生产力"的核心标志。

　　（4）从其实现路径看，主要包括：构建与"新质生产力"相适宜的创新体制；打造适应"新质生产力"的人才队伍；发展与"新质生产力"相适宜的战略性新兴产业与未来产业，推动传统产业转型升级；加快新型基础设施建设，打造与"新质生产力"相适应的基础设施配套；扩大对外开放水平，深度参与全球科技治理，打造有助于形成"新质生产力"的营商环境。

　　习近平总书记在新时代推动东北全面振兴座谈会上指出："积极培育新能源、新材料、先进制造、电子信息等战略性新兴产业，积极培育未来产业，加快形成新质生产力，增强发展新动能。"① 自"新质生产力"概念提出以来，政府部门及学术界对其进行了诸多论述及研究，据此，本文就新质生产力的内涵及其实现路径进行分析。

一、什么是"新质生产力"

在百年未有之大变局之际，我国经济发展的内外部环境正经历深刻的变革。从外部环境看，党的二十大报告指出："世纪疫情影响深远，逆全球化思潮抬头，单边主义、保护主义明显上升，世界经济复苏乏力，局部冲突和动荡频发，全球性问题加剧，世界进入新的动荡变革期。"伴随世界进入动荡变革期，全球科技竞争和产业变革加速演进。由于美国对我国高科技行业采取出口管制等措施，通过技术外溢实现技术进步的难度加大。从内部环境看，2022年我国人口出现近六十多年来的首次负增长，叠加资本投资回报率下降，过去主要依靠劳动人口数量增长与大量投资的传统增长模式正待转型。在此背景下，"新质生产力"的提出既是应对百年未有之大变局的重要路径，也是应对人口负增长挑战的重要选择。

自"新质生产力"提出以来，学术界对其内涵作了诸多论述。区别于传统生产力，"新质生产力"重在"新"和"质"。从"新"看，周文和许凌云（2023）认为"新"以新技术、新经济、新业态为内涵；洪银兴（2023）则认为"新"以新科技、新能源和新产业为内涵，其认为在宏观上可以把新质生产力概括为新科技、新能源和新产业及其融合发展；石建勋和徐玲（2023）认为"新质生产力"是新技术与新要素紧密结合的生产力形态，其中新技术以大数据、云计算、人工智能、绿色低碳技术为代表，新要素以数智化机器设备、数智化劳动者、数字基础设施、海量数据、算力、新能源、新材料等为代表；刘志彪等（2023）认为"新质生产力"本质上就是以"算力"为代表的新质态的生产力。从"质"看，周文和许凌云（2023）强调在坚持创新驱动本质的基础上，通过关键性技术和颠覆性技术的突破为生产力发展提供更强劲的创新驱动力；蒲清平和向往（2023）认为"新质生产力"是生产力在信息化、智能化社会中，随着科技创新的提质增速和高端产业的勃兴融合呈现的高级形态，主要

---

① 资料来源：党建网，"加快形成新质生产力"，2023-09-19，[2023-12-26]，http://www.dangjian.cn/shouye/sixianglilun/lilunqiangdang/202309/t20230919_6671052.shtml.

包括"高素质"劳动者、"新介质"劳动资料和"新质料"劳动对象三大要素。

2023 年 12 月 18 日，中央财办有关负责同志在详解中央经济工作会议精神时提出："新质生产力是由技术革命性突破、生产要素创新性配置、产业深度转型升级而催生的当代先进生产力，它以劳动者、劳动资料、劳动对象及其优化组合的质变为基本内涵，以全要素生产率提升为核心标志。"[①] 这个定义全面阐述了"新质生产力"的驱动力、内涵和标志。新质生产力的内涵要义如图 1 所示。2024 年习近平总书记对新质生产力进行了更加深刻的阐释，提出"发展新质生产力是推动高质量发展的内在要求和重要着力点"。

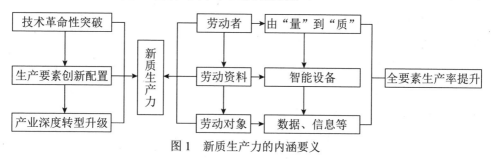

图 1　新质生产力的内涵要义

（一）新质生产力的驱动因素

从驱动力看，"创新"是"新质生产力"的第一驱动力，其具体表现在以下三个方面。

第一，技术取得革命性突破。技术革命直接作用于生产力和生产关系，每一轮技术革命性突破均会带来生产力质的飞跃。在蒸汽机技术革命的推动下，机器生产逐步取代手工生产并成为最主要的生产方式；在电气技术革命的推动下，人类社会从蒸汽时代进入电气时代，大规模生产方式应运而生；在信息技术革命的推动下，科学与技术的紧密结合促使生产力进一步提升。当前，全球正处于新一轮技术革命酝酿期，技术革命性突破是获得新质生产力的原动力。

第二，促进生产要素的创新性配置。生产要素创新性配置包括生产要素组成和生产要素配置两方面。从生产要素的组成看，传统生产要素主要包括土地、劳动力、资本和技术，在此基础上，数据成为新质生产力发展的核心生产要素之一。生产要素并非一成不变，其随着时间和空间呈动态式发展。农耕文明时期的生产要素以土地和劳动为主，工业文明时期的生产要素则以土地、劳动和

---

① 资料来源：新华社，"中央财办有关负责同志详解中央经济工作会议精神"，2023-12-18，[2023-12-26]，https://www.gov.cn/zhengce/202312/content_6920788.html.

资本为主，数字经济时代数据成为重要生产要素之一。党的十九届四中全会提出，"健全劳动、资本、土地、知识、技术、管理、数据等生产要素由市场评价贡献、按贡献决定报酬的机制"[①]，数据首次被确认为生产要素。从生产要素的配置看，以数据技术为载体的创新性配置驱动新质生产力发展。一方面，数据与其他生产要素相结合，其作为"黏合剂"融入劳动和资本等传统生产要素中，促进要素间的连通和流动（李海舰，赵丽，2021）；另一方面，数据促进土地、劳动和资本等传统生产要素的重新组合，从而提高生产和服务效率。

第三，产业深度转型升级。在"新质生产力"内涵中，产业深度转型升级包含从传统产业向新兴产业升级，传统产业与新技术、新要素相结合两层含义。

从传统产业向新兴产业转型升级看，党的二十大报告提出："推动战略性新兴产业融合集群发展，构建新一代信息技术、人工智能、生物技术、新能源、新材料、高端装备、绿色环保等一批新的增长引擎。"当前全球正处在产业变革深入发展期，新一代信息技术产业、高端装备制造产业、新材料产业、生物产业、新能源汽车产业、新能源产业、节能环保产业、航天航空产业、海洋装备产业等战略性新兴产业集中涌现。

从传统产业与新技术、新要素的结合看，传统产业向"数字化"和"绿色化"转型，进而带动传统产业全要素生产率提升。从"数字化"转型看，近年来我国制造业数字化转型不断深化。截至 2022 年 6 月底，我国工业企业关键工序数控化率、数字化研发设计工具普及率分别达 55.7%、75.1%，比 2012 年分别提升 31.1 个百分点和 26.3 个百分点[②]。分行业看，赵宸宇等（2021）测算的各行业的数字化转型指数显示仪器仪表制造业、家具制造业、计算机通信和其他电子设备制造业等数字化转型程度较高，而非金属矿物制品、废弃资源综合利用业、化学纤维制造业、石油加工等行业数字化转型程度较低。从"绿色化"转型看，制造业绿色化发展水平显著提升。截至 2021 年年底，全国累计建成绿色工厂 2783 家、绿色工业园区 223 家、绿色供应链管理企业 296 家[③]。各行业

---

① 资料来源：共产党员网，"中共中央关于坚持和完善中国特色社会主义制度 推进国家治理体系和治理能力现代化若干重大问题的决定"，2019-11-05，[2023-12-26]，https://www.12371.cn/2019/11/05/ARTI1572948516253457.shtml。

② 资料来源：高技术司，"关于数字经济发展情况的报告"，2022-11-16，[2024-01-02]，https://www.ndrc.gov.cn/fzggw/wld/hlf/lddt/202211/t20221116_1341446.html。

③ 资料来源：新华社，"新时代的中国绿色发展"，2023-01-19，[2024-01-02]，https://www.gov.cn/zhengce/2023-01-19/content_5737923.html。

的数字化转型指数详见表1。

表1　各行业的数字化转型指数

行　　业	指数均值	行　　业	指数均值
仪器仪表制造业	0.429 4	农副食品加工业	0.194 1
家具制造业	0.406 7	纺织业	0.190 2
计算机、通信和其他电子设备制造业	0.343 4	木材加工及木、竹、藤、棕、草制品业	0.189 9
纺织服装、服饰业	0.329 4	橡胶和塑料制品业	0.188 3
电气机械及器材制造业	0.314 4	酒、饮料和精制茶制造业	0.186 3
印刷和记录媒介复制业	0.306 6	食品制造业	0.170 8
专用设备制造业	0.294 1	黑色金属冶炼及压延加工业	0.170 6
文教、工美、体育和娱乐用品制造业	0.294	化学原料及化学制品制造业	0.168 7
皮革、毛皮、羽毛及其制品和制鞋业	0.275 7	医药制造业	0.167
通用设备制造业	0.273 1	非金属矿物制品业	0.164 8
铁路、船舶、航空航天和其他运输设备制造业	0.227 7	废弃资源综合利用业	0.147
其他制造业	0.222 4	化学纤维制造业	0.145 7
金属制品业	0.215 4	石油加工、炼焦及核燃料加工业	0.144 1
汽车制造业	0.195 9	有色金属冶炼及压延加工业	0.143 9
造纸及纸制品业	0.194 6		

资料来源：赵宸宇，等（2021），《数字化转型如何影响企业全要素生产率》，兴业研究。

（二）"新质生产力"基本内涵

劳动者、劳动资料、劳动对象及其优化组合的质变为"新质生产力"的基本内涵。在马克思主义政治经济学的理论范畴内，劳动者、劳动资料和劳动对象是构成生产力的三要素。其中，劳动者是指能够被雇佣的社会人群，劳动资料是指劳动过程中所必需的物质条件的总和，劳动对象则是劳动本身所作用的客体。在这三要素中，"新质生产力"侧重于生产要素的"质变"及"优化组合"。

从劳动者看，"新质生产力"强调劳动者的"质变"。按国际通用标准，当65岁以上人口占总人口的比例达到7%时则为老龄化，当65岁以上人口占总人口比例达到14%时则为深度老龄化，若该占比达到20%以上时则为超老龄化。2022 年我国 65 岁及以上人口占总人口的比例为 14.9%，按国际通用标准，当前我国已进入深度老龄化阶段。人口红利消退意味着依靠劳动年龄人口数量的增长模式不可持续。取而代之，我国人口红利模式亟须由"数量增长"向"质量提升"转变。根据郭凯明等（2023）的测算结果，与世界平均水平相比，我国劳动生产率与世界平均水平之比由 2005 年的 38.9% 上升至 2017 年的 81.5%；与高收入经济体相比，我国劳动生产率与高收入经济体之比由 2005 年的 11.9% 上升至 2017 年的 32.9%；与美国相比，我国劳动生产率与美国之比由 2005 年的 9.2% 上升至 2017 年的 26.8%。尽管我国劳动生产率日益提升，但与以美国为代表的高收入经济体之间仍有一定差距。分行业看，我国农业和制造业劳动生产率与高收入经济体的差距较大，2017 年仅分别为高收入经济体的 15.8% 和 13.7%，同时为美国的 6.7% 和 7.8%。

分领域看，我国在战略性新兴产业的人才缺口亟待补齐。根据《制造业人才发展规划指南》（教职成〔2016〕9 号），预计到 2025 年新一代信息技术产业将面临 950 万人的人才缺口（见图 2）；随后依次为电力装备、高档数控机床和机器人、新材料、节能与新能源汽车，人才缺口规模依次为 909 万人、450 万人、400 万人、103 万人；航天航空装备、生物医药及高性能医疗器械、农机装备、海洋工程装备及高技术船舶、先进轨道交通装备人才缺口则在 10.6 万人至 47.5 万人不等。在细分领域中，2020 年人社部发布的《新职业——人工智能工程技术人员就业景气现状分析报告》显示，目前我国人工智能人才缺口超过 500 万人，国内的供求比为 1∶10，供需比例严重失衡[①]。制造业重点领域人才缺口规模如图 2 所示。

从劳动资料看，"新质生产力"强调劳动资料由"机械化"向"智能化"和"数字化"转变。正如马克思所预言："加入资本的生产过程以后，劳动资料经历了各种不同的形态变化，它最后的形态是机器，或者更确切地说，是自动的机器体系（即机器体系；自动的机器体系不过是最完善、最适当的机器体系形式，只有它才使机器成为体系），它是由自动机，由一种自行运转的动力推动的。"[②]进入人工智能时代，劳动资料的形态由电气机器和电子计算机逐渐演化为以智能机器人为代表的智能设备。近年来，全球工业生产"智能化"进程提

---

① 资料来源：人社部，"新职业——人工智能工程技术人员就业景气现状分析报告"，2020-04-30，[2023-12-28]，http://www.mohrss.gov.cn/SYrlzyhshbzb/dongtaixinwen/buneiyaowen/202004/t20200430_367110.html.

② 资料来源：马克思，恩格斯. 马克思恩格斯全集（第 31 卷）[M]. 北京：人民出版社，1998.

速，工业机器人安装数量和运行总量分别由 2011 年的 16.6 万台和 115.3 万台上升至 2021 年的 51.7 万台和 347.7 万台（见图 3）。从经济体看，2021 年我国工业机器人安装量达 26.8 万台，是日本和美国同期工业机器人安装量的 5.7 倍和 7.7 倍，位居全球第一（见图 4）。

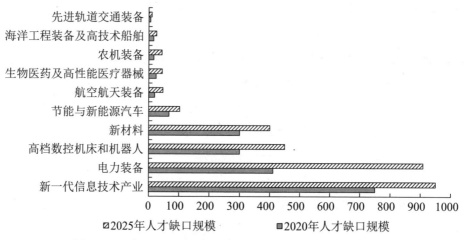

图 2　2020 年和 2025 年制造业重点领域人才缺口规模（万人）

资料来源：《制造业人才发展规划指南》（教职成〔2016〕9 号），兴业研究。

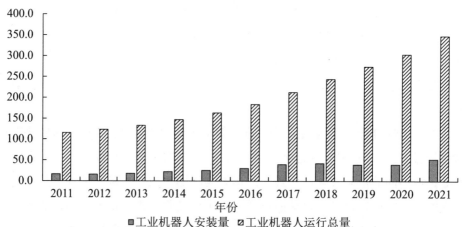

图 3　2011—2021 年全球工业机器人安装量和运行总量（万台）

资料来源：Our World In Data，兴业研究。

从劳动对象看，"新质生产力"的劳动对象"无形化"。劳动对象是指劳动对之进行加工，使之成为具有使用价值、能满足社会需要的物质资料，包括未经加工的自然物和已经加工过的人工物。在农耕文明和工业文明时，劳动对象

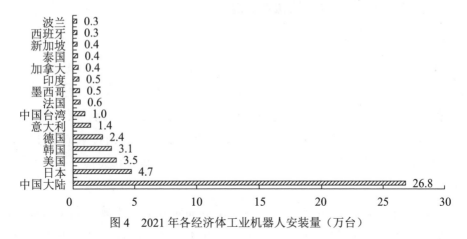

图4 2021年各经济体工业机器人安装量（万台）

资料来源：Our World In Data，兴业研究。

以"有形物"为主，如土地、棉花等。在工业化和信息化融合阶段，以数据、信息为代表的"无形物"开始成为重要的劳动对象，并成为"新质生产力"的重要内涵。与传统劳动对象相比，数字劳动突破了劳动时间和地域的限制，并呈爆发式增长的特征。根据意大利PXR研究机构数据，全球范围内创建、捕获、复制和消费的数据信息量由2010年的2泽字节上升至2020年的64.2泽字节[①]，预计到2025年有望上升至181泽字节（见图5）。

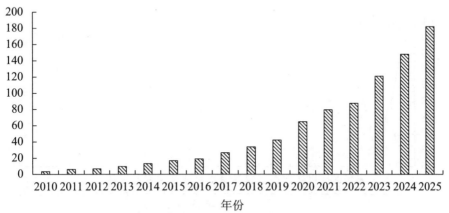

图5 2010—2025年全球范围内创建、捕获、复制和消费的数据／信息量（泽字节）

资料来源：PXR Italy Report，兴业研究。

———————————

① 泽字节（Zettabyte，缩写为ZB）是国际单位制中的一种信息计量单位，用于表示非常大的数据量。1泽字节等于1 000 000 000 000 000 000 000字节（或者1万亿GB）。泽字节通常用于描述非常大的数据集，如全球互联网流量或大型数据中心的存储容量。

（三）"新质生产力"的核心标志

"新质生产力"以全要素生产率提升为核心标志。全要素生产率反映了资源配置状况、生产手段的技术水平、生产对象的变化、生产的组织管理水平、劳动者对生产经营活动的积极性，以及经济制度与各种社会因素对生产活动的影响程度[①]，其主要依托于技术进步和生产要素重新组合两种途径来实现，这与"新质生产力"的内涵要义基本一致。"新质生产力"强调由技术革命性突破、生产要素创新性配置和产业深度转型升级驱动，其结果直接表现为全要素生产率的提升。

党的二十大报告提出："要坚持以推动高质量发展为主题，把实施扩大内需战略同深化供给侧结构性改革有机结合起来，增强国内大循环内生动力和可靠性，提升国际循环质量和水平，加快建设现代化经济体系，着力提高全要素生产率，着力提升产业链供应链韧性和安全水平，着力推进城乡融合和区域协调发展，推动经济实现质的有效提升和量的合理增长。"然而，近年来我国全要素生产率有所放缓，根据 Feenstra et al.（2015），Penn World Table（2021）的估算，我国全要素生产率指数由 2014 年的 1.02 小幅下降至 2019 年的 0.97（见图 6）。由此，我国需要加快形成"新质生产力"，以提升全要素生产率。

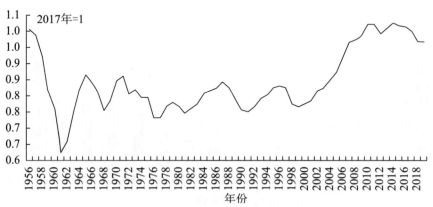

图 6　我国全要素生产率指数

资料来源：Our World In Data，兴业研究。

---

① 资料来源："如何测算全要素生产率"，2023-01-01，[2024-01-02]，https://www.stats.gov.cn/zs/tjws/tjjc/202301/t20230101_1903711.html.

二、如何形成"新质生产力"

不同于一般生产力,"新质生产力"强调由创新驱动,劳动者、劳动资料、劳动对象的优化组合,其结果表现为全要素生产率的提升。当前,我国科技创新仍面临诸多挑战,如"基础科学研究短板依然突出""技术研发聚焦产业发展瓶颈和需求不够""我国人才发展体制机制还不完善""我国科技管理体制还不能完全适应建设世界科技强国的需要"等。为形成创新驱动的"新质生产力",我国仍需在创新体制机制改革、人才队伍构建、科研基础设施强化等方面做更多的努力,具体内容如下:

(1)构建与"新质生产力"相适应的创新体制。"创新"是"新质生产力"的核心驱动,"新质生产力"要求我国在关键核心技术上实现突破。当前,伴随创新投入增加和创新体制机制不断完善,我国已在新能源、人工智能和物联网等新兴领域取得一定技术突破。然而,与技术领先国相比,我国仍存在创新人才不足、科研成果转化不足、企业创新资金支持不足等挑战。为适应"新质生产力"的发展要求,我国需进一步完善创新体制。首先,要加快完善新型举国体制,即聚焦关键核心技术问题,集政府和私人部门资源共同攻克重大科技难题的组织模式和运行机制。在充分发挥国家战略导向作用的同时,形成以企业为主体的创新生态系统。其次,健全知识产权法律法规体系,扩大赋予科研人员职务科技成果所有权或长期使用权试点范围和成果类型,以激励更多数量的高等院校和科研机构推动科技成果商业化,推动"新质生产力"形成。最后,畅通教育、科技和人才良性循环,塑造科技创新的新优势。党的二十大报告提出:"教育、科技、人才是全面建设社会主义现代化国家的基础性、战略性支撑。"教育、科技和人才的良性循环既是社会主义现代化国家建设的基础,也是形成新质生产力的重要环节。

(2)打造适应"新质生产力"的人才队伍。区别于传统生产力,新质生产力以高质量人才为基础。然而,与技术领先的经济体相比,我国人才数量与质量仍有较大差距。根据欧洲工商管理学院(INSEAD)公布的2023年全球人才竞争力指数(GTCI),该报告旨在评估全球134个经济体的人才竞争力,主要评估指标包括国内环境、吸引人才、培养人才、留住人才、技术与职业技能及全球知识技能六个指标,结果显示我国人才竞争力指数在134个经济体中排名第40,在中等偏上收入经济体中位居第一,但低于瑞士、新加坡、美国等高收入经济体[①]。为提升我国人才质量与竞争力，我国需构建多层次人才体系，营造更加开放、包容的人才成长环境，聚天下英才而用之。在关键领域人才培养方面，与"新质生产力"的"新产业"和"新要素"发展相适应，强化"数智化"人才队伍培育，补齐关键技术领域人才缺口。一方面，推进高校学科建设和改革，尤其是与"新要素"和"新产业"相关领域的学科建设，强化人才自我培养。另一方面，加大高端人才引进力度，通过健全法律制度、简化审批流程等为技术移民提供制度保障等。在基础学科人才培养方面，提高全面教育水平，促进劳动力"质变"。根据 Barro-Lee 数据，我国 15 ～ 64 岁年龄人口平均受教育年限由 1950 年的 1.79 年上升至 2020 年的 8.99 年，上涨了 5 倍有余，教育发展成果斐然。与美国相比，我国 15 ～ 64 岁年龄人口平均受教育年限相当于美国由 1950 年的 20.4% 上升至 2015 年的 65.6%。2015 年美国该指标为 13.28 年（见图 7）。我国劳动年龄人口受教育年限有继续提升的空间。

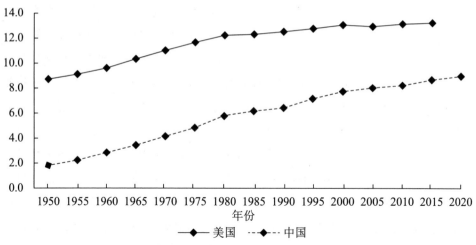

图 7　1950—2020 年中国和美国 15 ～ 64 岁年龄人口平均受教育年限

资料来源：兴业研究。

（3）发展与"新质生产力"相适宜的战略性新兴产业与未来产业，推动传统产业转型升级。战略性新兴产业和未来产业是新质生产力的具体表现形式，科技创新和产业创新的深度融合是实现新质生产力的重要途径[②]。在战略性新兴产业领域：一方面，经过十余年的发展，我国战略性新兴产业规模不断增长，

---

① 资料来源：INSEAD，*the Global Talent Competitiveness Index* 2023.

② 资料来源：经济日报，"加快形成新质生产力"，2023-11-27，[2024-01-08]，http://paper.ce.cn/pc/content/202311/ 27/content_284953.html.

2021年我国战略性新兴产业增加值高达15.3万亿元，占同期GDP的比重为13.4%；另一方面，尽管我国战略性新兴产业规模增长，但仍面临关键技术、关键原材料"卡脖子"难题。因此，在"做大"战略性新兴产业的同时，我国应聚焦关键核心技术的薄弱环节，突破制约我国产业升级的"卡脖子"技术。在未来产业领域，培育发展未来产业有助于我国形成先发优势，抢占产业发展的先机。但由于未来产业位处产业生命周期的初期阶段，其并不具备规模化生产和市场化运营条件，这要求我国对未来产业进行前瞻布局。在传统产业转型升级方面，伴随新技术、新要素及新模式的产生，传统产业亟待转型升级。其中，数智化是传统产业转型升级的重要方向，即通过将数字技术、人工智能等新兴技术融入传统产业改造其生产经营模式，进而提高生产效率。

（4）加快新型基础设施建设，完善与"新质生产力"相适应的基础设施。区别于传统生产力，"新质生产力"强调"智能化"和"数字化"。为推动"新质生产力"的形成，我国还需加快建设新型基础设施。根据国家发展改革委相关文件，"新型基础设施"主要包括：信息基础设施，如5G、物联网、工业互联网、卫星互联网等通信网络基础设施和数据中心、智能计算中心等算力基础设施等；融合基础设施，如智能交通基础设施、智慧能源基础设施等；创新基础设施，如重大科技基础设施等[1]。目前，我国新型基础设施建设已取得初步成效，截至2022年年底，我国累计建成开通5G基站231.2万个，全国110个城市达到千兆城市建设标准，我国数据中心机架总规模超过650万标准机架，在用数据中心算力总规模超180EFLOPS[2] 等[3]。然而，我国新型基础设施建设亦存在区域分布不均衡、利用率不足等问题，这一定程度上影响了"新质生产力"的形成。据此，在加快建设新型基础设施的同时，我国还需注重统筹新型基础设施区域布局并提高其利用率。

（5）扩大对外开放水平，深度参与全球科技治理，打造有助于形成"新

---

① 资料来源：中华人民共和国商务部，"国家发改委首次明确'新基建'范围"，2020-04-21，[2024-01-15]，http://www.mofcom.gov.cn/article/i/jyjl/e/202004/20200402957398.shtml.

② EFLOPS（ExaFLOPS）是一个衡量计算机性能的单位。"FLOPS"是"Floating Point Operations Per Second"的缩写，意为每秒浮点运算次数。EFLOPS是一个极高的计算速度单位，通常用于描述超级计算机的性能。

③ 资料来源：张航燕，"统筹推进新型基础设施建设"，中国社会科学网，2023-11-13，[2024-01-15]，https://www.cssn.cn/skgz/bwyc/202311/t20231113_5696231.shtml.

质生产力"的营商环境。"科学技术是世界性的"①，"新质生产力"的形成与发展离不开高水平的对外开放。一方面，高水平的对外开放有助于我国融入全球创新网络，充分利用全球资源和市场培育创新优势，进而驱动新质生产力的形成。另一方面，高水平的对外开放要求我国相关制度、规则对接国际高标准，这将为"新质生产力"形成提供良好的制度基础。以数据跨境流动为例，对标CPTPP 规则在重视个人隐私和国家安全基础上允许数据跨境充分有序流动等，有助于提高资源利用效率，优化资源配置并实现全要素生产率提升。

参考文献

1. 李海舰，赵丽. 数据成为生产要素：特征、机制与价值形态演进 [J]. 上海经济研究，2021 年第 8 期.

2. 赵宸宇，王文春，李雪松. 数字化转型如何影响企业全要素生产率 [J]. 财贸经济，2021，42（7）：114-129.

3. 李震，沈坤荣. 20 世纪 90 年代以来我国制造业全要素生产率增速波动原因与对策研究 [J]. 现代管理科学，2021（7）：22-30.

4. 周文，许凌云. 论新质生产力：内涵特征与重要着力点 [J]. 改革，2023，356（10）.

5. 蒲清平，向往. 新质生产力的内涵特征、内在逻辑和实现途径—推进中国式现代化的新动能 [J]. 新疆师范大学学报（哲学社会科学版），2024，45（1）：258-265.

6. 洪银兴. 加快形成新质生产力 [N]. 经济日报，2023-11-27（10）.

7. 石建勋，徐玲. 加快形成新质生产力的重大战略意义及实现路径研究 [J]. 经济问题研究.

8. 郭凯明，罗章权，杭静. 中国劳动生产率的国际比较与远景展望（1992—2035）[J]. 经济学（季刊），第 23 卷第 6 期.

9. 刘志彪，凌永辉，孙瑞东. 新质生产力下产业发展方向与战略——以江苏为例 [J]. 南京社会科学，2023（11）.

---

① 资料来源：习近平，"努力成为世界主要科学中心和创新高地"，求是网，2021-03-15，[2024-01-15]，http://www.qstheory.cn/dukan/qs/2021-03/15/c_1127209130.html.

新质生产力的科学内涵与实践路径研究

王涵　兴业证券首席经济学家　中国首席经济学家论坛理事

百年未有之大变局背景下，我国经济社会处于高质量发展转型的关键时期。面对机遇与挑战并存的海内外环境，发展新质生产力成为推动高质量发展的内在要求和重要着力点。从新质生产力的基础要素来看，科技创新是增强国家国际竞争力的核心，产业升级是建设现代化产业体系的关键，资源的有效配置是推动高质量发展的动力。发展新质生产力不仅是应对全球变局的战略选择，也是实现我国经济社会高质量发展的必由之路。

一、习近平总书记统筹部署加快发展新质生产力

新质生产力是创新起主导作用，摆脱传统经济增长方式、生产力发展路径，具有高科技、高效能、高质量特征，符合新发展理念的先进生产力质态。新质生产力作为中国共产党对马克思生产力理论的丰富和发展，也是党的理论创新的重大成果。

（一）马克思主义政治经济学奠定生产力理论基础

生产力系统内涵丰富、结构复杂，除三大基本要素之外，还受到自然、科技等多种要素影响。马克思在《资本论》中从社会生产力、科学生产力、自然生产力、物质生产力与精神生产力等多个角度对生产力的内涵作出阐释。生产力体系作为结构复杂的系统，其构成除了一般劳动过程的基本要素，即劳动资料、劳动对象和劳动者之外，还涵盖决定劳动生产力状况的自然、科技等诸多其他因素。马克思指出："劳动生产力是由多种情况决定的，其中包括：工人的

平均熟练程度，科学的发展水平和它在工艺上的应用程度，生产过程的社会结合，生产资料的规模和效能以及自然条件。"① 科学技术在生产力系统中发挥着关键的推动作用。在生产力系统中，各类要素功能属性的发挥、结果状态的变化，自然会引起生产力总体水平的变化。马克思指出："科学技术是生产力的重要组成部分。"他曾明确表示"资本的趋势是赋予生产以科学的性质""生产力中也包括科学"②，强调科学和技术的进步对生产力提升有着至关重要的作用，并指出："现实财富的创造较少地取决于劳动时间和已耗费的劳动量……而是取决于科学的一般水平和技术进步，或者说取决于这种科学在生产上的应用。"③

（二）习近平总书记创新提出新质生产力理论

习近平总书记指出："概括地说，新质生产力是创新起主导作用，摆脱传统经济增长方式、生产力发展路径，具有高科技、高效能、高质量特征，符合新发展理念的先进生产力质态。它由技术革命性突破、生产要素创新性配置、产业深度转型升级而催生，以劳动者、劳动资料、劳动对象及其优化组合的跃升为基本内涵，以全要素生产率大幅提升为核心标志，特点是创新，关键在质优，本质是先进生产力。"

新质生产力下的劳动者、劳动资料、劳动对象与要素配置方式具有新内涵。马克思指出，"生产力，即生产能力及其要素的发展"。新质生产力的出现，标志着生产力在质和量上的飞跃，它不仅是科技进步的直接成果，更是人类在认识和改造自然世界能力上的根本性突破。这意味着生产力的构成要素——劳动者、劳动资料、劳动对象及要素配置——拓展了新的科学内涵。

高素质的劳动者成为推动新质生产力发展的首要资源。新质生产力对于劳动者的知识和技能提出更高要求，应具备知识密集、技术熟练和创新能力强的特点，这要求他们能够与时俱进，拥有持续学习的意愿和能力，不断吸收新知识，精通新技术，在工作中坚持创新思维，以创造性的方式贡献力量。习近平总书记指出，"要全面加强人才工作，壮大人才队伍"④ "要加强教育和人才培

① 资料来源：马克思.资本论（第一卷）[M].北京：人民出版社，2004.第53页。

② 资料来源：马克思，恩格斯.马克思恩格斯文集（第8卷）[M].北京：人民出版社，2009.第188页。

③ 资料来源：马克思，恩格斯.马克思恩格斯文集（第8卷）[M].北京：人民出版社，2009.第195—196页。

④ 资料来源：习近平2023年4月11日在视察南部战区海军时的讲话。

养，夯实科技自立自强根基"①。在新一轮科技革命和产业变革深入发展过程中，习近平总书记指出要从"教育大国"向"教育强国"跨越，为新质生产力发展提供高素质人才。

新质生产力的发展需要具有数字化背景的新劳动资料。新质生产力背景下的新劳动资料是指在技术革命性突破、生产要素创新性配置、产业深度转型升级过程中产生的新型生产工具。这些新劳动资料具有高科技属性，不仅能够显著提高生产效率和产品质量、减少能源消耗和环境污染，还能够进一步解放劳动者，减少自然条件对生产活动的限制。习近平总书记在《努力成为世界主要科学中心和创新高地》一文中，深刻论述了科学技术对于国家前途命运、人民生活福祉的重要性，指出"充分认识创新是第一动力，提供高质量科技供给，着力支撑现代化经济体系建设"。结合我国目前发展现状，习近平总书记坚持科技创新引领发展，多次强调"积极培育新能源、新材料、先进制造、电子信息等战略性新兴产业，积极培育未来产业，加快形成新质生产力，增强发展新动能"。

新质生产力不仅拓宽了劳动对象的地理范围，还纳入了数据、信息等非物质形态的劳动对象。科技创新不断推进，使得劳动对象的类型和形态得到了极大的丰富和扩展。一方面，我们获取自然资源的能力得到了显著提升，开发领域已经延伸到太空、海洋深处以及地下深层等前沿地带。另一方面，随着信息化不断发展，海量的信息和数据资料在经过搜集、整理、分析、挖掘和处理后成了新的劳动对象。党的十九届四中全会首次将数据作为生产要素，反映了数字经济时代下数据对提高生产效率的作用日益凸显。习近平总书记指出，"要构建以数据为关键要素的数字经济""做大做强数字经济，拓展经济发展新空间"，为发挥好数据等非物质形态生产对象的作用指明了方向。

新质生产力的发展需要新的生产要素配置方式，适应科技创新趋势以促进生产力全面提升。为充分激发新质生产力的潜能，必须创新生产要素的配置模式，寻求劳动者、劳动资料和劳动对象之间的高效协同和优化组合。通过相互作用和深度融合，提高全要素生产率，持续促进新质生产力发展。习近平总书记强调，要"促进资源要素高效流动和资源优化配置，推动产业链再造和价值链提升"，"让市场真正在创新资源配置中起决定性作用"②。

---

① 资料来源：习近平 2023 年 4 月 10 日至 13 日在广东考察时的讲话。

② 资料来源：习近平. 努力成为世界主要科学中心和创新高地.《求是》，http://www.cppcc.gov.cn/zxww/2021/03/15/ARTI1615794292899656.shtml.

（三）习近平总书记指出要发展适应新质生产力的新型生产关系

发展新质生产力，需要形成与之相适应的新型生产关系。历史唯物主义的基本观点是，"生产力决定生产关系，生产关系反作用于生产力"。新质生产力必将触发生产关系的革命性变化，这就要求塑造与新生产力相匹配的新型生产关系，确保其能够为新生产力提供必要的支持、释放其潜力并促进其成长。为了持续推动新质生产力的进步，必须不断地对生产关系进行革新和优化，形成创新的管理方式和制度框架。习近平总书记指出："生产关系必须与生产力发展要求相适应。发展新质生产力，必须进一步全面深化改革，形成与之相适应的新型生产关系。"①习近平新时代中国特色社会主义经济思想从所有制、分配制度、市场经济等方面系统构建了与之相适应的新型生产关系。

完善落实"两个毫不动摇"的体制机制，支持民营经济和民营企业发展壮大。自从党的十五大将"公有制为主体，多种所有制共同发展"确立为我国的基本经济制度，明确提出"非公有制经济是我国社会主义市场经济的重要组成部分"以来，我国社会主义市场经济体制不断完善。党的十八大提出："毫不动摇鼓励、支持、引导非公有制经济发展，保证各种所有制经济依法平等使用生产要素、公平参与市场竞争、同等受到法律保护。"党的十九大把"两个毫不动摇"写入新时代坚持和发展中国特色社会主义的基本方略，作为党和国家的一项大政方针进一步确定下来。党的二十大提出："坚持和完善我国社会主义基本经济制度，毫不动摇巩固和发展公有制经济，毫不动摇鼓励、支持、引导非公有制经济发展。"习近平总书记指出，"我们必须亮明态度、绝不含糊，始终坚持社会主义市场经济改革方向，坚持'毫不动摇'"的同时，对各类市场主体一视同仁、平等对待，强调"为各类所有制企业创造公平竞争、竞相发展的环境"。

坚持以按劳分配为主体，多种分配方式并存，构建初次分配、再分配、第三次分配协调配套的制度体系。马克思系统阐明了生产关系中的所有制决定分配关系，指出社会主义应实行按劳分配。党的十九大报告强调，"坚持按劳分配原则，完善按要素分配的体制机制……坚持在经济增长的同时实现居民收入同步增长、在劳动生产率提高的同时实现劳动报酬同步提高"，把经济发展水平

---

① 资料来源：中国共产党新闻网．《习近平在中共中央政治局第十一次集体学习时强调：加快发展新质生产力，扎实推进高质量发展》，http://cpc.people.com.cn/n1/2024/0202/c64094-40171526.html。

的提高和个体收入水平有机结合起来，让劳动生产率的提高有效造福劳动者。党的二十大报告指出："分配制度是促进共同富裕的基础性制度"，"坚持按劳分配为主体、多种分配方式并存，构建初次分配、再分配、第三次分配协调配套的制度体系。"习近平总书记创新发展的分配关系强调不同分配制度在促进共同富裕中发挥的不同功能，充分体现了社会主义制度的优越性，与我国社会生产力发展水平相适应。

充分发挥市场在资源配置中的决定性作用，更好发挥政府作用。习近平总书记强调，在市场作用和政府作用的问题上，要讲辩证法、两点论，"看不见的手"和"看得见的手"都要用好，努力形成市场作用和政府作用有机统一、相互补充、相互协调、相互促进的格局。党的十八大以来，党中央多次强调处理好政府和市场的关系，推动有效市场和有为政府更好结合。党的十八届三中全会将"市场在资源配置中起基础性作用"修改为"起决定性作用"，对"市场作用"进行全新定位。习近平总书记指出："提出使市场在资源配置中起决定性作用，是我们党对中国特色社会主义建设规律认识的一个新突破，是马克思主义中国化的一个新的成果，标志着社会主义市场经济发展进入了一个新阶段。"① 党的二十大报告中再次强调"充分发挥市场在资源配置中的决定性作用，更好发挥政府作用"。

（四）发展新质生产力是推动高质量发展的内在要求和重要着力点

（1）为全面建成社会主义现代化强国提供物质技术基础。因为现代产业体系是构建现代化国家的物质技术基础，所以掌握全球领先优势的战略性新兴产业和未来产业成为衡量国家实力的重要标准。发展新质生产力，把握住人工智能、新材料、生物工程等关键技术的发展机遇，全力激发各主体创新动力，为现代化建设提供技术支撑，有助于增强国家的综合国力。新质生产力在关键技术领域的自主创新，能够有力保障国家的战略安全。

（2）为推动经济高质量发展转型提供重要新动能。新质生产力的核心在于科技创新，不仅促进传统产业的技术改造，提高产业链的技术水平和附加值，还能通过人工智能、大数据、云计算等前沿技术的突破与应用，推动新兴产业

---

① 资料来源：共产党员网．习近平："看不见的手"和"看得见的手"都要用好．2014年5月27日，https://news.12371.cn/2014/05/27/ARTI1401187114346769.shtml?from=groupmessage.

的快速发展，从多方面实现产业结构的优化升级，推动经济由资源消耗型向创新驱动型转变。

（3）为把握科技革命历史机遇提供顶层战略设计。新质生产力明确了科技创新在国家发展中的核心地位，为国家科技发展指明了方向，即通过科技创新引领产业变革和社会进步。目前新一轮科技革命正在发展当中，贸易保护主义普遍抬头，全球供应链面临本土化、区域化、短链化等趋势，因此，加快发展新质生产力，突破"卡脖子"的技术环节，才能把握新一轮科技革命历史机遇，提高国际竞争力。

（4）为满足人民群众美好生活需要提供多样化、高端化供给。新质生产力推动了新技术在各行各业的应用，催生了新型产品和服务，满足了消费者对个性化、差异化的需求。通过提供更多高质量、高附加值的产品和服务，新质生产力更好地满足了人民群众对美好生活的追求，提高了人民的生活水平。此外，新质生产力通过智能化、网络化技术的应用，带动教育、医疗、文化等领域的进步，可促进社会全面进步和人民福祉的提高。

二、新质生产力重点聚焦产业创新变革

（一）海外主要发达国家的产业新趋势

尽管发达国家没有形成系统完整的新质生产力理论，但普遍都意识到了科技创新在催生新产业方面的重要作用。总体来看，发达经济体紧抓第四次工业革命的重要机遇，大力发展人工智能等代表性科技，对我国产业发展新趋势具有一定的借鉴意义。

美国重点提升自身在先进制造业领域的领先地位。2021年3月，美国公共政策研究智库"美国进步中心"发布了《提升美国制造业竞争力和生产力》研究报告，报告指出美国需要提升的两大方向：一是增强美国制造业的全球竞争力；二是增强国防、医疗等关键领域的供应链韧性。2022年10月，美国白宫发布了《国家先进制造业战略》报告，该报告由白宫科技政策办公室（OSTP）和国家科学技术委员会（NSTC）联合制定，报告提出了三方面的制造业发展目标：一是发展和实施先进制造技术，聚焦低碳发展和可持续领域、半导体产业领域、生物经济领域、新材料领域、智能制造领域；二是发展先进制造业所需劳动力，聚焦扩充先进制造业人才库、发展先进制造业教育培训、加强雇主与教育机构之间的联系；三是增强制造业供应链弹性，聚焦供应链互联互通、降低供应链脆弱性、强化先进制造业生态系统。在 2022 年 8 月《芯片和科学法案》的基础上，美国于 2023 年 10 月宣布将在全国建立 31 个区域技术中心，以进一步提高美国在科技领域的竞争力，推动先进材料、半导体、关键矿产、清洁能源、生物技术、医药、量子技术、自主系统等关键领域创新发展。

日本重点发展新能源、生物技术、人工智能等新兴产业。早在 2016 年 5 月，日本就发布了《科学技术创新综合战略 2016》，旨在大力实施科技创新政策：一是推进"社会 5.0"，利用信息技术与物联网推动产业结构变革；二是强化创新人才培养；三是强化科研经费制度改革，提高高校及科研机构的运营效率；四是构建良好的创新机制，促进人才、知识、资金的良性互动；五是强化科技政策推进落实。2020 年 9 月，日本发布了《生产力白皮书》，其中强调了创新对促进生产力发展的重要作用，既要培养尖端科技领域的研究型人才，也要培养创新商业模式的企业家人才。2021 年 6 月，日本国会表决通过了《产业竞争力强化法》修正案，重点落脚在两大领域：一是发展低碳经济，如燃料电池、海洋风力发电等；二是发展数字经济，如云服务技术等。

德国重点推动制造业产业结构升级。早在 2010 年 7 月，德国就发布了《德国 2020 高技术战略》，聚焦五个领域：一是气候和能源领域，包括能源有效利用、可再生能源、低能耗等；二是保健和营养领域，包括个性化药物治疗、健康营养研究、老龄化问题等；三是交通领域，包括电动汽车以及车载系统等；四是安全领域，包括自然灾害应对、流行病预防等；五是通信领域，包括安全通信网络、低能耗网络、智能能源供应网络等。2019 年 2 月，德国进一步发布了《国家产业战略 2030：对于德国和欧洲产业政策的战略指导方针》，致力于在电动汽车、数字化、人工智能等前景广阔的产业领域打造龙头企业。可以看出，以美国、日本、德国为代表的发达经济体普遍重视先进生产力发展，致力于通过科技创新推动产业转型升级，推进新兴产业、未来产业的布局。

（二）我国发展新质生产力的有利条件丰富

尽管发达国家在先进生产力布局方面有一定的先发优势，但是，我国发展新质生产力具有丰富的有利条件，这是我国生产力进步的鲜明特征。

一是体制机制优势，中国共产党领导是中国特色社会主义的最大优势。

习近平总书记指出："中国共产党领导是中国特色社会主义最本质的特征，是中国特色社会主义制度的最大优势，是党和国家的根本所在、命脉所在，是全国各族人民的利益所系、命运所系。""我们治国理政的本根，就是中国共产党的领导和我国社会主义制度。在这一点上，必须理直气壮、旗帜鲜明。"中国共产党执政，是中国特色社会主义事业的核心，充分体现出我国发展新质生产力具有鲜明的体制机制优势。

二是劳动者的优势，我国拥有人力资本和人才资源优势。根据联合国开发计划署统计，2021 年我国人均受教育年限已达到 7.60 年，尽管与美国（13.68年）、日本（13.37 年）等老牌发达国家相比仍有一定差距，但考虑到我国庞大的人口基数，总体上反映出人才资源较为丰富。一方面，我国自 1990 年来的人均受教育年限增长了 84%，取得显著成就；另一方面，我国人均受教育年限明显优于印度（6.66 年）等同为人口大国的发展中国家。与此同时，世界银行统计数据表明，2021 年我国公共教育支出占政府支出比重已达到 10.9%，明显高于德国（8.8%）、日本（7.4%），教育强国建设持续为我国发展新质生产力提供重要的人才支持。习近平总书记高度重视人才对新质生产力的重要意义，强调"要按照发展新质生产力要求，畅通教育、科技、人才的良性循环，完善人才培养、引进、使用、合理流动的工作机制"。我国的人力资本和人才资源优势，能够有效支持新质生产力的发展。

三是劳动资料优势，我国拥有全球最完备的工业体系。工信部分析表明，经过多年发展，目前我国已经拥有 41 个工业大类、207 个工业中类、666 个工业小类，是全世界唯一拥有联合国产业分类中所列全部工业门类的国家。习近平总书记在论述新质生产力时强调："要及时将科技创新成果应用到具体产业和产业链上，改造提升传统产业，培育壮大新兴产业，布局建设未来产业，完善现代化产业体系。"我国完备的工业体系为科技创新成果落地应用提供了丰富的产业场景，有利于推动科技和产业良性互动，持续助力新质生产力发展。

四是劳动对象的优势，我国前瞻性布局战略性新兴产业和未来产业。早在2010 年，国务院就颁布了《关于加快培育和发展战略性新兴产业的决定》，该决定指出加快培育和发展战略性新兴产业对推进我国现代化建设具有重要战略意义。2022 年党的二十大报告强调建设现代化产业体系，明确指出"推动战略性新兴产业融合集群发展，构建新一代信息技术、人工智能、生物技术、新能源、新材料、高端装备、绿色环保等一批新的增长引擎"。2023 年中央经济工作会议进一步指出，"打造生物制造、商业航天、低空经济等若干战略性新兴产业，开辟量子、生命科学等未来产业新赛道，广泛应用数智技术、绿色技术，加快传统产业转型升级"。

（三）我国发展新质生产力主要着力的产业领域

新质生产力由"技术革命性突破、生产要素创新性配置、产业深度转型升级"而催生。首先，"技术革命性突破"要求必须加强科技创新特别是原创性、颠覆性科技创新，即新产业的核心技术奠基及突破；其次，"生产要素创新性配置"要求及时将科技创新成果应用到具体产业和产业链上，对应的是新产业的产业化落地过程；最后，"产业深度转型升级"聚焦传统产业转型、新兴产业壮大及未来产业培育等，产业的辐射带动作用也不断扩大，体现了"新质生产力"的增长极效应。

综合上述分析，笔者总结出新质生产力主要着力的六大产业领域，包括人工智能、智能驾驶、生物制造及创新药、商业航天及低空经济、人形机器人和氢能。

一是"人工智能+"行动深入推进，人工智能产业应用加速落地。2024年全国两会中，"人工智能"成为科技领域的核心热词。在最新的政府工作报告中，"人工智能+"被首次提及，报告指出要深化大数据、人工智能等研发应用，开展"人工智能+"行动，打造具有国际竞争力的数字产业集群，这彰显了国家对发展新质生产力、推动AI产业融合的高度重视。AI赋能加速，大模型的产业杠杆效应不断扩大。大模型带来AI在2C/2B端的应用升级，基于ILMS在解决各种任务方面表现出强大能力，可以被应用于社会经济的方方面面，并有望在多个领域带来颠覆性创新，如2C端的搜索引擎、生活助理、智慧办公、智慧教育等产品，2B端的视觉、声音、遥感、红外等混合感知与文本可以相互补充和增强，在决策智能类产品如客户触达、管理调度、决策支持等环节的价值仍有待被进一步挖掘。据艾瑞咨询数据，2022年人工智能核心产业规模达到2 476亿元，并预计将于2026年超过6 000亿元。AI撬动的相关产业规模亦将快速增长，预计2026年相关产业规模将超过2万亿元。

二是智能驾驶产业步入新阶段，高级别智能驾驶应用加速落地。国内新能源汽车的强劲需求构筑了汽车智能化的基础，目前汽车行业已经进入新能源汽车智能驾驶新阶段。智能网联汽车的发展对优化城市产业结构、提升城市交通效率、增加城市税收收入具有重要促进作用。政策为智能驾驶行业提供了重要的引导和规范，有望持续推动智能驾驶商业化加速落地。2023年11月、12月四部委接连发布《关于开展智能网联汽车准入和上路通行试点的通知》《自动驾驶汽车运输安全服务指南（试行）》，通过前者对L3/L4自动驾驶的准入规范进行了具体要求，首次明确高阶智驾事故责任归属，并同步开启首批企业的遴选工作，通过后者对自动驾驶汽车适用范围、应用场景、人员配备、运输车辆、安全保障和安全监督等八个方面作出明确要求。高级别智能驾驶有望加速落地。从算力层面来看，特斯拉、小鹏、长安、问界、蔚来等多家车企的热销产品在感知能力、算力等方面已经可以满足L3级自动驾驶的需要，宝马、智己、奔驰等汽车公司均已开展L3自动驾驶测试。同时，根据麦肯锡中国的调查显示，相比德国和美国，我国消费者对自动驾驶持"更加开放"的态度，为2024年高阶自动驾驶商业化落地提供了较好的市场环境。

三是生物制造及创新药推进研发创新，扩大行业成长空间。生物制造是以基因工程、合成生物学等前沿生物技术为核心的制造过程，在生物制药（创新药）、生物基材料、酶制剂、生物燃料、生物化工和食品等领域加快渗透。加快推动生物制造发展是发挥新质生产力作用的重要手段。一方面，生物制造是典型的高技术制造业，可带动技术、装备及检测、包装等服务型制造、生产性服务业协同发展；另一方面，生物制造具备资源消耗少、污染排放少的特征，体现了"新质生产力是绿色生产力"的特征。创新药是生物制造领域的代表性行业，由新技术、新需求驱动。从大趋势看，在创新药产业中，"IO+ADC"逐渐成为肿瘤治疗新范式，国产ADC未来可期；自免赛道国产品种商业化兑现在即，慢病药物的长期空间正在打开。而重点医保端政策及审评端政策更新，也有助于让真正的差异化创新品种脱颖而出。

四是商业航天及低空经济的战略定位提升，有望迎来加速发展。2023年中央经济工作会议之后，商业航天产业作为新质生产力的典型代表，首次被写入《政府工作报告》，商业航天产业有望加速发展。低空经济作为变革性和颠覆性的复合型产业，广泛应用于载人、载货及城市管理等各类产业形态中。我国低空经济产业也已步入规范化发展阶段，正迎来新的发展机遇。根据《国家综合立体交通网络规划纲要》，预计到2035年，我国低空经济市场规模将达到6.0万亿元。低空物流或将成为低空经济发展的切入口。从2023年12月底的工信部全国工作会议到 2024 年《政府工作报告》，低空经济作为新质生产力，被赋予了新增长引擎的重要使命。2024 年 2 月中央财经委员会第四次会议明确提出，"鼓励发展与平台经济、低空经济、无人驾驶等结合的物流新模式"。低空经济的兴起，将为物流行业提供巨大的发展空间，物流企业积极探索全新的场景与模式，加速布局高效、智能的"低空之城"。

五是人形机器人商业化正处于井喷期，产业化加速落地。商业化机器人产品迎来井喷，涉及智能家居、多功能清洁、酒店服务等多个应用领域。重磅政策推动产业化加速落地。2023 年 11 月工信部印发的《人形机器人创新发展指导意见》中提出，"到 2025 年，人形机器人创新体系初步建立，'大脑、小脑、肢体'等一批关键技术取得突破，确保核心部件安全有效供给；到 2027 年，人形机器人技术创新能力显著提升，形成安全可靠的产业链供应链体系，构建具有国际竞争力的产业生态，综合实力达到世界先进水平"。多家机器人企业集中发布人形机器人产品，行业进入实质性发展阶段。咨询公司弗若斯特沙利文预测，2028 年中国智能服务机器人及其解决方案市场规模将达到 1 832 亿元，2022 年至 2028 年的 CAGR 高达 23.5%。2023 年 11 月，人形机器人研发企业傅利叶智能对外透露，傅利叶通用人形机器人 GR-1 已经实现量产，并开启预售，目前开始陆续交付。

六是氢能成为未来国家能源体系的重要组成部分，氢能政策有望持续带来利好。2022 年 3 月，国家发展改革委、国家能源局联合印发《氢能产业发展中长期规划（2021—2035 年）》，作为首个氢能产业国家级规划文件，首次明确氢气的能源属性，并指出到 2025 年，初步建立以工业副产氢和可再生能源制氢就近利用为主的氢能供应体系。绿氢项目迎来投资热潮，各地政府陆续出台针对绿氢的生产补贴，助力绿氢平价发展。据势银（TrendBank）统计，截至 2023 年 12 月，全国共有 337 个绿氢项目，其中 332 个项目处于规划、在建、建成状态，已公布的绿氢项目规模约为 489 万吨 / 年。产业政策方面，对于绿氢的补贴已初具规模，补贴形式也逐步明晰，形成了三种常见的绿氢补贴形式，包括生产成本补贴、电价补贴和配套指标鼓励，助力绿氢平价。产业政策有望持续促进氢能全产业链发展。目前氢能在工业园区外制氢政策限制正逐渐放松，氢气的各类储运路线示范也逐渐推进，下游应用呈现多点开花之势。如 2024 年 2 月工信部等七部门发布《关于加快推动制造业绿色化发展的指导意见》，文件指出围绕石化化工、钢铁、交通、储能、发电等领域用氢需求，构建氢能制、储、输、用等全产业链技术装备体系，提高氢能技术经济性和产业链完备性。

三、新质生产力理论为证券行业高质量发展提供科学指引

（一）加速服务新质生产力是证券行业支持实体经济高质量发展的关键着力点

作为发展新质生产力的重要推动力量，证券行业持续深化金融供给侧结构性改革。习近平总书记强调"金融强国应当基于强大的经济基础，……同时具备一系列关键核心金融要素"，其中包括"强大的金融机构"。证券公司作为资本市场最重要的中介机构，通过促进产业资本循环，可实现资本的大规模扩张。在新质生产力发展推动下，证券公司持续深化金融供给侧结构性改革，顺应经济社会发展的阶段性特点，不断提升金融服务实体经济质效，可为中国式现代化建设提供更加有力的金融支撑。

应支持以科技创新引领现代化产业体系建设，证券行业全力服务新质生产力发展。习近平总书记指出："科技创新能够催生新产业、新模式、新动能，是发展新质生产力的核心要素。"2023年12月召开的中央经济工作会议中提出："要以科技创新推动产业创新，特别是以颠覆性技术和前沿技术催生新产业、新模式、新动能，发展新质生产力。"证券公司通过加大对科创企业的支持力度，可促进未来产业和新兴产业的发展，助力传统产业的数字化和智能化转型，塑造经济发展的新动能和新优势。

（二）加速服务新质生产力是证券行业实现自身发展的客观需要

发展新质生产力可为证券行业创收增效提供新动能。发展新质生产力、推进现代化产业体系建设为证券行业指明了投资方向，指引证券公司从产业发展规律出发挖掘未来经济发展的新动力。在赋能传统行业转型升级、提质增效，支持新兴产业与未来产业发展壮大的过程中，证券行业发挥资本市场风险共担、利润共享机制的优势，实现盈利能力与运营效能的双重提升。

服务新质生产力可促进证券行业数字化转型以实现行业自身高质量发展。新质生产力"高科技、高效能、高质量"的特征为证券行业科技创新指明前进

方向，推动证券行业数字化转型。自 2020 年以来，多家证券公司在半年报和年报中明确提到"数字化"。随着上市公司对于科技创新要素信息披露的逐渐完善，将引导证券行业积极对接全球数字、科技资产的定价规则，加快形成科学、合理、规范的新估值定价体系，强化证券从业人员对于技术、数字等新要素的理解，在更好地服务新质生产力发展的同时，不断提高证券行业数字化水平，通过全面构建数字化服务平台，运用人工智能、区块链、大数据分析等前沿技术，促进证券公司高质量发展。

四、新质生产力的实践路径建议

（一）健全完善科技创新体制机制，强化新质生产力所需的科技支撑

面向创新型技术型人才，进一步完善岗位使用、要素分配、职业发展、表彰奖励等机制，提升人才的成就感、获得感、动力感和荣誉感。加强公共教育投入，持续丰富创新驱动发展所需的人才资源。加大基础研究投入力度，支持更多原创性颠覆性引领性创新成果产出。优化科技创新环境，给予科研人员更大自由度，激发科研群体创新活力。健全科技成果转化所需的政策引导和市场激励机制，促进科技成果更好地转化为现实生产力。

（二）推进新型基础设施建设，构筑新质生产力所需的基本要素保障

强化顶层设计的引领功能，统筹布局全国范围内新型基础设施的建设和发展，为新质生产力提供更加完备的基础设施支持。加快建设信息基础设施，支持数据中心、人工智能、物联网、5G 等领域发展，赋能产业数字化转型和智能化升级。发展融合基础设施，充分利用新一代信息技术推动交通物流、能源系统等传统基础设施的融合发展和创新升级。前瞻部署重大的科技创新基础设施，有效支持基础研究能力提升和重大科技领域突破。

（三）加快推动数字经济做强做优做大，全方位赋能新质生产力发展

完善数字技术标准体系，加强政产学研用等多领域合作，制定数字技术、数据格式、网络架构等领域的产业标准，增强数字经济的统一性和兼容性。合理推动公共数据的开放共享，鼓励企业之间本着合法合规、互利共赢的原则稳步推进数据共享。推动产业数字化转型，通过专家服务、资金补贴等方式，引导传统产业加强数字赋能，实现数字经济和传统产业融合发展。

（四）促进绿色经济持续发展，推动生产力向低碳化、绿色化转型

鼓励支持绿色低碳技术研发和成果产业化，支持高校、科研机构、企业联合推进绿色技术创新，大力发展绿色经济。积极培育绿色交易市场，鼓励并完善面向排污权、用能权、碳排放权、国家核证自愿减排量（CCER）等绿色低碳标的交易机制，探索发展绿色衍生产品市场。完善绿色设计、资源利用、清洁生产、污染治理等绿色标准体系，健全保障绿色经济发展的法律法规。

（五）培育壮大数据要素市场，提高新质生产力所需的资源配置效率

建设数据产权制度，完善数据产权相关的法律法规体系，为数据要素市场提供法律基础。建立统一、公平、有序的数据交易平台，促进市场在数据资源有效配置中起决定性作用。鼓励在市场化、法治化轨道上创新探索数据交易的新业态新模式新产品，提高数据要素交易效率，做到数据要素市场发展和安全并重。培育壮大数据要素服务产业，鼓励数据服务广泛覆盖数据收集整理、数据分析研究等领域，深度挖掘数据要素价值。

（六）着力推动金融强国建设，满足新质生产力金融服务需求

坚持把金融服务实体经济作为根本宗旨，鼓励金融机构创新开发面向新质生产力发展所需的金融产品和金融服务，做好科技金融、绿色金融、普惠金融、养老金融、数字金融五篇"大文章"。加强金融科技赋能，充分利用人工智能、大数据、区块链、云计算等金融科技，提高金融服务效率。建立健全与新质生

产力发展和金融创新相适应的金融监管体系，全面加强金融监管，有效防范化解金融风险，保障金融体系稳健运行。

（七）支持证券行业发挥自身优势，全力服务新质生产力发展，引领现代化产业体系建设

支持证券公司服务实体企业，通过定制化服务、投贷联动等新模式，积极丰富产品服务体系，为实体企业提供更加精准和高效的金融服务。鼓励证券公司服务居民财富管理，通过提供高质量的综合金融服务，满足人民日益增长的金融需求，拓宽居民财产性收入渠道，从而增加居民收入，提升消费能力，助力扩大国内需求。支持证券公司推进智库高质量建设，拓展研究和咨询等服务深度，为创新型企业和政府部门提供市场预测和战略规划建议。

新质生产力：一种基于经济增长理论的解释 [1]

薛清和　上海首席经济学家金融发展中心宏观战略研究所副所长

　　2024 年《政府工作报告》提出："大力推进现代化产业体系建设，加快发展新质生产力。"什么是新质生产力？经济学家将其解释为全要素生产率，即新质生产力提升的核心标志是全要素生产率的大幅提高。

　　本文试图从经济增长理论的视角解释新质生产力，并探索如何提升新质生产力。

一、中国经济是如何增长的

　　说到新质生产力，我们就会想到"旧"的生产力。什么是"旧"的生产力呢？

　　我们可以从经济增长理论的角度，看经济学家是如何解释经济增长的。经济史学家安格斯·麦迪森通过计量分析发现，公元第一个千年里西欧经济几乎没有增长。公元元年人均 GDP 为 450 国际元 [2]，公元 1000 年人均 GDP 反而下降到 400 元，年均复合增长率下降 0.01%。麦迪森发现，日本、西方各国、拉美、东欧以及中国也有类似情况，即第一个千年里世界年均经济增长率为 0，这被称为"千年停滞"，它后经马尔萨斯解释并被称为"马尔萨斯陷阱"。

　　不过，公元第二个千年世界经济逐步增长，1820 年后快速增长。西欧率先打破"千年停滞"，经济和人口从 1000 年开始增长，到 14 世纪人均 GDP 超过

---

① 本文首次发表于《香港国际金融评论》2024 年 3 月总第 15 期。

② 国际元是多边购买力平价比较中，将不同国家的货币转换为统一货币的方法。

中国。从 1000 年到 1820 年，西欧年均复合增长率上升到 0.14%，世界年均复合增长率上升到 0.17%，人均收入提高了 50%。

1820 年后，世界经济"垂直"拉升。从 1820 年到 1999 年，西欧人均 GDP 年均复合增长率达到 1.51%；世界人均收入增长了 8.5 倍左右，世界人口增长了 5.6 倍左右 ①。麦迪森因此得出与库兹涅茨不同的结论，他把 1000—1820 年这个时期称为"原始资本主义时期"。

大约在十五至十六世纪，西欧经济（财富）的持续增长，冲击着维系了千年的等级社会，平民通过手工业和贸易跃升为富人、新贵，这引起了欧洲贵族学者的关注。后来被称为重商主义学者的魁奈、杜尔哥、休谟、亚当·斯密等学者研究财富是什么、是如何增长的，进而催生了现代经济学。斯密远赴法国考察时，杜尔哥撰写的《关于财富的形成和分配的考察》对其影响很大。回到苏格兰十年后，斯密撰写了《国富论》，其全名就是《国民财富的性质和原因的研究》。

斯密用劳动价值论理解财富，用劳动分工和自由市场解释经济增长。斯密之后，李嘉图、小密尔等古典政治经济学家形成了一套解释经济增长的范式，即资源要素的市场配置。

古典主义经济增长模型探索的是经济增长跟劳动力、资本的关系，当时的经济学家从劳动力的增长和资本的积累两个角度来解释经济增长。

比如，一家工厂如何提高产出呢？可以通过增加工人，也可以通过增加设备（资本），还可以同时增加工人和设备来扩大生产。

西欧人口增长和经济增长几乎是同步的。公元第一个千年里，西欧人口从 2 470 万人增长到 2 540 万人，1000 年的时间里人口仅增加 70 万人。公元 1000 年后人口开始增加，到 1820 年西欧人口规模达 1.329 亿人，期间人口年均复合增长率上升到 0.2%。1820 年后人口快速增长，到 1998 年期间人口年均复合增长率达到 0.6%。

人口得以大规模增长的一个重要原因是死亡率的大幅下降。公元 1000 年时，世界人均寿命只有 24 岁，三分之一的婴儿在出生第一年中死去。到 1820

---

① 资料来源：安格斯·麦迪森. 世界经济千年史 [M]. 伍晓鹰，许宪春，叶燕斐，等译. 北京大学出版社，2003.

年，人均寿命仅提高到 26 岁；到 1999 年人均寿命达到 66 岁①。

在古代，人口是经济增长最重要的"资源"。所谓"人多力量大"，不论是君主制国家，还是宗族、家庭，都在努力增加人口，进而"开疆拓土"。不过，到底是人口增长带动经济的增长，还是经济增长促进人口的增加，经济学家对此存有争议。

公元 1000 年后，随着人口增加，人均 GDP 为何会上升呢？这说明劳动生产率在提升。那么经济效率是如何上升的呢？

古典政治经济学家对此的解释是资本的积累。比如，一家纺织工厂有 10 个人，只有 1 台设备，工厂主赚钱后买了 9 台设备，一人一台设备，劳动生产率由此提升。

早期重商主义者将金银视为资本，认为发展单向贸易，多出口少进口，赚取顺差可积累资本。结果，西班牙的"价格革命"宣告了这种保护主义的破产。斯密、李嘉图等古典政治经济学家都倡导节俭，主张提高储蓄率，储蓄进而转化为投资，最终提高劳动生产率。

顺带说一句，古典政治经济学家用劳动力和资本解释经济增长，同时使用劳动价值论，为这门学科的发展埋下了伏笔。马克思将劳动力和资本对立起来，并在劳动价值论基础上发展出剥削理论——资本家榨取工人的剩余价值。

我们现在从劳动力和资本要素的角度来看过去几十年中国经济是如何增长的。

改革开放后，中国经济持续快速增长是自由市场启动与发展的结果，国内廉价劳动力及土地资源，与国际资本及技术，在自由市场的配置下形成了高效率，推动了经济增长。

先看劳动力。中国在 1965 年到 1975 年出现了一波"婴儿潮"，这一波人口正好在 20 世纪八九十年代成了青年劳动力。同时，数亿农村人口转移到城市，进入工厂工作，成为出口和经济增长的重要力量。如今，中国纺织服装、箱包、鞋靴、塑料制品、玩具等 7 大类劳动密集型产品在国际市场的份额上仍达 30%。

---

① 资料来源：安格斯·麦迪森.世界经济千年史 [M].伍晓鹰，许宪春，叶燕斐，等译.北京大学出版社，2003.

再看资本。中国改革开放早期资本匮乏，20世纪80年代初港资给我们带来了第一批资本，接着20世纪90年代美资大举进入，2001年"入世"后全球资本蜂拥而至，加上国内几十年累积的资本（高储蓄率）反复持续投入制造业、基建和房地产中，推动经济快速增长。外资大量进入中国，也带来了大量先进的设备、流水线，中国在短短三十多年里建立了全球完整的产业链。

不管是欧美国家，还是转轨国家，劳动力的增加和资本的积累都是其经济腾飞的两大关键要素。美国经济史学家罗斯托提出"起飞"理论，他认为经济"起飞"需要具备几个条件，其中包括：①生产性投资率的提高，它占国民收入的比例提高到10%以上——依赖于吸引外资和高储蓄率；②发展制造业——依赖于丰富廉价的劳动力和土地资源。

古典政治经济学家对经济增长的解释可以理解为"传统增长方式"。基于劳动力增加和资本积累的经济增长，同样可以理解为"旧"的生产力。

那么，到底什么是新的生产力呢？

二、全要素生产率为何下降

对于经济增长，经济学中的普遍解释是自由市场的发展。但是，对于自由市场的理解，经济学家们却存在不小的分歧。

1870年后，边际主义产生，经济学进入新古典主义时代。新古典主义的好处是用效用理论替代了劳动价值论，从根本上化解了剥削理论引发的危机。新古典主义经济学家将市场理解为一种均衡范式，即由价格有效组织、调节劳动力和资本要素。柯布－道格拉斯生产函数中，产出量是资本（K）和劳动力（L）的函数，并将技术进步假设为外生变量。

问题是，新古典生产函数假设生产规模收益不变和生产要素的边际产量递减，无法解释报酬递增，也无法理解市场是一个过程，这也就远离了对经济增长的解释。从1870年到"二战"结束之前，经济增长理论出现了严重的断层。

20世纪50年代，美国经济学家索洛还是使用新古典主义分析框架研究经济增长。不过，他通过计算发现，1909年至1949年间资本积累只能解释美国人均产出增长中的13%，其余部分可归因于其他因素。除了劳动力和资本带来的经济增长外，还有额外的"剩余"。这部分"剩余"被称为索洛残余或索洛残差。后来经论证，索洛残差是由技术进步和人力资本增加带来的增长，这部分增长率因此被称为技术进步率。但是，由于技术进步带来的增长，跟劳动力和资本的投入又分不开，因此经济学家通常将其称为全要素生产率（total factor productivity，TFP）。

这在今天不难理解。例如，一家工厂，假如在不增加工人和设备的情况下，如何才能提高产出呢？可以通过培训工人，提高工人的熟练度和技术水平，进而提高劳动效率。还可以改进设备，提高设备效率。总之，通过知识积累、技术进步可提高经济效益。

索洛残差的发现重新打开了研究经济增长的天窗，经济学家开始从全要素生产率的角度研究和解释经济增长。同时，新制度经济学又以制度变迁来解释技术创新。到 20 世纪 80 年代，罗默、卢卡斯分别提出内生增长理论和人力资本理论，经济增长理论走向成熟。

根据格罗宁根大学的数据，按照固定不变价格测算的美国全要素生产率从 1954 年开始持续上升，其在 20 世纪 60 年代和八九十年代增长较快，在 2008 年金融危机后有所下降。2023 年下半年又快速反弹，第四季度生产率折合年率为 3.2%，上一季度修正后为 4.9%。疫情期间的设备更新可能推动了全要素生产率的提升。另外，生成式 AI 革命可能推动未来全球全要素生产率的提升。

我们回到中国，为什么现在中国要提出新质生产力并重视全要素生产率呢？

过去中国经济高增长是转轨国家的一种特殊情况，接下来经济潜在增速递减是一个趋势。当前，中国处于新旧动能转换、经济转型升级的关键时期。

旧的生产力，即前面分析的劳动力增加和资本积累都遇到了挑战。在"人达峰"后，劳动力数量将持续减少，人口红利逐步下降，劳动密集型产业的竞争优势也将下降，同时人口老龄化、少子化倾向加剧，养老负担增加。

如今，中国不缺资本，反而出现了资本过剩。2023 年 12 月末，人民币存款余额 284.26 万亿元，同比增长 10%。全年人民币存款增加 25.74 万亿元，其中住户存款增加 16.67 万亿元。由于投资收益率持续下降，市场投资信心不足，家庭和企业大规模储蓄，而极高的储蓄难以转为投资。

另外，自 2015 年以来，地方政府大规模借专项债和城投债投资，开发商大规模借债投资房地产，宏观杠杆率和债务风险偏高。

当前，中国经济需要立新破旧，摆脱高债务的房地产发展模式，提高全要素生产率。经济增长方式从过去的大规模数量积累到高质量发展，产业结构需要从过去的劳动密集型、资本密集型升级为技术密集型，发展新能源、新基建、新制造、新材料，包括人工智能、生物制药、量子科技、商业航天、低空经济等产业。这就是提高新质生产力的基本方向。

数据显示，2023 年，全国房地产开发投资同比下降 9.6%，占全部投资的比重比 2022 年下降 1 个百分点，比 2021 年下降 5 个百分点；而高技术产业投资同比增速达到 10.3%，占全部投资的比重比 2022 年提高 0.7 个百分点；高技术制造业投资增长 9.9%，占制造业投资的比重比 2022 年提高 0.8 个百分点；高技术服务业投资同比增长 11.4%，占服务业投资的比重比 2022 年提高 0.4 个百分点。

不过，自 2008 年以来中国全要素生产率持续下降。根据格罗宁根大学的数据，中国 1957—1977 年间全要素生产率年平均为 -1.25%，改革开放以来 TFP 增长率由负转正并有所上升。不过，2008 年金融危机后，全要素生产率没有增长，反而有所下降。首都经济贸易大学陈彦斌教授等测算发现，2008—2022 年中国全要素生产率增速均值为 1.2%，相比 1978—2007 年增速均值下降了 1.5 个百分点[①]。

为什么中国持续投资新技术、新产业，而全要素生产率反而下降呢？如何才能提高全要素生产率？

三、如何才能促进新质生产力

需求不足是抑制全要素生产率提升的一个重要原因。

自 2008 年金融危机以来，中国经济开始出现需求不足的问题，不过这一问题因 2015—2019 年棚改货币化刺激的房地产投资和消费大增所忽略，并被出口的繁荣所遮蔽。2020 年开始，出口经历高增长后下降，国内消费需求不足凸显，民间投资增速下降，产能利用率降低，房地产和制造业产能过剩，市场价格下跌，产出缺口扩大。

数据显示，2008—2022 年产出缺口均值为 -0.4%，而 1978—2007 年的产

---

① 资料来源：陈彦斌，谭涵予. 提高全要素生产率的政策选择 [J]. 中国金融，2023 年第 12 期.

出缺口均值基本为 0。在需求不足的情况下，大量资本投入，但利用并不充分。2023 年，全国规模以上工业产能利用率为 75.1%，恢复到 2017 年的水平，但距离 2008 年前还有 5 个百分点的缺口。

投资是延迟的消费，如果缺乏充分的最终消费，大量的投资会导致投资收益率下降，甚至浪费，最终无法转化为全要素生产率。该如何提高全要素生产率和新质生产力？

提升新质生产力和高质量发展，需要转换观念，尊重市场规律，不能为技术升级而投资新技术，为产业转型投资新产业。除了大量投资新技术、新产业外，我们还需在市场、消费和制度三个方面努力。

（一）全面发展自由市场、深度融入全球化

技术革命，不是技术本身与产业本身的革命，而是整个经济系统的革命，是市场相关产业及其密集的技术水平达到临界点，并在自由市场的有效配置下形成的效率革命。提高全要素生产率，不仅要发展技术产业，而且需要全面发展市场，包括文化、娱乐、教育、金融、知识服务等各行各业。

先进技术投资是长周期、高风险的投资。谁来投？政府投资也会面临这种风险。怎么办？此时就需要金融市场。金融市场通过一轮、二轮、三轮及最终上市来给项目提供长期资金，最关键的是金融市场在其中分散、转移和有效地分配风险，让企业家可以专注经营，工程师可以专心研发。

金融市场是合约密集型市场，整个市场由无数犬牙交错的合约组成，这些合约对相应的权益和责任进行约定。要想金融市场健康发展，律师、审计、会计、媒体等知识服务市场也必须繁荣。

如今，顶尖技术都是全球化精密协作的结果，全球最顶尖的技术一定来自国际市场。我们需要深度融入全球化。除了商品贸易，还应实现金融贸易、技术协作、信息互通、规则共建。

（二）提高家庭收入、提振家庭消费

很多人不明白技术创新跟消费有什么关系。经济学家强调怎么把储蓄转化为投资，他们将最终消费视为"消耗"。其实，消费是对人的投资，所有对物的投资，最终都要通过对人的投资来实现。土地、设备、股票、信息不会产生价值，根本上是人的创造提高了要素的价值。

现实中，我们看不到一个消费低迷、技术顶尖的国家。反过来，如果消费低迷，对新技术的需求不足，技术自然无法进步。如果需求不足，企业和政府依然持续大规模投资新技术，必然导致亏损，且不可持续，最终抑制全要素生产率。

如果技术是"星辰"，消费就是"大海"，只有庞大的消费市场才能孕育出"星辰"。只有消费繁荣，娱乐、游戏、餐饮、旅游、教育等各行各业才能深入发展，才能推动上游基础科学、原材料技术和高端制造技术的进步。发达的基础科学、原材料技术和高端制造技术，成为各类先进的技术不可或缺的拼图。如果制造不出优质的水、眼镜、味精等消费品，也就无法制造出顶级芯片。中国互联网企业的一大优势是消费应用，我们需要支持外卖、打车等消费应用，节省用户交易费用，促进消费繁荣。促进消费繁荣，就是促进技术进步。当然，消费并不等于胡吃海喝，消费也是一种投资，也有亏损，需要交给市场个体来把握。

提振消费的关键就是提高普通家庭收入。财政支出应该从基建和技术投资转向家庭福利，多用在人身上，少用在物身上。只要家庭收入上升、消费市场繁荣，新技术、新产业的发展就会水到渠成。

（三）制度改革、思想革新

技术创新不是平白无故的，它是制度创新和思想进步的结果。如果把制度、思想视为一种市场，那么制度和思想也是技术产业链分工中不可或缺的组成部分。

技术投资需要金融市场融资，金融市场又是契约密集型行业，契约需要法律保护。我们需要通过制度改革形成一系列完整的法律系统，以保护私人产权、企业家的经营权、融资权以及自由。这就是很多人讲的生产关系。有了新质生产力，就要有新质生产关系。什么是新质生产关系？什么样的生产关系才能促进新质生产力？所谓生产关系就是人与人之间的关系，以及相应的制度安排。其实，任何促进生产力的生产关系，都是平等与自由的关系。这种生产关系也是近二百多年来经济增长和人类文明的重要原因。

新制度经济学家认为，没有个人财产权，就没有自由和平等。需要通过制度改革构建一整套完整独立的司法体系，尤其是严格的产权制度安排和保护，以确保人（机构）与人（机构）之间的平等与自由，消除压迫、剥削和特权。

同时，个人产权还具有激励性。经济学家周其仁当年在黑龙江农场观察到，当地农民在生产队和自留地里的行为完全不同，他们在自留地里的"磨洋工"现象不见了。同样的土地、同样的人，行为为何差异如此巨大，他们为何在自留地更有效率？

个人产权的激励性来自其根本的合法性。生命权是最初始的个人财产权，身体所延伸之物即劳动所得，自然也是其个人产权。市场是个人初始产权的延伸，反对市场相当于反对生命权和自由。因此，需要建立独立的司法体系，有效地保护企业家和每个人的财产权、经营权以及一切权利与自由不受任何个人、机构的侵犯。

可见，合法性即激励性；社会价值观也是一种生产力。

新质生产力
与转型升级

再启航：新质生产力助燃扬帆远行

汪毅　长城证券首席经济学家　中国华能集团软科学评审专家

一、什么是新质生产力

"新质生产力"的概念是 2023 年 9 月习近平总书记在黑龙江主持召开新时代推动东北全面振兴座谈会时首次提出的，习近平总书记指出："积极培育新能源、新材料、先进制造、电子信息等战略性新兴产业，积极培育未来产业，加快形成新质生产力，增强发展新动能。"加快发展新质生产力，必须坚持科技创新引领，实现人才强、科技强进而促进产业强、经济强，要加快实现高水平科技自立自强，支撑引领高质量发展，为全面建设社会主义现代化国家开辟广阔空间。

从内涵上来说，新质生产力作为一种以创新起主导作用的先进生产力形态，其显著特征在于彻底打破了传统的经济增长方式与生产力发展路径，以契合新时代发展要求的高科技、高效能、高质量特性为核心，全面践行并体现新发展理念，是驱动经济社会迈向更高层次、更可持续发展阶段的关键力量。

新质生产力的提出，是党中央对创新驱动发展战略的进一步深化和具体化。在应对国内外复杂形势、解决"卡脖子"问题、推动经济高质量发展的过程中，科技创新被视为"牛鼻子"和"增量器"，承担着引领产业结构升级、发展方式转变、产业链供应链优化等重任。通过科技创新，国家力求在关键领域实现自立自强，以支撑和引领经济社会的全面发展。

新质生产力是现代经济社会发展中一种具有显著时代特征的生产力形态，它植根于先进科学技术的深厚土壤，烙印于生产力发展的主轴之上。这一概念的内涵丰富且深刻，集中体现了科技创新对于提升整体生产力水平、重塑产业结构以及驱动经济社会高质量发展的关键作用。新质生产力的核心标志是"全要素生产率的大幅提升"。全要素生产率（total factor productivity，TFP）是指在给定投入要素（如劳动力、资本、土地等）数量不变的情况下，通过技术进步、管理创新、资源配置优化等非要素投入的改善，使总产出得以持续增长的能力。新质生产力强调的正是这种通过科技进步、制度创新和组织变革等方式，超越单纯依赖资源堆砌或要素数量扩张的增长模式，实现生产效率质的飞跃。这意味着在新质生产力体系中，科技创新不仅改变了单一生产要素的功能和效率，更通过协同效应促使各生产要素之间形成更为高效、灵活的组合与互动，从而整体提升经济系统的产出效能。新质生产力的由来如图1所示。

- **新质生产力提出之前**：《实施方案》明确"8+9"个新兴产业与未来产业，为新质生产力明确方向与抓手
- **新质生产力提出以后**：中央层面不断完善理论框架，在2024年1月底进行全面系统的阐释
- **当前**：中央经济工作会议、全国两会均提及新质生产力，29个省市在地方政府工作报告中有所着墨，因地制宜地提出当地发展目标与方向

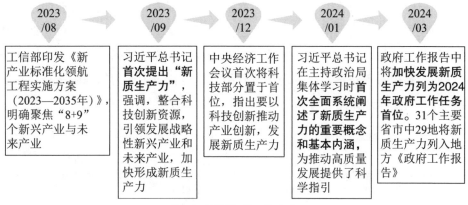

图1　新质生产力的由来

资料来源：长城证券产业金融研究院。

从新质生产力的内涵上来看，"新"的核心在以科技创新推动产业创新，这里的科技创新强调的是具有原创性、颠覆性的技术突破，科技创新，尤其是高新技术的应用，已成为推动生产力发展的重要驱动力。诸如中国空间站、蛟龙潜水器、FAST望远镜、国产大飞机C919等标志性科技成果，生动展现了科技创新对生产力跃升的决定性影响。这些高新技术的广泛应用，正在创造全新的社会生产形态，标志着新质生产力时代的到来。

"质优"是新质生产力形成与发展的关键所在，新质生产力的"质"包含了"质态"和"质效"两方面的指征。从"质态"上来看，新质生产力需要突破传统生产要素的"质态"，在经济数字化的趋势下将数据作为驱动经济运行的生产要素；而从"质效"层面来看，质优体现在产品质量、生产过程、资源利用效率、环保性能、经济效益等多个方面。新质生产力要求在追求经济增长的同时，注重发展质量的提升，实现经济效益、社会效益和生态效益的有机统一。这要求企业在研发、设计、生产、营销、服务等各个环节中，坚持以质量为导向，不断提升产品的附加值和技术含量，降低资源消耗和环境污染，满足消费者对高品质生活的追求，以及社会对可持续发展的期待。新质生产力意味着生产工艺和品质的提升，产业链和价值链的跃迁，提高产品附加值和产业的竞争力。从产业大趋势来看，新质生产力指向了一条生产要素投入少、资源配置效率高、资源环境成本低、经济社会效益好的新型增长路径。

新质生产力主要聚焦在战略性新兴产业和未来产业。战略性新兴产业包括新一代信息技术、生物技术、新能源、新材料、高端装备、新能源汽车、绿色环保及航空航天、海洋装备等产业，囊括了先进制造业和现代服务业的绝大部分行业；未来产业由前沿技术驱动，当前处于孕育萌发阶段或产业化初期，是具有显著战略性、引领性、颠覆性和不确定性的前瞻性新兴产业。大力发展未来产业，是引领科技进步、带动产业升级、培育新质生产力的战略选择。新质生产力的主要阵地如图2所示。

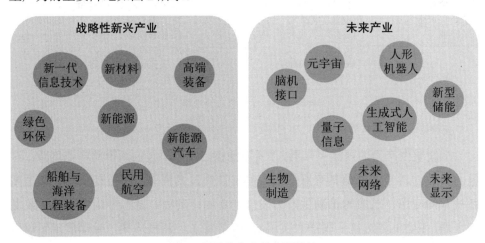

图2　新质生产力的主要阵地

资料来源：长城证券产业金融研究院。

二、发展新质生产力的历史必然性：技术奇点与康波周期

过去的二十年间，人类社会见证了信息技术的空前繁荣与飞速发展，似乎整个世界都被裹挟在这场科技革命的洪流之中，日新月异的创新成果不断刷新着人们的认知边界，我们正处在一个"科技不断突破"的黄金时代。然而，深入剖析这一现象，我们或许会意识到，所谓的"科技突破"在很大程度上可能只是表象，甚至是一种集体错觉。在许多至关重要的科技领域，真正的实质性飞跃实际上已经久未显现，这一点在航天技术、信息技术和生物技术等行业尤为突出。

航天技术方面，尽管我们目睹了火星探测、商业载人航天、小型卫星星座建设等项目的开展，但这些更多的是对已有技术的优化整合与规模化应用，而非对航天推进原理、能源利用、深空通信等底层技术的根本性变革。信息技术领域，虽然互联网、移动互联网、云计算、大数据、人工智能等新技术不断涌现，看似日日新、月月异，但实际上，这些大多属于现有技术的延伸、集成与应用深化，而非底层架构的革新。例如，互联网的普及程度在主要经济体中已接近饱和，美国、中国、英国等国家的互联网渗透率在 2021 年增长明显放缓，显示出这一领域的扩张已进入相对稳定的成熟阶段。此外，全球主要经济体的GDP 增速也呈现出下滑态势，反映出科技进步对经济增长的边际贡献在减弱。

生物技术领域，尽管基因编辑、细胞疗法、精准医疗等领域取得了诸多进展，但这些成就多集中在对既有技术的精细化、个性化应用层面，距离彻底攻克癌症、衰老等重大生命科学难题尚有遥远的距离。同样，对于生命起源、意识本质等基础理论问题的破解，也并未因技术进步而取得突破性进展。

面对这一现实，我们必须清醒地认识到，当前的科技发展更多表现为"广度的拓展"和"效率的提升"，即在现有技术框架内进行广泛应用和优化，而非"高纬度的跨越"，即对科技底层逻辑或基础理论的重大突破。这就好比是在一座已知的科技大厦上不断加盖楼层，而非探索建造全新的科技殿堂。

在此背景下，我国经济形势也呈现出相应特征。近年来，名义 GDP 增速呈现回落态势，至 2023 年，我国工业企业的平均利润率仅为 5.76%（见图3），与 2015 年的水平持平，表明传统经济增长动能正面临瓶颈，依靠规模扩张和资源投入驱动的传统产业发展模式已难以维系经济的高速增长。我国经济正处于新旧动能转换的关键时期，以外延式增长为主导的传统产业对经济增长的拉动力渐显疲态，亟须寻找新的增长动力源泉。

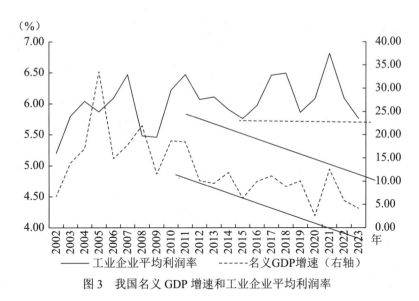

图 3　我国名义 GDP 增速和工业企业平均利润率

资料来源：国家统计局、WIND、长城证券产业金融研究院。

从以往的历史背景来看，每一次技术革命都会对应一个相对完整的康德拉季耶夫长波，即每一次技术革命的开端都意味着经济重新走向繁荣。根据中国社科院的研究，除了如今我们正在经历的人工智能、大数据引发的智能革命，从 18 世纪末开始我们一共经历了五次技术革命，根据麦格劳的理论，在五次技术革命中，我们经历了三个时代：

"第一次工业革命"时代（1760 年至 1840 年）：以蒸汽动力为标志。

"第二次工业革命"时代（1840 年至 1950 年）：以电力为标志。

"第三次工业革命"时代（1950 年至 2020 年）：以计算机技术为标志。

相较于康德拉季耶夫长波的划分，佩蕾丝的技术经济范式研究框架中，前五次技术革命浪潮与康德拉季耶夫的五次技术长波大致对应。冯·图泽尔曼和钱德勒的观点是，将康德拉季耶夫的第一、第二次长波共同视为"第一次工业革命"时代，而将第三、第四次长波合并看作"第二次工业革命"时代。以此类推，"第三次工业革命"时代则涵盖了第五、第六次康德拉季耶夫长波。

基于康德拉季耶夫长波周期与技术经济范式转换特征的结合分析，截至2020 年，当前由数据驱动的新一轮技术革命和产业变革已步入第六次技术革命浪潮下的技术经济范式导入期的爆发阶段。在这一阶段，大数据、云计算和人工智能等新一代信息技术的广泛应用和创新，将推动生产组织方式的革新、创新组织形态的变革以及管理的创新，并可能催生出全新的创新组织形态。

因此，新质生产力的培育与激活在当前的历史背景下显得尤为重要。新质生产力以其创新驱动、高附加值、低资源消耗、高环保标准等特性，有望成为推动经济高质量发展的全新动力。它不仅涵盖新兴科技产业如人工智能、生物科技、新能源、新材料等领域的创新发展，也包括对传统产业进行深度数字化、智能化改造，以及构建绿色、循环、低碳的新型生产方式。新质生产力的崛起，将有助于打破现有经济增长乏力的僵局，通过科技创新引领产业结构升级，提升全要素生产率，推动经济由量的积累转向质的提升，从而实现经济的健康可持续发展。

当下全球经济及我国经济均面临动能转换的挑战，迫切需要一场深层次的技术革新来打破现状。新质生产力的培育与发展，正是我们破局的关键，它将引领我国经济从传统的外延式增长转向内涵式增长，通过科技创新驱动产业升级，构建起更具竞争力和韧性的现代化经济体系。

三、如何衡量新质生产力的发展水平

虽然新质生产力已被公认为驱动经济迈向高质量增长的关键引擎，学术界对其内在属性与统计方法的研究尚处萌芽状态，但是我们从政治经济学的角度出发，新质生产力的衡量方法也不是无迹可寻。新质生产力的落脚点还是在于"生产力"，构建新质生产力评价框架的过程可以遵循马克思主义政治经济学理论，聚焦生产力的三大构成要件——劳动者、劳动对象和生产资料。

《新质生产力：指标构建与时空演进》一文初步建立了适用于我国的新质生产力的评价框架：在劳动者维度，该评价框架关注劳动者个体的技能与效率提升，倡导全社会创新氛围的营造，强调人力资本规模与结构对国家未来前景的决定性作用，以及劳动生产率全面提高对于产业升级与结构优化的关键作用；在劳动对象维度，新质生产力评价聚焦于新质产业与生态环境的协同发展，强调在国际产业转移背景下，通过技术进步与科技创新实现产业转移的绿色化，以及通过数字化手段推动新旧动能转换，构建经济系统的生态循环；在生产资料维度，评价框架既包括物质生产资料如传统与数字基础设施，也涵盖无形生产资料如科技创新与数字化能力。科技创新被确认为新质生产力的关键核心，强调"创新"对科学技术发展的重要性，而数字化则被视为推动企业内部效率提升与外部经济形态转型的有效途径。国内理论层面现有的新质生产力评价框架如表1所示。

表 1　国内理论层面现有的新质生产力评价框架

目标层	准则层	一级指标	二级指标	三级指标	衡量方式	属性
新质生产力	劳动者	劳动者技能	受教育程度	人均受教育程度	人均受教育平均年限	正
			人力资本结构	劳动者人力资本结构	将劳动力教育程度划分为 5 个等级	正
				高等院校在校学生和人均 GDP	大学生数量占总人口比重	正
		劳动生产率	人均产值	人均 GDF	GDP/ 总人口	正
			人均收入	人均工资	在岗职工平均工资	正
		劳动者意识	就业理念	三产从业人员比重	第三产业就业人员占总就业比重	正
			创业理念	创业活跃度	创业活跃度	正
	劳动对象	新质产业	战略性新兴产业	新兴战略产业占比	新兴战略产业增加值 /GDP	正
			未来产业	机器人数量	机器人数量 / 总人口	正
		生态环境	绿色环保	森林覆盖率	森林覆盖率	正
				环境保护力度	环境保护支出 / 政府公共财政支出	正
			污染减排	污染物排放	二氧化硫排放 /GDP 废水排放 /GDP 一般工业固体废物产生量 /GDP	负
				工业废物治理	工业废水治理设施（套）工业废气治理设施（套）工业固体废物	正
	生产资料	物质生产资料	基础设施	传统基础设施	公路里程　铁路里程　光纤长度	正
				数字基础设施	人均互联网宽带接入端口数	正
			能源消耗	总体能源消耗	能源消耗 /GDP	负
				可再生能源消耗	可再生能源电力消耗量 / 全社会用电量	正
		无形生产资料	科技创新	人均专利数量	专利授权数量 / 总人口	正
				R&D 投入	R&D 经费支出 GDP	正
			数字化水平	数字经济	数字经济指数	正
				企业数字化	企业数字化水平	正

资料来源：王珏，王荣基 . 新质生产力：指标构建与时空演进 [J]. 西安财经大学学报，2024（1）.

　　在综合评价新质生产力发展水平的计算方法上，《新质生产力：指标构建与时空演进》中采取了熵值法对三级指标进行计算并最终得到新质生产力发展水平一指标，熵值法避开了主观赋权法的弊端，能够根据指标数据的离散程度较为客观地反映各项指标在整个评价体系中的重要性（见图4）。

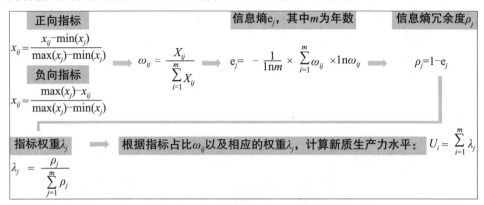

图 4　熵值法计算新质生产力指标

资料来源：长城证券产业金融研究院整理。

从数据上来看，我国南北方新质生产力在过去十年间均呈现强劲的上升趋势，体现了我国整体创新能力与经济质量的不断提升。分地区来看，北方地区的这一进程尤为瞩目，其新质生产力指数从 2011 年的 0.129 1 一路攀升至 2021 年的 0.326 5，增幅显著，彰显出北方地区在产业结构调整、科技创新应用、高素质人才培育、现代生产要素集聚等方面的不懈努力与显著成果。

与此同时，南方地区的新质生产力发展同样展现出强劲的上升势头。从 2011 年初始值 0.133 6 起步，经过十年的持续积累与优化升级，南方地区的新质生产力指数在 2021 年达到了 0.307 6 的高水平，显示了南方地区在经济转型升级、新型业态培育、创新驱动发展战略实施以及高端产业链构建等方面的卓越表现（见图5）。

值得注意的是，南北方新质生产力发展并非始终保持同一节奏或固定的优势格局，而是经历了交替领先的动态变化。在 2016 年之前，南方地区的新质生产力发展水平始终保持着对北方的领先态势，反映出南方在改革开放初期即抢占先机，率先进行产业结构调整和科技创新布局，以及利用区位优势、开放政策等条件快速吸纳和转化先进生产要素的优势。然而，自 2017 年起，北方地区的新质生产力发展势头突显，成功实现了对南方地区的赶超，并在随后几年中逐步扩大了这一优势。至 2021 年，北方地区的新质生产力平均指数已高出南方地区 0.018 8，形成了显著的发展优势，这在一定程度上反映出北方地区在新时代背景下，通过深化供给侧结构性改革、强化创新驱动、优化资源配置、积极参与全球产业链重构等方面的战略部署与务实行动已初见成效，正在重塑其在国家经济版图中的重要地位。

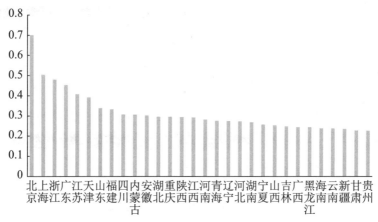

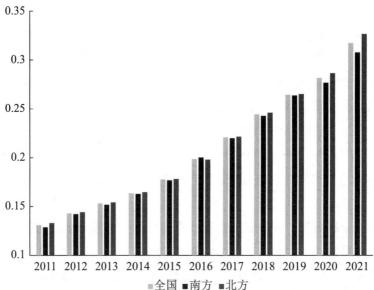

图 5　全国新质生产力发展情况（数据截至 2021 年，不包含港、澳、台数据）

资料来源：王珏，王荣基 . 新质生产力：指标构建与时空演进 [J]. 西安财经大学学报，2024（1）.

四、发展新质生产力的关键环节：打造融资与投资良性循环的资本市场

发展新质生产力的核心在于科技创新，这是基于科技创新对生产力性质和

形态进行革新，以及对产业结构、生产方式乃至经济增长模式产生深远影响的本质属性。科技创新不仅体现在对现有技术的改良与提升，更在于颠覆性技术的孕育与突破，这些都离不开企业对研发活动的积极投入。然而，科技创新的过程并非坦途，尤其在企业研发初期，往往需要面对大规模的资金投入、高昂的试错成本以及伴随而来的不确定风险。科技创新活动的特性决定了其资金需求巨大。从基础研究到应用开发，再到商业化落地，每个阶段都需要相应的资金支持。尤其是在研发初期，由于技术路线尚不明朗、市场前景未定，企业往往需要投入大量资源用于实验室研究、设备购置、人才引进与培养、原型机制造与测试等。这些投入不仅数额庞大，而且周期较长，往往超出企业自身的现金流承受范围，因此需要外部资金的注入。科技创新过程中不可避免地存在试错成本。科学研究与技术创新往往伴随着失败与修正，一项成功的技术或产品往往是在无数次试验、改进，甚至推倒重来中诞生的。这些试错过程中的成本，如废弃实验、重新设计、延期上市等，构成了科技创新成本的重要组成部分，增加了企业的财务压力。

对于投资行为来说，科技创新具有较高的风险性，由于技术更新迅速、市场需求变化不定、竞争对手动态等因素，科技创新项目的成功与否存在较大不确定性。即使投入大量资源，也可能因技术瓶颈无法突破、市场需求转变、政策环境变化等原因导致项目失败，给企业带来直接经济损失。

因此，良好的投资环境和通畅的融资渠道对于发展新质生产力至关重要。资本市场，尤其是风险投资、私募基金、股票市场、债券市场等多元化的投融资平台，能够通过风险共担、收益共享的方式，为科技创新型企业提供所需的资金支持。资本市场的高效运作，可以将分散的社会资金汇集起来，精准投放到具有高成长潜力的科技创新项目中，降低企业单独承担高额研发投入的风险，同时也为投资者提供了分享科技创新成果的机会。

近年来，我国在科技创新投入方面取得了显著进步。基础研究经费从2012年的499亿元增长至2022年的2 023.5亿元，实现了近四倍的增长，这为铁基超导、量子信息、干细胞、合成生物学等前沿领域的重大成果产出提供了强有力的资金保障。这些成果不仅提升了我国的科技实力与国际影响力，也促进了相关产业的创新升级与新质生产力的发展。

尽管如此，与美国、日本、德国等科技发达国家相比，我国在研发支出占GDP的比重上仍存在一定差距（见图6）。这意味着我国在整体经济规模中用于科技创新的资源相对较少，对于科技创新的驱动力有待进一步增强。提高研发投入占比，尤其是增加基础研究和应用研究的投入，是提升我国科技创新能力、发展新质生产力的关键举措之一。

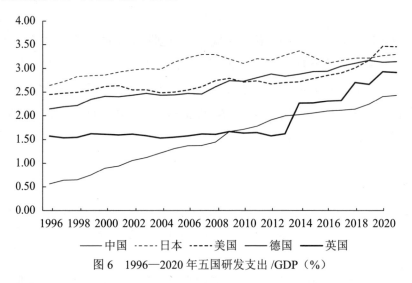

图 6　1996—2020 年五国研发支出 /GDP（%）

资料来源：WIND、长城证券产业金融研究院。

从我国当前的投资结构来看，企业融资仍以传统的银行贷款为主要途径，股权融资在整体融资结构中的比例相对较小。数据显示，至 2023 年，非金融企业的股票融资在全部融资方式中的占比仅为约 4%。这种融资结构的特点，与科技创新活动的内在需求在一定程度上存在不匹配之处。我国融资结构如图 7 所示。

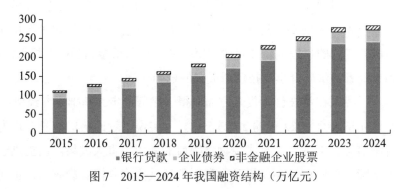

图 7　2015—2024 年我国融资结构（万亿元）

资料来源：WIND、长城证券产业金融研究院。

科技创新是一个历时较长、回报周期相对较慢的过程，它不仅需要初始阶段的大额资金投入，还要求在整个研发周期中保持稳定且持续的资金供给。

这是因为科技创新通常包含基础研究、应用研究、试验开发、商业化等多个阶段，每一个阶段都需要相应资金支持，且不同阶段的资金需求量和资金使用方式各有差异，特别是在研发初期，由于技术路线尚不明确、市场前景未卜，企业往往需要投入大量资源进行基础研究和初步试验，此时资金需求量大且不确定性高，但回报周期长且风险较大。科技创新型企业由于其业务模式、技术路径及市场前景的不确定性，通常面临较高的研发风险。在这种背景下，过度依赖债务融资（如银行贷款）可能导致科创企业的财务杠杆过高，一旦研发失败或市场波动，可能会迅速陷入财务困境，不利于企业的长期稳健发展。

因此，转变融资结构，提升资本市场活跃度，对于发展新质生产力至关重要。股权融资，尤其是通过资本市场进行的直接融资，能够为企业提供长期、稳定且风险共担的资金来源。股权投资者通常对企业的长期价值有较高期待，愿意承受短期内的业绩波动，这与科技创新活动的长期性和风险性相契合。此外，资本市场通过公开透明的信息披露、市场定价机制以及严格的监管要求，有助于提升科技创新企业的治理水平，可吸引更多的专业投资者参与，进一步拓宽融资渠道，降低融资成本。

近期，国务院国资委在部署 2024 年投资工作时，明确提出要大力推进央企产业焕新行动和未来产业启航行动，旨在围绕新产业、新模式、新动能，引导国有资本积极布局战略性新兴产业。这一战略部署体现了对科技创新和新质生产力培育的高度重视，具体包括：

（1）坚持长期主义：强调投资要有长远眼光，关注科技创新的长期价值创造而非短期利润回报，这与科技创新的长期性、高风险性特征相吻合，有利于为科技创新型企业提供稳定且持久的资金支持。

（2）加大布局力度：明确要求在战略性新兴产业领域进行大规模投资，尤其是针对潜力大、成长性好的专精特新企业和独角兽企业。这些企业往往具备独特的技术优势、创新能力和市场前景，是新质生产力的重要载体。

（3）坚持投新、投早：鼓励投资者关注早期阶段的科技创新项目，通过股权投资、基金投资等方式，积极参与科技创新型企业的初创和成长阶段。这种投资策略有助于解决科技创新型企业早期融资难题，降低其财务风险，同时也有利于投资者在企业价值增长初期获得较高回报。

五、"新质生产力"会带来哪些领域的投资机会

新质生产力主要聚焦在战略性新兴产业和未来产业，以这两大阵地为主的科技创新将成为新的经济增长驱动力，也就是说相关的行业可能会迎来更多关注的增长点，具体来看，涉及的行业包括：

- **新能源**：包括清洁能源（如太阳能、风能、核能、氢能等）、新能源汽车产业链（电池、电机、电控、充电桩等）、储能技术等。
- **新材料**：高性能复合材料、纳米材料、超导材料、生物基材料、半导体材料等具有高附加值、技术领先的新材料领域。
- **生物技术**：基因编辑、生物制药、精准医疗、生物制造、生物信息学等前沿生物科技领域。
- **信息技术**：人工智能、大数据、云计算、物联网、区块链、5G/6G通信、量子信息等新一代信息技术及其应用。
- **高端装备制造**：智能制造、机器人、精密仪器、航空航天装备、海洋工程装备等先进制造领域。

在重点发展以上行业的同时，也必然离不开相关的基础设施和生态建设，因此，新基建和新生态也非常值得关注，具体包括：

- **新基建**：包括数据中心、云计算设施、5G基站、工业互联网平台、人工智能算力中心等，为科技创新提供底层基础设施支持。
- **科技创新园区与孵化器**：投资于承载科技创新企业的产业园区、孵化器或创新中心的开发与运营，间接参与科技创新企业的成长。

另外，新质生产力的释放往往需要相应的制度创新作为保障。例如，知识产权保护制度的完善有利于激发科技创新活力，金融制度改革有助于拓宽创新型企业的融资渠道，教育制度改革可培养适应新质生产力发展的高素质人才等。投资者可以关注在这些制度改革过程中有望受益的板块和企业，如知识产权服务企业、创新型金融机构、在线教育平台等。

新质生产力，经济新动能

陈雳　中国首席经济学家论坛理事　正高级经济师

在全球化浪潮与科技革命交织的时代背景下，我国经济正面临前所未有的转型挑战与发展机遇，为应对复杂多变的国内外环境，实现经济持续、健康、高质量发展，必须深入探索新的增长动力与发展路径。"新质生产力"正是基于此背景提出的，深刻认识和把握新质生产力的内涵与实质，将为构建现代化经济体系、推动中国经济迈向更高质量发展阶段提供有力支撑。

一、新质生产力提出的背景

（一）基于时代背景的诞生

新质生产力概念的提出，是基于当前全球经济形势的深刻变化和中国经济转型升级的内在需求。从全球视角来看：一方面，新一轮科技革命和产业改革正在加快，数字经济、人工智能等新兴产业的崛起，为经济发展带来了新的活力；另一方面，随着美国对我国科技制裁的趋严，2023 年全年，我国高技术产业的工业增加值累计同比增速均低于工业增加值整体增速，对高技术制造业的固定资产投资也呈回落态势，共同反映我国高技术产业发展压力增加。从国内形势来看：经济增长的旧引擎——房地产市场表现偏弱，对经济复苏产生拖累；经济增长新动能尚在培育过程中，新兴产业虽然发展迅速，但尚未形成足够的支撑力量，发展势头较为强劲的汽车、新能源等行业在 GDP 中占比有限，对经济增长的拉动作用不足。在这样的大背景下，促进高科技产业发展、推动制造业转型升级、培育经济增长新动能变得至关重要。

基于时代背景，习近平总书记提出了"新质生产力"这一创新理念。2023年9月，习近平总书记在黑龙江考察调研期间，首次公开提出了"新质生产力"的概念，强调要积极培育战略性新兴产业以及未来产业，加快形成新质生产力。自此，新质生产力被正式引入国家发展战略。2023年12月，中央经济工作会议在全年经济工作的首条即提出"发展新质生产力"，将新质生产力与科技创新、颠覆性和前沿技术相联系。2024年1月底，习近平总书记在中共中央政治局第十一次集体学习时着重提到了加快新质生产力发展和促进高质量发展的重要性。新的生产力理论对于推动高质量发展至关重要，而已在实践中初露峥嵘的新质生产力正展现出强大的推动和支持作用，因此，我们需要从理论上对其进行系统的总结和提炼，以指导未来新的发展实践。2024年3月，《政府工作报告》中，"大力推进现代化产业体系建设，加快发展新质生产力"被放在2024年政府工作十大任务的第一项，着重突出了科技创新与新质生产力在引领现代化产业体系建设中的核心作用。以科技创新和高质量发展为目标，优化升级产业链供应链、孵化新兴产业及未来产业、推动数字经济创新突破，将作为构建现代化产业体系的关键举措。新质生产力的蓬勃发展将有力助推我国经济增长新动能的培育壮大。

（二）对马克思生产力和生产关系思想的创新发展

新质生产力理论是对马克思主义生产力和生产关系思想的创新发展。马克思主义经济学认为，生产力与生产关系是相互作用的。在当前中国经济转型的关键时期，如何正确处理生产力与生产关系的关系，是推动经济持续健康发展的核心问题。习近平总书记提出的"新质生产力"理论，正是在这一背景下对马克思主义生产力和生产关系思想的创新发展。这一理论牢牢抓住了"生产力"这个主要矛盾，强调通过发展"新质生产力"来推动经济转型升级。

（三）高质量发展的必然要求

发展新质生产力是我国实现高质量发展的必然要求。我国经济已经进入高质量发展阶段，这要求经济发展必须从数量扩张转向质量提升。新质生产力的提出正是对这一要求的积极响应。通过发展新质生产力，可以提升生产和供给的质量、效率，解决科技限制、资源限制、需求限制等矛盾，推动生产关系和经济结构升级，实现中国式现代化。

二、新质生产力的核心及目的

新质生产力是代表新技术、创造新价值、适应新产业、重塑新动能的新型生产力，具有高科技、高效能、高质量的特征，它的产生源于技术的重大突破、生产要素的创新性配置以及产业的深入转型升级，代表了技术进步和产业变革的最新成果。

（一）"新"涵盖四大核心要素

新质生产力的"新"涵盖四大核心要素：新劳动者、新劳动对象、新劳动工具和新型基础设施。首先，与传统从事简单劳动的技术工人不同，新劳动者是熟练掌握现代技术、能操作高端设备，并具备快速学习新知识能力的人才。其次，新劳动对象具备多元化的特点。除了高端智能设备等物质形态要素外，还涉及数据等新型生产要素。这些要素共同构成了新质生产力的基础，为生产力的进一步提升提供了有力支撑。再次，新劳动工具的应用也是新质生产力的重要体现。人工智能、虚拟现实、增强现实设备及自动化制造设备等的应用，将使得生产过程更加智能化、自动化，从而提高生产效率和产品品质。最后，建设新型基础设施是为了适应科技创新的变革与重构，通过合理规划大型科技设施布局，推动新兴和未来产业发展，可同时改善传统基础设施，完善新型基础设施体系。

（二）提升生产效率是发展新质生产力的重要目的

新质生产力的核心标志在于全要素生产率的大幅提升。全要素生产率在新古典经济模型中被视为一个综合性的指标，它衡量了经济增长中无法全部由资本和劳动投入解释的部分，如技术进步、组织管理改善、资源重新配置效率等。通过提高全要素生产率，经济体可以在不增加资本和劳动投入的情况下实现更高的产出水平。自改革开放至2012年前，中国经济经历了一段显著的高速增长期。在此期间，人口红利的释放和工业化的快速推进为经济提供了稳定的劳动力和资本供给；同时，改革带来的红利和城镇化的加速发展优化了资源配置效率。然而，2012年中国劳动人口出现拐点，劳动力供给开始面临制约。因此，提高全要素生产率成为推动经济可持续发展的关键所在。党的十九大、党的二十大均提及，全要素生产率的提高对于推动高质量发展至关重要。

（三）新质生产力需落实在产业发展

为了培育新质生产力，我们需要积极推动战略性新兴产业的发展，并且要积极促进未来产业的壮大。战略性新兴产业是以重大技术突破和发展需求为基础，对经济社会的整体和长期发展产生关键引导和推动作用的领先产业。它以高度集聚的知识和技术为核心，相较于传统产业，其物质资源消耗较低，但成长空间和增长潜力较大，且能带来一定的综合效益。未来产业代表着当前科技和产业发展的最前沿趋势，并预示着即将到来的技术和市场变革。战略性新兴产业与未来产业对于推动创新引领发展、培育新的经济增长点具有至关重要的作用。大力发展战略性新兴产业和积极推动未来产业的成长，将有效促进新质生产力的形成和发展，为赢得未来国际竞争的优势地位、实现经济社会的长期繁荣和可持续发展奠定了坚实的基础。需要注意的是，战略性新兴产业和未来产业均为动态概念，其包含的具体行业会随着科技的发展和市场的需求而不断变化，2024 年《政府工作报告》中对新兴产业的论述，特别提及智能网联新能源汽车、新兴氢能、新材料、创新药、生物制造、商业航天、低空经济；在未来产业方面，量子技术、生命科学等新赛道有望得到重点拓展。

新质生产力将促进传统产业转型升级，提升经济发展的质量和效益。推动新质生产力的发展并不意味着放弃传统产业，而是借助新技术对传统产业进行改造和升级。从政策导向上看，2023 年 12 月，工信部等八部门联合印发《关于加快传统制造业转型升级的指导意见》，为传统制造业的数字化、绿色化、高端化、融合化转型提供指引；2024 年 2 月，工业和信息化部等七部门发布《关于加快推动制造业绿色化发展的指导意见》，提出"到 2030 年，制造业绿色低碳转型成效显著，传统产业绿色发展层级整体跃升"的主要目标，力图前瞻布局绿色低碳领域未来产业，完善绿色化发展政策体系。从宏观指标来看，2024 年以来，高技术制造业投资累计同比增速提高、有望重回上行轨道；高技术制造业增加值的累计同比增速已经超过了规模以上工业增加值的整体增速，有望扭转 2023 年高技术制造业增加值同比增速低于整体的态势。

（四）新质生产力需要政策多方面发力

加快形成新质生产力需要政策在创新驱动、制度创新、人才支撑和资本赋能等方面全面发力。

　　首先，要深入实施创新驱动发展战略：一是加强科技引领，争取在原创性成果、底层基础技术方面取得突破，打破欧美等发达国家对我国的科技封锁；二是优化资源配置和布局结构，加强资源整合和共享、强化资源信息化管理以提供数据支持，同时引导更多资源流向国民经济重点领域和战略性新兴产业；三是发挥我国制度优势和市场优势，聚焦重大科技问题，打造创新驱动高质量发展新赛道；四是构建高效协同的技术创新体系，促进产学研用深度融合，加强产业链内各环节以及不同规模企业之间的合作与创新，构建互利共赢、风险共担的协作机制，解决技术研发、生产制造、市场推广和产业发展全过程中的难题，实现创新链与产业链的顺畅互动与良性循环。

　　其次，应进一步强化人才支撑，培养更多高层次科技人才和创新团队：一是优化人才激励机制，为科研人员提供良好的工作环境和广阔的发展前景；二是重视青年科技人才的培养，并给予更多机会和平台。

　　最后，更好发挥资本赋能作用，健全多层次资本市场：一是完善科技金融制度设计，以支持创新型企业的发展；二是积极发展创业风险投资，扶持科技型和创新型企业成长，为制造业单项冠军、专精特新"小巨人"等优秀企业提供支持，推动其不断壮大；三是优化信息披露质量，增强上市公司、股东及信息披露相关责任方的信息披露的真实性、规范性、精确性、全面性、自发性、指向性和实效性；四是完善优胜劣汰的市场机制，确保强制退市制度的严格执行，提供更加多元化的退市渠道、更合理的退市标准、更高效的退市流程，改善劣质企业的出清效率，从而促进金融资源更多流向优质上市公司。

三、新质生产力如何适应当下社会的发展

　　新质生产力是推动经济社会发展的重要动力，是科学技术进步与生产方式、经济结构创新相结合的具体体现。随着科技飞速发展和经济全球化深入，新质生产力正日益成为推动经济社会发展的关键动力。当前，新质生产力与社会发展紧密相连，二者相互促进、相互影响。因此，新质生产力要紧跟经济社会发展的步伐，深入了解发展趋势和需求的变化，及时调整发展方向和策略，使新质生产力更好地适应并引领社会发展，对推动经济社会的持续健康发展具有重大意义。

（一）创新发展

当前，全球科技的飞速发展，为新质生产力的发展提供了广阔的空间。因此，要加强科技创新，提高自主创新能力，掌握核心技术的自主知识产权，推动科技与经济的深度融合。一是加强系统布局，要对科技创新体系进行整体规划和设计，明确发展目标和重点方向。针对新质生产力和当下社会发展的需求，制订具体的方案和措施。二是构建良好的科技创新环境，通过加大对科技创新的投入、加强科技创新基础设施建设、强化对知识产权保护力度等措施，激发科技创新的活力。三是加强科技人才队伍建设，包括高层次人才的培养和引进，注重对青年科技人才的培养和支持，提高科技人才的创新能力和实践能力。四是通过与国际先进地区和机构的合作，引进先进的技术和管理经验，提升科技创新的水平。

（二）高质量发展

要实现高质量发展，离不开产业结构的优化升级，而新质生产力与优化产业结构是相互促进、紧密相连的关系。当前，优化产业结构是推动新质生产力适应社会发展的重要手段，有助于新质生产力在各个领域的广泛应用和深度融合。具体来看：一是要加快传统产业的转型升级。部分产业面临技术落后、产能过剩、环境污染等问题，难以适应新质生产力的发展需求。需要对产业结构进行优化，通过调整产业布局、发展新兴产业、改造提升传统产业等措施，提高产品质量、降低能耗、减少排放，增强传统产业的竞争力和可持续发展能力，形成更加合理、高效的产业体系。二是因地制宜，调整产业布局。根据地区资源禀赋、市场需求、产业基础等因素，合理规划产业布局，形成错位发展、优势互补的产业格局。三是发展新兴产业，可以通过制定产业规划、提供政策支持、加强技术研发等措施，推动新兴产业的快速发展，为新质生产力的发展注入新的动力。四是加强产业链的整合和延伸，形成具有竞争力的产业集群。

（三）绿色发展

当前，社会对绿色发展和可持续发展的需求日益强烈，可持续发展已成为全球社会经济发展的重要方向。注重可持续发展不仅是适应当下社会的需要，也是确保长期竞争力的关键。一是新质生产力在推动经济增长的过程中，需注重环境保护，降低对环境的负面影响，实现经济与环境的协调发展。二是通过技术创新和管理创新，实现资源的高效利用，减少浪费，确保资源的可持续利用，不仅有利于降低生产成本，提高企业的竞争力，也有助于缓解资源短缺的压力，推动社会的可持续发展。三是在发展过程中关注社会福祉和公共利益。一方面，通过积极履行社会责任，新质生产力可以树立良好的企业形象，赢得社会的认可和信任，为企业的长期发展奠定坚实的基础。另一方面，也有助于推动社会的公平和进步，实现经济效益与社会效益共同发展。

四、发展新兴产业和未来产业

"科技"是第一生产力，也是提升生产效率的关键要素，更是促进企业高质量发展的根本。2024 年《政府工作报告》中，明确提出要"积极培育新兴产业和未来产业"。

（一）巩固扩大领先的优势产业

领先的优势产业是推动国家经济增长的重要支柱，也是产业在全球贸易中具备强大竞争力的重要体现。当前随着科技的不断进步和市场需求的变化，传统产业面临着升级和转型的压力，巩固扩大领先的优势产业可以带动相关产业的协同发展，进而推动产业链上下游的升级和转型。此外，从防风险角度看，优势产业具有较强的市场适应能力和抗风险能力，通过巩固扩大领先的优势产业，可以增强经济的稳定性和可持续性，为经济提供更多的支撑和保障，降低经济波动的风险，增强经济的韧性和可持续性。

《政府工作报告》中提及的优势产业，重点强调了智能网联新能源汽车。当前国内智能网联新能源汽车产业在国际市场上已经取得了显著成绩，多款新能源车型在海外受到热捧，自动驾驶技术、电池续航等关键领域也达到了国际先进水平。巩固并扩大这一领域的领先优势至关重要，这不仅关系国家的工业竞争力，还直接影响未来的交通出行方式、能源结构乃至整个经济社会的发展。

从产业升级角度看，智能网联新能源汽车融合了新能源汽车技术与智能网联技术，是汽车产业转型升级的重要方向。通过巩固和扩大领先优势，可以推动我国汽车产业由传统制造向智能制造、绿色制造转变，提升产业链的整体竞争力。在科技创新的视角下，智能网联新能源汽车涉及电池、电机、电控等关键技术，以及自动驾驶、车联网等尖端科技。巩固扩大领先优势意味着在这些领域持续进行技术创新，形成更多的自主知识产权和核心技术，从而在全球范围内引领技术发展趋势。从市场需求角度看，随着环保意识的提高和消费者对高品质出行的需求增长，智能网联新能源汽车的市场需求正在快速增长。巩固扩大领先优势有助于满足国内外市场的多样化需求，提升我国汽车品牌的国际影响力。

（二）加快新兴产业发展

新兴产业是推动经济发展的重要引擎，其往往基于最新的科技进展和创新成果，具有高度的创新性和技术性。通过加快新兴产业的发展，可以推动创新驱动发展战略的实施，提高经济发展的质量和效益。

（1）氢能。氢能作为来源丰富、绿色低碳、应用广泛的二次能源，正逐步成为全球能源转型发展的重要载体之一，当前全球主要发达国家高度重视氢能产业发展，氢能产业已成为加快能源转型升级、培育经济新增长点的重要战略选择。根据国务院颁布的《氢能产业发展中长期规划（2021—2035 年）》，到2025 年，国内要形成较为完善的氢能产业发展制度政策环境，基本掌握核心技术和制造工艺，初步建立较为完整的供应链和产业体系；到 2030 年，氢能产业将形成较为完备的技术创新体系、清洁能源制氢及供应体系，产业布局合理有序，可再生能源制氢广泛应用，为实现碳达峰目标提供有力支撑；到 2035 年，形成氢能产业体系，构建涵盖交通、储能、工业等领域的多元氢能应用生态。可再生能源制氢在终端能源消费中的比重明显提升，对能源绿色转型发展起到重要支撑作用。[①]

（2）新材料。新材料产业作为新兴产业的重要组成部分，具有优异的物理、化学和机械性能，显著提升工业产品的性能和质量，满足更高的使用要求。新材料的发展可以带动相关产业的升级和转型。例如，新型轻质高强材料在航空航天领域的应用，可以推动航空航天产业的轻量化、高效化发展；新型能源材料在新能源汽车领域的应用，可以推动新能源汽车产业的快速发展。总体来看，发展新材料有利于推动经济增长与产业升级、提升国家竞争力、促进创新驱动

---

① 资料来源：国家发展改革委、国家能源局《氢能产业发展中长期规划（2021—2035 年）》，https://www.gov.cn/xinwen/2022-03/24/content_5680973.html.

发展以及推动科技创新、提高生产效率、促进可持续发展。

（3）创新药。创新药的发展是国家医药产业竞争力的重要体现，随着全球医药市场日益激烈的竞争，研发创新药已成为提升国家在全球医药产业中地位的关键，同时，创新药的研发和应用有助于我国在医药领域取得更多自主知识产权，打破国外技术垄断，提高医药产业的国际竞争力。从科技创新角度看，通过不断研发新的药物分子和治疗方法，可以推动医药科技的不断进步，为人类的健康事业作出更大的贡献。从医疗防护角度看，随着全球人口老龄化加剧，新药研发对于应对公共卫生的挑战至关重要。创新药可以有效解决一些尚未满足的临床需求，为重大疾病的预防和治疗提供新的解决方案，从而提高人民的健康水平。总体来看，当前发展创新药对于提升国家医药产业竞争力、促进经济发展、应对公共卫生挑战以及推动科技创新和可持续发展等方面都具有重要意义。

（4）生物制造。生物制造被认为具有引领"第四次工业革命"的潜力，《"十四五"生物经济发展规划》中，明确将生物制造作为生物经济战略性新兴产业发展方向，提出"依托生物制造技术，实现化工原料和过程的生物技术替代，发展高性能生物环保材料和生物制剂，推动化工、医药、材料、轻工等重要工业产品制造与生物技术深度融合，向绿色低碳、无毒低毒、可持续发展模式转型"。① 当前生物制造具有原料可再生、过程清洁高效等特点，可以显著提高生产效率和降低生产成本，同时生物制造技术的发展有助于减少对传统化石资源的依赖，降低能源消耗和环境污染，实现经济社会的绿色可持续发展。

（5）商业航天。商业航天具备投资成本高、技术含量高的特点，是体现一个国家科技实力和创新能力的关键。它的发展不仅能直接推动经济增长，还能带动相关产业链的发展，如在卫星互联网、太空旅游、太空资源利用等领域都具有巨大的市场潜力和发展空间。此外，从国防安全角度看，随着太空军事化进程的加快，世界各军事强国已普遍将航天力量视为与核力量同样重要的战略手段。发展商业航天，实现"寓军于民"，对于军民融合、国家安全意义重大。

（6）低空经济。2024 年以来，无论是中央还是地方政府，都在不断加强对低空经济发展的政策支持。2021 年，低空经济概念首次被写入国家规划。2023 年，低空经济被提升至战略性新兴产业。而 2024 年全国两会，"低空经济"首

---

① 资料来源：国家发展改革委《"十四五"生物经济发展规划》，https://www.ndrc.gov.cn.

次被写入政府工作报告，并将作为新兴产业和未来产业打造新增长引擎。预计随着相关政策的持续推进以及产业的快速发展，低空经济将在提升城市交通运输、推动产业转型升级、增强应急救援能力以及提高人民生活水平等方面发挥出重要作用。

（三）制定未来产业发展规划

未来产业是基于颠覆性技术的突破和产业化而形成的新产业，具有高度的前瞻性和引领性。通过加快未来产业的发展，可以抢占科技制高点，掌握未来发展的主动权。制定未来产业规划有助于把握全球产业发展趋势，抢占先机，应对全球的竞争和挑战，提升我国在全球产业分工中的地位和影响力。

（1）量子技术。量子技术作为前沿科技领域，具有巨大的发展潜力。具体来看，量子计算拥有超强的信息处理能力，可以解决传统计算机无法解决的复杂问题，有望在密码破译、大数据分析、人工智能等领域发挥重要作用；量子通信具有极高的安全性，可以实现信息的相对安全传输，有望为军事、政治、经济等领域的信息安全提供有力保障；量子精密测量技术可以提高测量精度和分辨率，有望推动物理、化学、生物等领域的科研进步和产业发展。

（2）生命科学。生命科学作为 21 世纪最活跃的学科之一，已经成为全球各国关注的焦点，生命科学的发展将带动生物医药、生物制造、农业、环保等多个领域的创新和进步，形成庞大的产业链和产业集群，为国家经济增长提供新的动力。生命科学通过揭示生命活动的规律和本质，为解决人类面临的一系列重大问题提供了全新的思路和方法。例如，通过基因工程和干细胞技术，可以实现组织再生和器官移植，为人类健康提供新的保障；通过微生物和酶等生物技术，可以实现污染物降解和资源回收，推动环保产业的发展；通过基因检测和个性化医疗，可以实现精准预防和治疗，提高医疗水平和服务质量。这些新的生产方式和经济形态将推动社会生产力的进步和发展，为国家经济增长注入新的动力。

五、数字经济赋能新质生产力

发展数字经济是把握新一轮科技革命和产业变革新机遇的战略选择。近年来，随着国内互联网的高速发展，通过数字技术为众多行业赋能，实现了传统行业的数字化转型，极大程度地提升了生产效率与服务效率。①2023 年，国务院就印发了《数字中国建设整体布局规划》，为建设数字中国制定了顶层规划。当前国内数字经济对于实体经济赋能还处于较为初级的阶段，未来随着数字技术和实体经济深度融合，将催生更多新业态、新模式、新产业。

（一）促进数字技术和实体经济深度融合

数字经济能够通过多个方面推动传统企业转型升级。首先，数字经济带来了全新的生产方式与模式，推动了传统产业向数字化、智能化转型。在数字经济环境下，传统产业可以通过信息技术实现生产过程的数字化与自动化，提高生产效率并降低成本。同时，数字经济也为传统产业提供了更加精细化的管理手段，通过大数据分析与人工智能等技术，传统产业可以更好地了解消费者需求，优化产品设计与生产过程。其次，数字经济为传统产业引入了一系列前沿的数字技术，如云计算、物联网、区块链等，这些技术为传统产业的转型与升级提供了有力支持。例如，云计算技术可以为传统产业提供弹性的计算和存储资源，降低 IT 投入成本；物联网技术可以实现设备的互联互通，帮助传统产业实现智能化生产与管理；而区块链技术则可以提高交易的透明度与安全性，为传统产业的供应链管理提供更加可靠的解决方案。此外，数字经济还通过赋能新质生产力，为传统企业转型升级提供了新的动力。通过数字化转型，传统企业可以实现生产、管理、营销等各个环节的优化升级，提高效率，降低资源消耗和环境污染，从而获得更好的市场竞争力。

（二）推进人工智能发展

人工智能是数字经济的重要组成部分和体现之一。数字经济是以数字化的知识和信息为关键生产要素，以数字技术创新为核心驱动力，以现代通信网络为重要载体，通过数字技术与实体经济深度融合，不断提高传统产业数字化、智能化水平，加速重构经济发展与政府治理模式的新型经济形态。在这个过程中，人工智能作为一种前沿的数字技术，发挥了重要的作用。人工智能通过模拟人类的智能行为和思维过程，实现了对数据的高效处理、分析和利用，推动了各行各业的数字化转型和智能化升级。

---

① 资料来源：陈雳 . 2022 年经济发展的三大引擎 [J]. 金融博览，2022.

人工智能的发展推动了计算机科学、数学、工程学等多个领域的理论和技术创新。这些创新不仅有助于解决一系列复杂问题，还可能引领新一轮的科技革命和产业变革，极大地提高公共服务质量，提高人们的生活水平。如在教育领域，人们可以获得更个性化的学习体验；在医疗领域，智能医疗系统可以帮助医生更准确地诊断疾病，增强治疗效果；在交通领域，智能交通系统可以减少交通事故，改善道路拥堵状况。此外，在日常办公、设计、创作等多个方面，人工智能都将为人们的生活带来翻天覆地的改变。

（三）建设数字基础设施，加快形成全国一体化算力体系

数字经济以数据为核心，随着人工智能、大数据、云计算等技术的不断发展，对算力的需求也在持续增长。通过建设一体化的算力体系，可以集中和优化计算资源，提高数据处理的速度和准确性，进而推动数字经济的高效发展。因此，早在 2021 年，国家发展改革委、中央网信办、工业和信息化部、国家能源局就发布了《全国一体化大数据中心协同创新体系算力枢纽实施方案》；2022年 2 月，"东数西算"工程全面启动，实现了计算资源的跨地域、跨行业共享，不仅缓解了部分地区算力紧张的问题，同时还促进了区域间的均衡发展，缩小了数字鸿沟。未来国内数字基础设施建设还会进一步发力，以保障数字经济为实体经济提供更高效的服务。

综上所述，新质生产力作为当前中国经济转型升级的核心动力，不仅是对马克思主义生产力和生产关系思想的创新发展，也是推动高质量发展的重要途径。面对全球科技革命和产业改革的大环境，我们需要深刻理解和把握新质生产力的内涵与要求，积极培育战略性新兴产业和未来产业，以此快速塑造新质生产力，推动经济持续健康发展。通过不断优化升级产业链供应链、孵化新兴产业及未来产业、推动数字经济创新突破等关键举措，可构建现代化产业体系，助力我国经济增长新动能的培育壮大，为实现中国式现代化奠定坚实基础。

新质生产力与中国经济转型：破立之间的下一个十年

赵建　西京研究院创始院长　中国首席经济学家论坛成员

中国经济社会正处于深度转型阶段，旧发展模式在持续风险出清的过程中，新发展模式也在悄然酝酿。在这个新旧交替的时刻，经济和金融市场出现了较大的波动。2023 年第四季度以来，决策层实事求是、审时度势，科学研判经济变化趋势后适时提出"以进促稳""先立后破"的新思路。那么如何"进"，怎样"立"，成为当前制定发展规划和各项政策的核心，也是企业家和市场普遍关心的问题。新质生产力这一概念的提出，为进退之间、破立之间的中国经济提供了发展思路。我们认为，围绕着新质生产力的理论构建和现实实践，将成为"十四五"规划收官阶段，以及下一个十年的核心主线。无论是政府还是企业，特别是致力于实体产业的投资者，都需要全面深入理解新质生产力这一理论概念和政策语境的建构意义，理性客观地发现其中的问题和挑战，准确敏锐地抓住其中的机遇。在这个过程中，华为、联想、腾讯等大型民营企业，仍然是主导打造新质生产力的"领头羊"。

一、新质生产力的概念界定、演进意义与理论建构

从理论溯源来看，新质生产力并非一个新词，它是研究政治经济学的中国学者在 20 世纪八九十年代就已经提出的一个学术概念。根据学者王明远的研究，1983 年出版的《哲学》、1985 年刘贤奇教授所著的《历史唯物主义疑难问题研究》、1995 年乌杰主编的《中国经济文库》中，都曾经明确论及过新质生

产力的定义和作用。在新时代和高质量发展时期，新质生产力作为新时代实践和理论创新的集成由最高领导层提出，是习近平经济思想的重大丰富和发展，是中国经济学自主知识体系精粹的集成。

从国家发展战略层面，中央基于新发展理念、新发展阶段和新发展格局提出的新质生产力，是在全球百年未有之大变局下，根据国内外经济、政治、科技等变化趋势做出的重大思考和理论创新，是引领下一步中国经济新发展方向的重要顶层建构和设计。从语义学的角度来理解，"新"应该是新技术、新动能、新发展格局等，概括地说是新时代涌现的各种推动经济社会进步的新事物的综合。"质"则很明显是指高质量、高质效、高品质等，是内涵式发展的具体体现。新质生产力是科技生产力更高层次的表述，其代表的不仅仅是一种技术、一种工具，还是一种规范与目的。发展生产力本身不是目的，目的是满足人民群众对美好生活的向往，实现中国式现代化。因此，在生产力前面加上"新"和"质"，丰富了生产力的内涵，旨在将工具和目的、此岸和彼岸进行有机的统一，是对"唯生产力论"的发展和扬弃。由此可见，关于新质生产力的概念，不必从形式上进行统一的界定，但是其包含的"新技术、高质量"等意义却意在保障内核的稳定性。一个内核稳定但是概念不必严格界定的定义，可以在发挥其意义指引功能的同时不失弹性和延展性，能更好地适应深度转型期中国既发达又复杂的现实场景。

新质生产力并非一个"概念孤岛"，它起源于马克思主义经济学在中国改革开放的实践，后又与时俱进地和西方经济学相结合，是改革开放近半个世纪，特别是党的十九大以来新时代发展理念变迁和演进的结果。新质生产力中的"新"包括了新科技、新动能、新发展格局等内涵，它们不是凭空出现的，而是过去某个发展阶段的引领性概念。比如：新动能是2017年中央提出"新旧动能转换"时的概念；新发展格局是2018年中央提出"构建以内循环为主的内外循环相互促进的新发展格局"时的概念。新质生产力中的"质"，来自2021年提出的"高质量发展"这一重大概念，首次将质量的要求高过数量，可以说这是中国经济社会发展范式的一次巨大的变迁，也是当前深度转型的根本目标之一。从供给侧结构性改革、新旧动能转换、双循环新发展格局，到中国式现代化和高质量发展，在这一条经济发展理念演进的主脉络上，新质生产力是一个非常重要的概念。

在围绕新质生产力的理论建设方面，大部分学者聚焦在"全要素生产率

（TFP）"的层面。按照我们的理解，新质生产力与 TFP 不是同一个范式。TFP 是一种关于经济增长结果的解释，是新古典经济增长范式下的理解。新质生产力最初来自马克思主义经济学。TFP 的计算是对经济增长的解释，是扣除资本和劳动等要素贡献后的剩余部分。新质生产力关注的范围则更广泛，不单是科技的创新，还是科技与资本、劳动、数据的深度融合。新古典经济增长模型是近一百年前工业时代产生的理论。在那个时代，工业资本是生产的基础，科技进步被认为是经济增长（以人均产出为衡量标准）的唯一动力。这种理解不能说是完全错误，但当下的后工业时代，是一个数据作为要素进入生产函数的时代，是一个现代金融业无比发达和重要的时代，是一个需求制约供给从而影响现代增长的时代，仅从新古典经济增长范式理解中国的经济和新质生产力显然不够全面和深刻。

新质生产力的理论建构，应该考虑到中国经济增长的全过程和数字经济时代独有的发展模式，不能简单地从经济增长和 GDP 规模的总量角度来理解。假设经济的质量提高了但是经济增长速度降低了，使用新古典增长模型推算的全要素生产率并不会有相应的提高。我们如果冲破新古典经济增长模型的束缚，思考新质生产力的理论模型，就需要重新定义生产函数的结构，不应该将技术独立于资本和劳动。这种传统的要素割裂方式忽略了技术本身就融合在资本和劳动之中，并通过资本和劳动发挥出推动经济增长的作用。新古典经济增长模型既缺乏对经济增长质量的描述，也缺乏对新技术和新模式的刻画，甚至不能理解数据作为要素如何改变生产函数的结构。因此，笔者建议构建关于经济增长质量的理论模型，在经济增长质量而非增长数量的范式下，对新质生产力的理论解释和构建才有现实意义。

二、新质生产力的提出对当下中国经济和社会转型发展的重大意义

当下中国经济和社会处于深度转型期，这个阶段的主要特征是"破"掉旧的发展模式，"立"新的发展模式，因此关键是如何处理好"破"和"立"之间的关系。"破"并不是目的，目的是"立"，即找到符合未来中国经济发展方向的新动能、新模式、新道路，这恰恰就是新质生产力所代表的方向。在"破"和"立"之间的转型期和阵痛期，如何能快速培育新质生产力，及时填补旧生

产力破除后造成的空白，对转型的稳定性和可控性至关重要。否则，旧动能破了，新的动能跟不上，就有发生经济衰落的风险，甚至还会发生重大的系统性危机。这个教训在日本、美国等国家都发生过。因此，在深度转型期，快速培育并发展壮大新质生产力，使其在经济增长和社会发展中独当一面并成为中国经济发展的核心驱动力，是一项重大又紧迫的战略举措。

如果旧模式一直占据资源，对整个生态产生挤出效应，那么新质生产力就很难破茧而出，因此需要先破后立、不破不立。但是，如果只有破没有立，旧动能破除后新动能又迟迟没有出现，或者虽出现了但在总量上无法与旧动能相比，那么就会造成巨大的动能断裂和经济失速，产生系统性风险。在这个复杂又充满不确定性的转型期，需要从系统视角统筹安排，不宜过于激进，应该采取渐进式转型和治理的模式，实现旧的生产力与新质生产力的平滑衔接与平稳过渡。应该"破"出的旧模式主要体现在以下两大领域：

第一，高负债，主要集中在房地产、地方基建等高债务密度的行业和领域。次贷危机后的十几年，中国的房地产经历了三次周期，每次都带来了巨大的资产泡沫和债务膨胀。最近的一次房地产周期顶点是 2021 年，在疫情之后中国经济迅速复苏和货币信贷刺激之下，房地产投资量和价格强劲上涨，房地产企业资产负债率也急速攀升，由此带来了巨大的风险隐患。同年，监管层通过"三条红线"进行最为严格的治理，取得了明显的效果。之后三年，无论是房地产企业的债务，房地产固定资产投资增速，还是市场价格，都出现了明显的调整。房地产的旧模式被破除了，但新的模式如何建立，现在还是一个必须面对的问题。这个问题导致社会普遍存在的需求不足，甚至在一定程度上出现了资产负债表衰退和生产资料领域的通缩现象（PPI 长期为负数）。地方政府的基建投资和债务也存在同样的问题，当债务被限制过度发行之后，虽然显性债务总量增速受到了控制，但是由于地方政府的支出没有相应减少，仍然担负着庞大的地方公共事务，因此不得不通过别的途径借更高利率的债务，并提高公共服务的价格，增加其他的一些财政收入，对实体经济和社会稳定造成了巨大的影响。

第二，高耗能，主要集中在消耗大量资源并带来环境污染的碳排放行业。中国在 2020 年向全世界庄严承诺了 2030 碳达峰、2060 碳中和的"双碳"目标。中国作为世界"排碳大户"，完成这个重大任务并非易事，只能大力发展绿色产业，而绿色产业就是新质生产力的重要组成部分。在这个绿色化转型过程中，也存在旧动能"破"了，新动能还没完全"立"起来的问题。如在环保治理过程中"一刀切"地拉闸限电，中断正常的生产生活等行为，对经济活动造成了一定的影响，产生了一些不必要的阵痛。在这种形势下，加快培育绿色产业的新质生产力至关重要。

绿色产业的新质生产力体现在三个层面：一是对旧生产力的改造，通过提高生产效率和降低单位能耗降低总的碳排放量；二是对旧生产力的替代，用低碳排放或零碳排放的产品和设备替代旧的高碳排放设备，如新能源汽车对油车的替代，非石化新能源对传统石化能源的替代等；三是通过全新的数字化和智能化技术，构建新的低碳和零碳排放生态体系，从整体上降低人类生活生产的能耗和碳排放，如绿色工厂、绿色家居、绿色社区乃至绿色城市等。

由此可见，在中国当下的深度转型期，一方面，新质生产力的提出有助于消除转型期间，破了后立什么的迷茫和疑问，有助于明确预期和提振信心。当下需求不足的问题从根本上说是因为信心不足和预期疲弱，消费者和企业家即使手头有钱也不敢扩大消费和投资。另一方面，有助于将政策聚焦于新质生产力领域形成合力，在当前财政收紧和政策资源越来越珍贵的形势下，可以更好地"将钱花在刀刃上"。当政策起到引领作用并显示出效果后，市场内生的部分就会激发出活力，激励企业家采取行动，整个经济和产业的转型也就能逐渐顺利转轨到新质生产力的轨道上来。中央自从 2023 年下半年以来，在多次重要会议和重大文件中强调"以进促稳""先立后破"的主基调，根本的用意就是将精力和发力点放到新质生产力的"立"上。

三、新质生产力与新一轮科技革命：跨越中等收入陷阱

科技是第一生产力，新质生产力作为先进生产力的最前沿代表，必然与最新一代的科学技术联系在一起。面对新一轮以人工智能为代表的科技浪潮，中国需要抓住新的战略机遇期，将新质生产力转化为高质量发展的根本动力，通过发展消解当前的各种矛盾和问题，最终实现中国式现代化。随着新质生产力在中国的逐渐涌现，加上全球爆发的新一轮人工智能革命，在中国正面临着新的战略机遇。一方面，中国已经成为世界第二大经济体，具有最完备的工业体系和强大的制造能力，是全球供应链的主要环节，对全球经济和政治环境具有较大的影响力。另一方面，中国的基础设施和工程师人才等科技创新的基础条件也今非昔比，具有抓住甚至引领新一轮科技革命浪潮的客观能力。

新一轮科技革命还处在快速发展的初期阶段，所以很难对其进行完整的阐述和定义。笔者认为这一轮科技革命是围绕数字技术和数字化展开的一系列变革，是数字技术自身不断升级迭代及渗透应用到全社会的整个过程。从工业革命的文明进程来看，信息和数字科技的崛起是当前第四次工业革命的主要表征。在这个数字化大浪潮里，还存在阶段性的科技革命浪潮。我们认为到现在为止围绕着数字革命的阶段性科技革命浪潮大约有四轮：第一轮是互联网革命，承载终端主要为大型网络基础设施和PC；第二轮是移动互联网革命，智能手机逐渐替代PC成为主流的消费电子产品；第三轮是大数据、云计算和区块链等，以大数据的普遍应用为主，全面提升了生活和生产效率，并引发数据治理的变革；第四轮则是以大模型为支撑的生成式、通用型人工智能，其表现同大数据时代一样，是AI深入人类生产生活学习娱乐的各个领域。从大数据到大模型，这是一个从质变到量变的过程。没有大数据的积累，大模型也无法进行机器训练，大模型的几千亿个参数也无法通过深度学习获取。智能化这条主线将在这一轮大的科技革命中占据主导，并影响和带动其他领域的进步。可以说其他行业和领域的科技革命，都需要数字化和智能化的支撑，都是在数字化这轮大的科技革命浪潮下进行的生产力跃迁。

在新一轮数字科技革命下，新质生产力正在为中国创造新的战略机遇期。

第一，中国已经抓住了最近两次数字化浪潮，在电商、移动智能、大数据等数字技术的创新和应用方面，都走在了世界前列。根据北京大学国家发展研究院测算，2001—2018年，我国数字经济对GDP增长的贡献达到四分之三。1993—2018年，中国数字经济增加值年均增长17.7%，是经济增长的新引擎。据国家互联网信息办公室《数字中国发展报告（2022）》，2022年我国数字经济规模达50.2万亿元，仅次于美国。在这个过程中，具有高度市场敏锐性和创新包容性的民营企业，将是打造新质生产力的主力军。例如，联想集团及时抓住科技浪潮的契机，充分利用中国强大的制造能力和完备的产业链，基于"端－边－云－网－智"新IT技术架构，对"研、产、供、销、服"全价值链进行智能化升级。2023年以来，面对生成式人工智能和大模型技术的新一代人工智能浪潮，以最快速度推出支持个人大模型的人工智能电脑，为中国在这一次技术变革中抢得了先机。

第二，中国着力构建以内循环为主的内外循环相互促进的新发展格局，更加注重内循环的重要性。发展数字经济等新质生产力，可以较好地规避传统高耗能、要素密集型发展模式的缺陷，更好地打通生产、流通、消费、投资、储蓄等环节的堵点，通过数字交易平台、大数据和人工智能等科技的应用，提高消费和投资的效率，从而畅通整个内循环体系。新质生产力的涌现和广泛应用，可以为中国建立更加稳定的内循环体系提供更为完善的支撑。

第三，中国经济规模巨大，统一大市场的建设和完善可以较好地发挥大国经济的规模效应，而新质生产力可以有效解决统一大市场建设中的市场割据和地方保护主义等问题。建设统一大市场最大的挑战是地区营商环境差异和地方保护主义的问题，这是大国经济运行过程中的体制成本。新质生产力下的数字商业平台和物流体系，可以较好地解决线下的市场割据和地方保护主义问题，在数字世界实现市场环境和商业制度上的平衡，有利于中国经济更高质量的发展。

第四，改革开放四十多年来，中国经济的生产力主要是制造能力，主要矛盾已经不是供给侧的产能短缺问题，而是需求侧的产能过剩问题。因此，如何激发需求尤其是内需是高质量发展的关键一环。新质生产力不仅可以改善供给，提高生产效率，还能通过大数据、云计算、人工智能等数字技术，较好刻画客户画像，提升客户体验，通过供给创造需求，在一定程度上创造新的"萨伊定律"。

第五，中国经济当前面临的巨大挑战，如房地产和地方债转型过程中的风险暴露和增长失速等问题，都可以通过发展新质生产力形成的新产业、新动能来缓释和对冲。可以说，中国未来几年能否顺利跨越"中等收入陷阱"，与新质生产力能否迅速培育壮大有着直接的关系。当前是一个新质生产力与系统性危机赛跑的关键时期，如果能够通过新质生产力转危为机，那么中国将会迎来新的战略机遇期。

四、新质生产力与新质生产关系：推动更高水平改革开放的紧迫性

生产力与生产关系的矛盾运动规律是理解新质生产力发展的一个基本规律。根据这一原理，新质生产力必须要有相应的生产关系，否则后者就会制约前者的发展。大工业社会有大工业社会的生产关系，创新型社会有创新型社会的生产关系，如果生产关系滞后于生产力的发展，两者之间就会产生越来越严重的

矛盾，其中的张力会逐渐促进生产关系的演进和变迁。但是如果生产关系容纳变迁的结构过于刚性，迟迟没有根据新质生产力的发展而变化，那么这个矛盾将会造成非渐进式的激进后果。这种后果的一般表现就是经济社会进入激进转型期，旧的生产关系因为无法承载快速发展的新质生产力而断裂，此时将会出现代价较大的转型阵痛。为了尽量降低转型的成本和代价，顶层设计者应该前瞻性地谋划安排，根据新质生产力发展的需求构建新质生产关系。

传统工业时代最重要的是物质资本，新质生产力时代最重要的是人力资本，即围绕着创业家、企业家、科学家、工程师等形成的无形资产。从基本的政策治理和管理学原理来看，在基于大型固定资产的重工业时代，权威主义、科层制、集体文化、流水线、"一把手"文化等是比较有效率的生产关系和要素动员结构。但是在新质生产力时代，最核心的资产变成了人才，物质资本变成了科技、创新、创意。同时，在人与科技、人与信息和数字交互过程中，形成了一个无比庞大的复杂系统，边界变得模糊不清，结构的变动充满了不确定性。在现实中我们也看到，最近几轮的数字化、智能化科技革命，并不是通过规划和设计的，而是在科技与市场多种博弈中涌现的。

因此，新质生产力需要围绕着人而非资本进行全新生产关系的塑造。与信息和数字技术带来的"去中心化"分形结构相对应，治理体系也应该逐渐向分布式、扁平化的结构变迁。分布式、去中心化的信息响应和决策结构更加有利于复杂系统的管理，也有利于形成自组织、自进化的创新激励机制。传统生产力阶段的生产关系主要围绕着人与机器的决策权和所有权以及剩余收益的分配权展开，新质生产力时代则围绕着如何更好激发人的创新创意展开。在传统工业时代，管理学大师德鲁克说"管理的本质就是激发人的善意"，新质生产力阶段则应该是"如何激发人的创意"。新质生产力的本质是类似冒险家的企业家带领科学家、工程师、各类专业人才进行各种各样的试错，在不确定性的环境里推动技术和模式的迭代升级。新质生产力的本质是关于人的生产力而非资本的生产力，虽然仍然需要人与资本的结合，但是主导力量已经不再是物质资本，而是企业家、科学家和工程师等知识和专业技能精英群体。

因此，面对着新质生产力的涌现，旧生产关系面临越来越多的挑战。中心化的组织结构、命令式的控制模式、权威主义的文化与叙事、科层级的日常管理架构等，都已经无法适应新质生产力下"新质人"的心智结构、创新对认知曲线的再造需求，以及整个系统的复杂化和不确定性。新质生产关系应该从多个层面进行制度变迁和逐步演进，以适应资产越来越轻、人越来越重要、复杂度越来越高的新质生产力体系。

一是国家治理体系和治理能力的现代化，这原本是中国式现代化至关重要的一环，需要公共管理体系和财税体系的变革，国家集中动员能力的提高，法治化体系的完善和强化，统一大市场的建设和数字基础设施的升级等各方面再上一个台阶，以适应新质生产力对更加富有弹性，更加富有包容性的国家治理体系的变革要求。

二是企业的公司治理体系需要变得更加扁平化，更加去中心化和垂直化，以提高对外界环境变化的敏感度和响应能力，让生产关系对生产力的束缚降到最低。公司的组织激励机制对创新更加友好，公司文化的精神内核从财务主义和短期主义，转变为人本主义和长期主义，营造能激发人才创新和长期研发投资的现代企业氛围。

三是更加包容开放的社会治理机制，只有宽松包容的社会氛围才能容纳新质生产力跃迁过程中的多样性和不确定性。创新的过程是试错，创新机制就是一个容纳和管理试错过程的机制。

四是新质的产业政策，既然新质生产力注重自组织和自演化，新质的产业政策则需要一个界定更加清晰的政府—市场关系。在新质生产力的政策管理体系中，政府的作用应该是一个更加"无为"的生态管理者而不是直接的参与者与介入者。新质生产力业态需要更加长期的制度供给，以及在产权层面进行深刻的改革。

五是一个更加开放的系统，以便与全世界的科技前沿进行交互和融合。新质生产力会加速封闭系统的崩溃，因为复杂系统的熵增速度非常快。

五、新质生产力与打造金融强国：中国的资本市场从未像现在这样重要

金融是现代经济的核心，不理解这一点就不理解现代经济。新质生产力需要现代金融的服务，没有现代金融体系调动和组织要素资源，新质生产力就很难蓬勃发展。当前，科技金融、数字金融、绿色金融等基于新质生产力的金融模式已经成为中国现代金融的主要组成部分。新质生产力的发展，需要国家的金融结构不断优化，从以银行为主的间接融资模式转换为以资本市场为主的直

接融资模式，以解决新质生产力蓬勃发展过程中传统金融业服务能力不足和产品供给存在缺口的问题。

在传统工业时代，因为有大量的有形资产可以作为抵押品，中国的信用供给体系以商业银行为主。围绕着不动产和土地形成的银行信贷及其结构性金融产品，成为工业厂房和房地产大投资年代金融服务实体经济的基本形式。但是随着新质生产力的崛起，数据、科技、品牌、专利等无形资产越来越重要，金融和货币的作用机理也相应地发生变化，金融及其治理的现代化需要加快推进。在这个过程中，从信贷市场向资本市场的跃迁极其关键。中央金融工作会议提出打造金融强国，而金融强国的主要标志之一就是要有一个健康强大的资本市场。

信贷市场的功能本质上是债权的投融资，债的发行和风控是基于有形资产的抵押和第三方的信用。债性（债券的特性）是对固定利息的索取，具有优先清偿权，同时不会享有剩余索取权和承担剩余风险，因此也就无法与不断成长创新的新质生产力共享发展成果。这就会造成面对新质生产力时，基于借贷债性的金融产品和服务，无论是商业银行还是其他借贷机构，一方面没有能力进行风控和定价，另一方面也不会有充足的动机和意愿。

资本市场则是新质生产力培育和茁壮成长的天然温床。资本市场具有强大的信息生产和动态定价功能，即使上市的新质生产力公司没有充足的有形资产，也可以在资本市场上通过完整的信息披露获得充分的表达，从而找到具有合适风险偏好的投资者。因为二级市场的交易功能，使投资者的风险可以及时转移出去，让位于拥有更多信息优势的投资者（股票之所以发生买卖就是基于信息差产生的预期差）。资本市场更多的是面向未来，是为未来可能的创新、创意及更有想象力的生产力买单的地方。而商业银行等信贷供应商，只能通过抵押品为过去的成果融资。而且信贷市场并没有二级市场，无法发挥市场的信息集成优势，根本无法对充满不确定性和想象力的新质生产力进行定价和融资。因此，新质生产力要成为中国经济新生动力的主导，必须有一个强大的资本市场。也正是因为资本市场能为新质生产力提供强有力的现代金融服务，所以打造一个强大的资本市场成了建设金融强国的时代要求。

发展"新质生产力"的国际经验与政策建议

董忠云　中航证券首席经济学家

一、当前时点，我国发展"新质生产力"恰逢其时

（一）发展"新质生产力"已成中央经济工作重点

2023 年 9 月，在黑龙江考察时，习近平总书记首次提出了"新质生产力"的概念，指出要"整合科技创新资源，引领发展战略性新兴产业和未来产业，加快形成新质生产力"。2023 年 12 月的中央经济工作会议上，"新质生产力"的概念再次被提及，会议强调要"以科技创新推动产业创新，特别是以颠覆性技术和前沿技术催生新产业、新模式、新动能，发展新质生产力"。2024 年 1 月 31 日，在主持中共中央政治局第十一次集体学习时，习近平总书记对"新质生产力"概念作了全面、准确的描述。值得注意的是，在这次集体学习中，习近平总书记明确将发展"新质生产力"定位为推动"高质量发展"的内在要求和重要着力点，明确了相对较新的"新质生产力"概念和 2017 年党的十九大首次提出、自此之后贯穿始终的"高质量发展"概念之间的内在联系，从理论的高度明确了发展"新质生产力"在我国新时期整体经济战略中的重要地位。

2024 年 3 月全国两会期间，"新质生产力"概念被首次写入《政府工作报告》。2024 年 3 月 5 日下午，习近平总书记参加江苏代表团审议时，再次强调发展"新质生产力"的重要性，他指出："发展新质生产力不是忽视、放弃传统产业，要防止一哄而上、泡沫化，也不要搞一种模式。各地要坚持从实际出发，先立后破、因地制宜、分类指导，根据本地的资源禀赋、产业基础、科研条件等，有选择地推动新产业、新模式、新动能发展，用新技术改造提升传统产业，

积极促进产业高端化、智能化、绿色化。"

当前，发展"新质生产力"已成为中央经济工作的重点。新质生产力不是传统生产力的局部优化与简单迭代，而是由技术革命性突破、生产要素创新性配置、产业深度转型升级而催生的先进生产力，必将带来发展方式、生产方式的变革，推动我国社会生产力实现新的跃升，为全面建设社会主义现代化国家奠定更加坚实的物质技术基础。新质生产力逻辑关系，如图1所示。

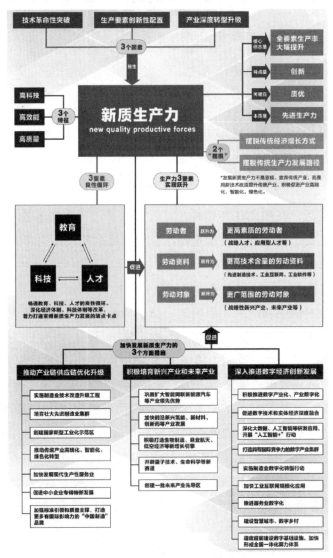

图1 新质生产力逻辑关系

资料来源：央视新闻，中航证券研究所。

（二）发展"新质生产力"是我国经济发展进入新阶段的必然选择

1. 1978 年之后，我国经济经历了从高速增长到中高速增长的转换

1978 年改革开放之后，我国经济开启了计划经济向市场经济的转型，波澜壮阔的四十多年间，创造了举世瞩目的经济增长奇迹。

1978 年到 2000 年，我国经济增长的核心动力主要来自三个方面：

一是计划经济向市场经济转型过程中、资源更加优化配置下的体制红利释放。

二是农村人口向城市人口转化过程中所带动的大规模基础设施建设和释放的人口红利。根据国家统计局的数据，新中国成立以来，我国总人口中城镇人口的占比在 1960 年达到 19.75% 后即停止上行，到 1978 年时已下降到 17.92%。1978 年至 2000 年，我国总人口中城镇人口占比从不到 18% 增长到 36.22%。

三是经济重新融入世界过程中出口的高速增长对国内工业规模扩张和产能持续升级的带动作用明显。改革开放之前，我国经济相对封闭。1978 年当年，我国仅实现出口金额 97 亿美元，到 2000 年时，我国已实现出口金额 2 492 亿美元，是 1978 年的近 26 倍，在 20 年左右的时间内实现了快速增长。

2000 年到 2008 年，得益于加入世贸组织后我国外部市场的进一步扩展，我国出口增速中枢再次抬升、对经济的带动作用明显增强。同时，受益于地方政府土地财政模式的运用，高速城市化之下，我国房地产行业和基础设施建设也迎来爆发式增长期。出口、地产和基建的爆发式增长叠加此前已存在的体制改革和高速城市化因素，推动我国经济在 2003 年至 2007 年出现了连续 5 年 GDP 增速10% 以上的增长，以至于"经济过热"一度成为当时媒体上频繁出现的词汇。

2008 年，为应对席卷全球的金融危机，我国领导层果断采取强力逆周期调节政策。在货币政策上，央行实行宽松策略，通过降准降息增强市场流动性，降低企业融资成本，运用公开市场操作维持利率稳定；在财政政策上，推出"四万亿"大规模刺激方案，聚焦基础设施、灾后重建、农村工程、社会事业、环保创新等领域加大政府投资，直接创造就业并带动关联产业发展；在产业政策上，着重支持中小企业、科技创新、产业升级及绿色发展，以提升经济韧性与可持续性。在诸多的稳增长政策作用下，2008 年之后，我国经济虽较全球金融危机前增速有所下降，出现了从高速增长向中高速增长的转换，但总体上保持了经济的平稳，避免了超预期冲击对经济结构和经济潜能的进一步伤害。

2008 年为应对金融危机而推出的逆周期调节政策，尤其是其中的"四万亿"刺激政策，在稳定了经济增速的同时，也使得我国经济自此之后步入了过度依赖加杠杆刺激经济增长的阶段，如图 2 所示。

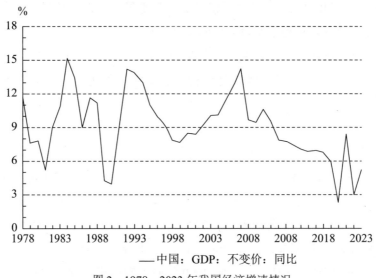

图 2　1978—2023 年我国经济增速情况

资料来源：wind，中航证券研究所。

2. 当前我国经济处在新旧动能转换期，过去支撑经济高速增长的动力不断消退

改革开放之后，我国经济之所以能取得举世瞩目的发展成就，很大程度上可以用反映要素投入和产出之间关系的生产函数，即从柯布－道格拉斯函数的视角进行解释。在柯布－道格拉斯函数，即 $Y=AL\alpha K\beta$ 中，Y 表示产出（如 GDP），A 代表全要素生产率，L 和 K 分别代表劳动力和资本投入，α 和 β 是产出对劳动力和资本的弹性系数。

首先，改革开放之前，我国长期实行计划经济体制，虽然经济总体上缺乏市场经济下的活力，但也在新中国成立后的几十年内进行了大范围的扫盲工作、建立了庞大的基础教育体系，培养了海量的受过基本教育的劳动力。这就使得改革开放之后，一旦开启大规模的城市化和市场经济条件下的工业化（区别于计划经济时代的指令式工业化），相比其他更加落后的国家，我国的人口优势能够很快地转化为人力资源方面的优势。对应到柯布－道格拉斯函数中，即改革开放之后的几十年时间内，我国的 L（劳动力）投入始终处在高位。

其次，改革开放之后，在政府的政策引导、高储蓄率、大规模城市化下的基础设施建设、外商直接投资等因素共同作用下，中国资本投入始终处在高位，即柯布－道格拉斯函数中的 K（资本投入）长期维持在较高水平。2000 年之后，在地方政府土地财政模式的普遍运用下，基建和房地产迎来爆发式发展，进一步推高了 K，对我国经济长期维持高速增长起到了较大作用。

最后，改革开放之后，受益于计划经济向市场经济转型、法律法规的持续完善、产业结构的持续转型、国外技术的持续引入以及国内科技创新与技术开发投入持续加大，我国全要素生产率，即柯布－道格拉斯函数中的 A 整体上呈现出不断提高的趋势，也对我国经济维持高增速起到了不小的作用。

总体来看，从柯布－道格拉斯函数视角，改革开放之后，劳动力投入、资本投入和全要素生产率三个方面均对我国的经济增长有贡献，其中，海量的高素质和相对廉价的劳动力投入以及高资本投入的贡献尤其大，也是我国创造经济奇迹的重要原因。

改革开放以来，我国经济取得了瞩目的成就，但同时我们也要深刻认识到，站在当前时点，曾经支撑我国经济高速发展的人口红利因素不断消退，而高资本投入因素面临杠杆率高企下的空间有限的困境。

我国当前面临着严峻的人口红利衰退问题。根据七普数据，2020 年我国 16 ～ 59 岁劳动年龄人口总规模 8.8 亿人，与 2010 年相比减少了四千多万人。根据统计局 2024 年 1 月发布的数据，截至 2023 年，我国 16 ～ 59 岁劳动年龄人口总规模降至 8.6 亿人，较 2020 年数据再次下降。虽然从平均受教育年限和毕业大学生数量看，我国劳动力的整体素质仍在持续提升，但考虑到适龄劳动人口既是生产者又是消费主力的特殊地位，适龄劳动人口的持续减少仍将对我国经济产生不可忽视的负面影响。从行业角度看，低端制造业、建筑业等依赖廉价劳动力的行业受到的成本冲击将更大。同时，我国近年来出生人口数量不断下滑，甚至拖累总人口在 2022 年和 2023 年连续两年出现负增长，分别减少 85 万人和 208 万人（见图 3 与图 4）。我国出生人口下滑的趋势和新中国成立后 20 世纪五六十年代"婴儿潮"一代的"退休潮"同时出现，意味着我国适龄劳动力面临的"出多入少"的问题在可预见的未来缺乏明显的改善预期。随着人口老龄化的加剧、适龄劳动力占人口比例的持续缩小，我国抚养比将持续上升，进而对经济产生持续的负面影响。影响的路径包括经济增长潜力下降、劳动力成本增加、投资挤出效应、财政压力增大等多个方面。

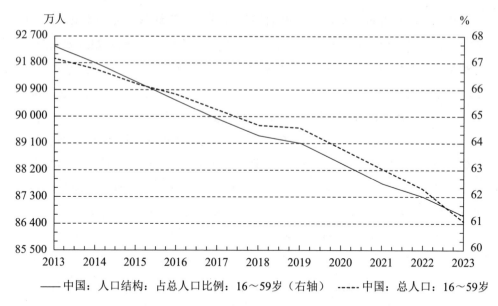

——中国：人口结构：占总人口比例：16～59岁（右轴）　-----中国：总人口：16～59岁

图3　2013—2023年中国适龄劳动人口数量和比例持续下降

资料来源：wind，中航证券研究所。

图4　1949—2023年中国出生人数

资料来源：wind，中航证券研究所。

在人口红利消退的同时，我国过去较为依赖的"投资"这一刺激经济的利器当前也面临着杠杆高企的约束。根据WIND数据，我国居民、地方政府和非金融企业的杠杆率在2008年时尚处在相对较低的位置，仅分别为17.9%、10.9%和95.2%。2008年之后，在当时"四万亿"措施的带动下，三者的杠杆率都开启了快速攀升模式。2016 年提出"三去一降一补"五大任务后，2017 年至 2019 年，我国非金融企业杠杆一度连年下降，地方政府杠杆一度企稳，但居民杠杆率伴随着火热的楼市出现了一轮大幅攀升。2020 年疫情之后，在强力稳增长政策的支撑下，非金融企业、地方政府杠杆率再次出现明显抬升，居民杠杆率也有进一步的走高，均超过了 2016 年去杠杆之前的杠杆水平。截至 2023 年，我国居民、地方政府和非金融企业杠杆率分别为 63.5%、32.3% 和 168.4%。

实际上，2008 年至今居民、地方政府和非金融企业杠杆率的飙升，其背后的暗线是土地财政模式之下，地方政府、房地产商和居民共同加杠杆的过程，对应的是过去十几年间对我国经济增长作出巨大贡献的房地产投资和基建投资。站在当前时点，从杠杆率的角度来看，居民、地方政府和非金融企业的杠杆率已经处在相对较高的位置。因此，再次强行推高杠杆的投资效率将会有所下降。从行业景气度的角度看，房地产行业目前已经见到长期拐点，步入明显的下行周期，对我国经济的负面作用逐步显现，市场对房地产行业投资也呈现出明显的保守心态。因此，支撑我国过去经济高增速的"投资"这一利器，特别是在过去投资中占很大比例的房地产投资和基建投资，当前正面临着效力减弱的问题。2008 年之后，我国居民和企业杠杆率快速攀升，如图 5 所示。

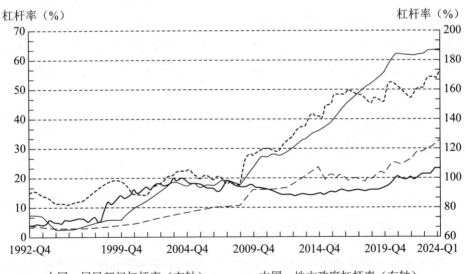

图 5　1992—2024 年各部门的杠杆率

资料来源：wind，中航证券研究所。

3.大力发展"新质生产力"是针对当前经济形势的"对症下药"

当前，我国经济正由高速增长期步入高质量增长期，强行维持旧有经济增长模式既不理智，也不现实。面对着人口红利消退、企业、居民和地方政府杠杆高企等多重困难，党中央审时度势、及时总结新时代以来经济发展的优秀经验，提出大力发展"新质生产力"的战略目标，是对当前经济形势的"对症下药"。

首先，"新质生产力"能够在我国总劳动力人口衰退的情况下最大限度地利用好我国改革开放以来教育大发展所培养的高素质劳动力群体，有望使我国经济发展由过去依靠人口数量的"人口红利"转向依靠高素质劳动力人口的"工程师红利"，奠定我国未来很长一段时间的经济和产业发展优势。根据教育部数据，截至2022年，我国接受高等教育的人口已达到2.4亿人，新增劳动力平均受教育年限达13.8年，劳动力素质结构发生了重大变化，全民族素质稳步提高。据西南财经大学中国家庭金融调查与研究中心测算，截至2020年，我国科学家和工程师约1 905万人，其中工程师为1 765.30万人，规模总量位居全球前列，潜在工程师具有一定的规模优势。

其次，在高人口红利和高投资、高杠杆的经济增长模式难以为继的情况下，从增长函数的角度看，中国经济要想继续维持中高增速，努力提高全要素生产率就成了必然选择。正如习近平总书记所阐明的，"新质生产力"是"以全要素生产率大幅提升为核心标志，特点是创新，关键在质优，本质是先进生产力"。

二、国外经验：20世纪90年代，美国靠发展"新质生产力"实现了经济的再起飞

（一）20世纪90年代美国发展以计算机、互联网为代表的"新质生产力"过程对我国借鉴意义较大

我国要发展"新质生产力"，除结合当前国内国际形势和产业发展趋势制定合适政策外，还应积极参考国际成功经验。

20世纪80年代末，由于美国房地产泡沫的破裂，加之持续的高利率、高通胀率以及与日本经济的激烈竞争，导致美国经济在20世纪90年代初经历了一次短暂而剧烈的经济衰退。然而，在接下来的十年里，得益于科技进步以及

政府大力支持下的以计算机和互联网为代表的"新质生产力"的发展，美国经济实现了稳定的增长，并持续推动了国内就业的发展和股市的繁荣。特别是互联网科技的领先发展，使美国得以在一定程度上摆脱了传统的经济增长模式，催生了互联网经济下的新兴产业和新型商业模式，并在这些新产业中获得了主导权和规则制定权，为 21 世纪的持续发展奠定了基础。事实上，美国互联网和信息技术的发展，与政府围绕新技术变革所制定的法案和政策密不可分，这对当前我国发展"新质生产力"具有重要的借鉴意义，如图 6 所示。

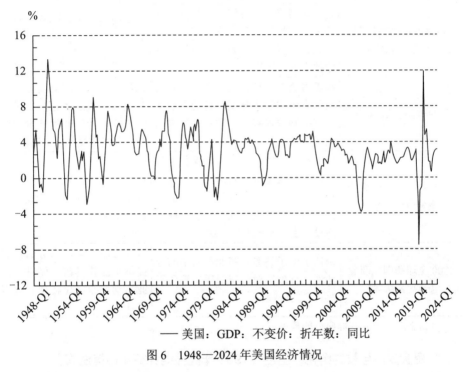

— 美国：GDP：不变价：折年数：同比

图 6　1948—2024 年美国经济情况

资料来源：wind，中航证券研究所。

（二）20 世纪 90 年代，美国发展"新质生产力"采取了"三步走"战略

总体来看，美国政府在发展当时的"新质生产力"对应重点产业时，从产业发展初期至产业成熟期，先后采取了"资金支持、鼓励孵化""促进竞争、引导良性发展"和"规范市场、技术落地"三个不同的策略。

在互联网技术变革的初期，美国政府重点关注互联网硬件和基础设施的建设，由政府主导并提供资金支持，以降低新技术研究成本和研究人员的接触门槛，从而激发研究与创新活力。为了推动高质量发展，美国政府进一步促进市场竞争，围绕技术市场化制定了相关政策，降低了企业和个人进入市场的壁垒和监管障碍。在技术变革的后期阶段，针对新兴行业和商业模式的特点，美国政府制定了更为详细的版权法律与政策（见表1），以助力技术落地、规范市场秩序，最终催生了蓬勃发展的互联网热潮。

表 1　互联网热潮中美国国会的针对性政策

政策名称	政策内容	政策意义
《1991 年高性能计算与通信法案》（FIPCCA）	为高速网络和高性能计算提供了联邦资金，目的在于促进美国在科学研究、教育、军事和工业应用领域的技术领先地位	该法案对于互联网基础设施的建设和普及起到了关键作用，加速了信息时代的到来
《1996 年电信法案》	标志着美国电信行业从高度管制向全面竞争的重大转变，目的在于适应互联网技术兴起和信息时代来临的新需求	此法案对互联网的商业化及其服务的快速扩张产生了深远影响，为后续的技术创新和行业竞争提供了基础框架
《1998 数字千年版权法案》（DMCA）	旨在解决数字时代内版权保护的新问题，特别是针对网络上的版权侵权行为，它强化了版权所有者的法律权益，同时也为互联网服务提供商设立了"安全港"条款	该法案在平衡版权保护与技术创新之间的关系上发挥了重要作用
《2000 全球和国家商业电子签名法案》	确认了电子签名在商业交易中的合法性，打破了对传统纸质文档和手写签名的依赖	这项立法为电子商务的扩展提供了法律基础，促进了商业活动的数字化转型和效率提升

资料来源：中航证券研究所整理所得。

1. 资金支持与鼓励孵化，出台《1991 年高性能计算和通信法案》

《1991 年高性能计算与通信法案》（High-Performance Computing and Communication Act of 1991，HPCCA），也被称为《戈尔法案》，因其最主要的支持者、时任美国参议员阿尔·戈尔而得名。此法案于 1991 年正式签署，目的在于推动美国在高性能计算和通信技术领域的进步，从而加强国家安全，提升科学研究能力，强化美国在全球经济中的竞争优势。

HPCCA 的提出源于 20 世纪 80 年代后期，那时美国科技界和政策制定者开始意识到高性能计算的重要性，并察觉到美国在这一领域相较于其他国家，特别是日本，已处于落后地位。为了应对此挑战，《戈尔法案》制定了一系列具体措施，如资助美国国家超级计算应用中心，推动高速网络的发展，促进计算机和网络技术的广泛应用。该法案的实施对美国互联网基础设施的建设产生了深远影响。特别是通过资助国家研究和教育网络（NREN）项目，加速了互联网从学术和研究领域向公众普及的进程，被誉为"互联网的高速公路"。这不仅大大降低了学者和公众接触计算机与互联网的成本，还极大地推动了高性能计算技术的发展和应用。此外，该法案还支持了大学实验室中超级计算机的研发，同时也培养了大量的技术人才。1990—2003 年美国互联网使用人数变化如图 7 所示。

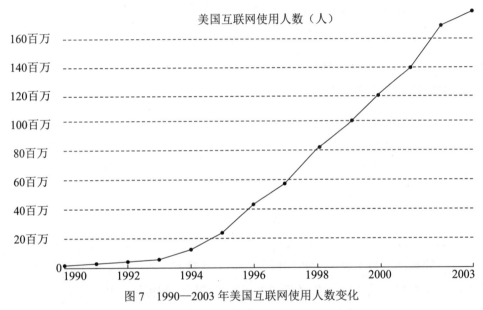

图 7　1990—2003 年美国互联网使用人数变化

资料来源：美国国会官网，中航证券研究所。

2. 促进竞争、引导良性发展，出台《1996 年电信法案》

《1996 年电信法案》（Telecommunications Act of 1996）是美国电信行业历史上具有深远影响的法律之一，同时也是自 1934 年《通信法案》颁布以来，美国电信政策的首次全面性修订。该法案的通过标志着美国电信行业由高度管制向全面竞争的重大转变，旨在迎合互联网技术崛起和信息时代到来的新挑战。

20 世纪 90 年代初，随着信息与通信技术的迅速发展，传统的电信法规已难以适应市场的新需求。当时，严格的法规限制了电信市场和互联网新兴领域的发展，阻碍了技术创新和市场竞争。在此背景下，美国国会和克林顿政府推动了《1996 年电信法案》的出台，旨在通过法律途径减少政府干预，打破行业壁垒，吸引更多的市场竞争者，从而激发整个行业的创新活力和竞争力。

该法案的核心内容涵盖了促进不同通信服务间的竞争，例如：允许地方电话公司和长途电话公司进入彼此的市场；规范电视、广播和互联网服务的许可制度，以增强市场竞争并减少政府干预；同时特别强调互联网服务应免受联邦和州级经济监管的束缚，以确保网络空间的自由竞争环境。这些举措有效打破了传统电信业务的垄断格局，降低了市场准入的门槛，推动了技术和服务的多元化发展。

《1996年电信法案》的实施极大地促进了互联网和技术服务的普及，以及电信技术的创新。同时，它也推动了在线商务、数字媒体和信息技术服务的规模化发展。该法案为互联网和电信服务营造了一个自由、开放的市场环境，也为美国乃至全球的数字经济增长注入了新的活力。

3. 规范市场、技术落地，出台《1998年数字千年版权法案》与《2000年全球和国家商业电子签名法案》

（1）《1998年数字千年版权法案》（Digital Millennium Copyright Act，简称DMCA）是美国版权法领域的一项具有里程碑意义的立法，旨在解决数字时代版权保护所面临的新挑战。该法案于1998年由时任总统比尔·克林顿签署并生效，它针对互联网及相关数字媒体的版权保护问题制定了全面规定，以适应互联网的迅猛发展和市场的多变需求。

20世纪90年代，随着互联网和数字技术的发展，传统的版权保护措施受到了严峻挑战。数字技术大幅降低了音乐、视频和文本等内容的复制与分发成本，使得版权作品能够在全球范围内迅速且广泛地传播。这种变革虽然促进了信息与资源的共享，但同时也滋生了大规模的版权侵权行为。因此，美国国会认为有必要制定新的法律，旨在保护版权所有者的合法权益。

DMCA法案主要包含三大部分：首先，它明确禁止绕过版权保护技术措施（如加密和访问控制技术），以确保只有获得授权的用户才能访问受保护的数字内容；其次，法案中设立了"安全港"条款，以减轻互联网服务提供商（ISPs）因用户上传侵权内容而可能承担的法律责任，只要他们遵循法定程序，即可免受版权侵权的指控；最后，该法案还禁止提供虚假的版权管理信息，以及任何删除或篡改版权管理信息的行为。

DMCA对美国乃至全球的互联网经济和文化发展产生了深远影响。一方面，通过确立版权作品的数字化传播规范，为音乐、电影、电子书等数字产品的合法流通奠定了坚实的法律基础，推动了如iTunes、Netflix等数字内容平台的崛起与繁荣。另一方面，该法案保护了创作者和版权所有者的权益，激发了文化和创意产业的更多投资与创新，促进了技术创新和新业务模式的发展，尤其是为依赖用户生成内容（UGC）的平台如 YouTube、Facebook 等提供了法律支持。然而，DMCA 的实施也引发了不少争议，尤其是它可能过度保护版权，限制了知识的自由流通和科学进步。技术保护措施的禁止性规定有时被视为妨碍了合法的学术研究和数字产品的合理使用（如合法备份和格式转换）。尽管存在这些争议，但 DMCA 的总体影响仍是积极的，它为互联网技术所驱动的数字经济产业带来了巨大的推动力。

（2）《2000 年全球和国家商业电子签名法案》（E-SIGN Act）标志着美国在构建电子商务法律框架方面迈出了重要一步。该法案由时任总统比尔·克林顿于 2000 年签署，其核心目的在于确保电子签名和电子记录在法律上享有与传统纸质文档及手写签名同等的效力。这一举措旨在满足日益增长的数字化交易需求，并进一步推动电子商务的发展。

20 世纪 90 年代末，随着互联网技术的日益成熟，电子商务产业开始迅猛发展，带动了大量在线交易的涌现。然而，这一增长也凸显出现行法律在处理电子文档和签名方面的不足，尤其是在合法性、安全性及跨境交易法律效力方面存在诸多挑战。为了消除这些法律上的不确定性并提升电子交易的信任度，美国国会认为有必要通过一项全国性的法律来统一规范，从而促进经济的数字化转型。尽管此前各州已经开始通过《统一电子交易法》（UETA）在州层面解决这些问题，但《E-SIGN Act》在全国范围内提供了更为广泛的法律确认。

《E-SIGN Act》的主要条款确认了电子签名和记录的法律有效性，只要交易双方同意使用电子形式，这些电子文档即具有法律约束力。此外，该法案还着重强调消费者保护，要求在电子交易中必须明确并提前通知消费者相关的电子交易条款，确保其知情权和同意权得到充分保障。同时，法案也考虑了国际电子交易的法律效力问题，进而提升了美国企业在全球市场上的竞争力。

《E-SIGN Act》的实施对美国的电子商务产生了显著的推动作用。首先，通过消除电子签名和电子记录的法律不确定性，该法案极大地促进了在线交易的便捷性、降低了成本并提高了效率，在金融服务、保险和房地产等行业尤为明显。其次，它也增强了消费者对电子交易的信任感，加速了电子交易的普及和接受度。更重要的是，《E-SIGN Act》激发了相关技术的创新，包括电子签名技术和数字加密技术的进步，并推动了这些技术在市场上的广泛应用。总体而言，《2000 年全球和国家商业电子签名法案》不仅为美国乃至全球的电子商务环境奠定了坚实的法律基础，还有效地推动了经济的数字化转型，对商业活动的现代化进程产生了深远影响。通过确保电子文档和签名的法律有效性，该法案为电子商务的健康发展提供了有力保障，其影响至今仍在持续显现。

三、我国发展"新质生产力"的政策建议

结合我国当前面临的国际国内局势，以及美国 20 世纪 90 年代发展"新质生产力"的成功经验，建议我国在综合性产业政策方面，着重围绕以下两方面改进提升，以促进"新质生产力"的发展。

（一）加强政策适应性，针对不同发展阶段的新兴产业采取不同的产业政策

美国 20 世纪 90 年代发展"新质生产力"的经验表明，在产业发展的不同阶段，针对性提供合适的产业政策，可以实现产业发展速度和国家资源使用效率的最佳平衡。

具体到我国，当前符合"新质生产力"概念的产业众多，包括但不限于新能源汽车、绿色能源、大规模集成电路、人工智能、智能制造、商业航天等。在众多属于"新质生产力"的产业中，既有新能源汽车这种经过多年发展，且我国已奠定了相对其他国家明显优势的产业，也有人工智能这类处在行业发展初期，商业落地应用场景尚待进一步探索，同时又受制于国外技术封锁的产业。对于处在产业发展初期的行业，我国的政策重点应该放在资金支持与鼓励孵化上，充分发挥多层次资本市场功能，调动社会资本的投资积极性。对于处在快速发展期的行业，我国的政策重点应聚焦于规范行业标准、促进行业竞争和引导行业良性发展等方面。对待行业要持有相对中立的态度，既不能过分呵护，使行业丧失发展动力，又不能过分限制，使得行业错过关键成长期。

（二）深入实施科教兴国战略，抓紧推进教育改革，塑造适应"新质生产力"发展要求的人才培养机制

习近平总书记强调，发展"新质生产力"要"以劳动者、劳动资料、劳动对象及其优化组合的跃升为基本内涵"，这反映出党中央已经意识到，发展新质生产力虽然最终落脚点是产业的发展，但在此过程中，劳动者素质的提高也

是前置的不可或缺的一环。

当前，我国虽然因为人口基数优势，已经培养出了全球规模最大的科学家和工程师队伍。但是我国科学家和工程师在全体劳动者中的占比，相比老牌发达国家依然有较大差距。截至 2020 年，我国科学家和工程师占全体劳动者的比例仅为 2.4%，明显低于欧盟的 7.43% 和美国的 4.44%（见图 8）。这种科学家和工程师占劳动者比例较低的现象，一方面，反映出我国目前虽已在为数不少的新兴行业取得了较大幅度进步，甚至已有部分行业实现全球领先，但我国高新技术产业规模占整个工业的比例仍然相对较低。另一方面，这种科学家和工程师占劳动者比例较低的现象也显示出目前我国的高校专业布局仍然有不小的调整空间。因此，我国应充分发挥此项优势，根据"新质生产力"发展要求，提前布局，优化全国范围内现有高校的专业设置和教育培养模式，使高校对人才的培养与产业发展对人才的需求充分对接。同时，应以高校改革为引领，持续改革国内教育体制，强化中小学教育中的科创属性，令我国教育系统成为切实孕育"新质生产力"的优质土壤，为"新质生产力"发展输送源源不断的优秀人才。

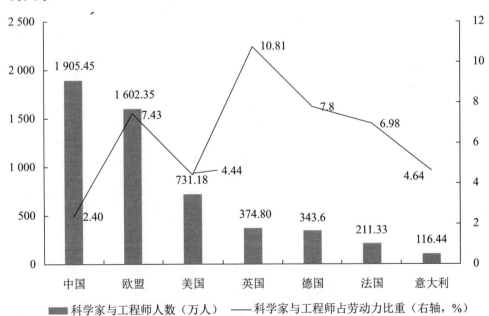

图 8　2020 年各国科学家与工程师人数及其占劳动力的比重

资料来源：中国日报网，中航证券研究所。

新质生产力
与宏观政策

财税政策如何支持发展新质生产力

芦哲　方正证券首席经济学家　研究所副所长

一、新质生产力概述

高质量发展时代需要新的生产力理论。2024 年 1 月 31 日，在中共中央政治局第十一次集体学习时，习近平总书记指出："高质量发展需要新的生产力理论来指导，而新质生产力已经在实践中形成并展示出对高质量发展的强劲推动力、支撑力，需要我们从理论上进行总结、概括，用以指导新的发展实践。"

全要素生产率（TFP）可以大致衡量新质生产力的发展。习近平总书记指出，新质生产力"由技术革命性突破、生产要素创新性配置、产业深度转型升级而催生，以劳动者、劳动资料、劳动对象及其优化组合的跃升为基本内涵，以全要素生产率大幅提升为核心标志，特点是创新，关键在质优，本质是先进生产力"。因此，在经济学中，全要素生产率可能是与新质生产力更接近的概念。

全要素生产率是经济增长中无法被资本、劳动等要素投入所解释的部分。全要素生产率（TFP）的概念起源于对经济增长的研究。1987 年诺贝尔经济学奖获得者罗伯特·索洛（Robert Solow）提出索洛增长模型——$Y=A\times F(K,L)$，该模型表示了资本存量（K）、劳动力（L）和技术进步（A）如何影响经济体的总产出。其中，资本和劳动的增加分别用其对应的统计指标衡量，而技术的进步则用全要素生产率的变动衡量。换句话说，全要素生产率是指资本和劳动等的投入量不变时，产出仍能增加的部分，即经济增长中无法被资本、劳动等要素投入所解释的部分。

由于不像资本和劳动可以直接被统计数据核算，全要素生产率增长率通过产出增长率扣除资本和劳动要素投入增长率的产出效益后的"余值"计算。该方法被称为生产函数法，而该余值被称为索洛余值，即：

TFP 增长率 = 产出增长率 −α× 资本投入增长率 −β× 劳动投入增长率

其中，α 和 β 分别为资本产出弹性和劳动产出弹性。资本产出弹性是指当资本投入增加 1% 时，由此带来产出变动的百分比；劳动产出弹性是指当劳动投入增加 1% 时，由此带来产出变动的百分比。

中国 TFP 增长率在金融危机前稳定上升，随后呈倒 U 形趋势。根据北京大学光华管理学院测算，1997—2007 年中国的 TFP 年均增长率为 3.5%，并在 2007 年达到 8.2% 的高点。2008 年金融危机以来 TFP 增长率明显下降；2008—2019 年的 TFP 年均增长率回落至 2.0%，期间 TFP 增长率有所回升，在 2016 年达到 2011 年以来的最高增长率 2.8%，而后随 GDP 增长中枢的下降而缓慢下降。2020 年以来，受到疫情冲击，TFP 增长率跌至 1997 年以来的最低值 −0.75%，2021 年反弹至 5.75%，平均增长率为 2.45%。

中国 TFP 贡献率稳步上升。1997—2021 年中国 TFP 年均贡献率达到 32.1%，变化趋势与 TFP 增长率基本一致，区别在于其在 2016 年后仍然保持了稳定上升趋势。除了 2020 年，2015 年以来，每年 TFP 贡献率均在 30% 以上，显著高于 2006 年前的一般水平。1997—2007 年，TFP 年均贡献率为 34.9%；2008—2012 年间，受金融危机影响，TFP 年均贡献率下降至 17.8%，随后回升至 2013—2019 年间的 34.4%。尽管受到疫情影响，2020—2021 年间的 TFP 年均贡献率仍然达到了 47.3% 的历史较高水平，超过了 1997—2007 年的平均水平，表现出经济发展的韧性与质量。

资本投入仍占主导地位，TFP 贡献率有较大增长空间。资本投入在过去几十年间是中国经济增长的最大贡献者，这表明目前中国经济增长仍是由资本投入驱动的。金融危机后，随着财政刺激政策的出台，资本投入的贡献率进一步提高，2008—2012 年间中国资本投入的贡献率达到 70.3% 以上，并在 2012 年达到 75.5% 的峰值，相应地，该阶段的 TFP 贡献率处于历史较低水平。随着新质生产力的提出，以及科技在经济发展中地位的不断提高，中国 TFP 贡献率仍有较大增长空间。

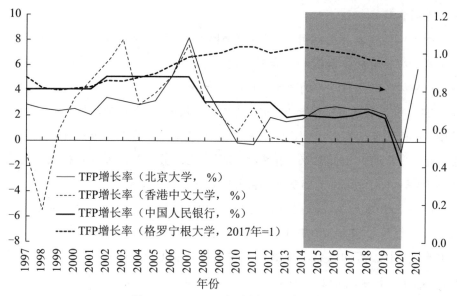

图1　1997—2021年我国TFP增长率

资料来源：iFind，《中国宏观层面全要素生产率测算及国际比较》《中国的全要素生产率研究—现状、问题和对策》《"十四五"期间我国潜在产出和增长动力的测算研究》，方正证券研究所。

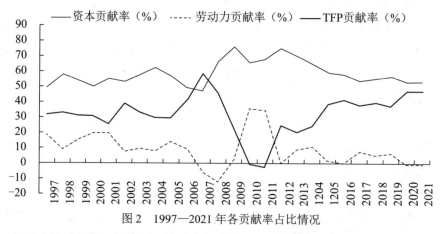

图2　1997—2021年各贡献率占比情况

资料来源：《中国宏观层面全要素生产率测算及国际比较》，方正证券研究所。

中国全要素生产率仍明显低于发达国家。尽管中国的GDP总量已经达到美国的70%左右，但根据荷兰格罗宁根大学的测算，截至2019年，中国的全要素生产率目前仅有美国的40%，也仅为德国和日本的61%和43%。在测算的118个国家中，中国的全要素生产率排名第98位，低于全球平均水平。

中国全要素生产率的贡献率已与美国水平相近。中国在全要素生产率贡献率方面对美国保持了较快的追赶速度。1997—2007 年，美国 TFP 贡献率超过中国 7 个百分点，这一差距在金融危机期间被进一步扩大到近 60 个百分点，而后在 2013—2021 年，中国反超美国近 8 个百分点。

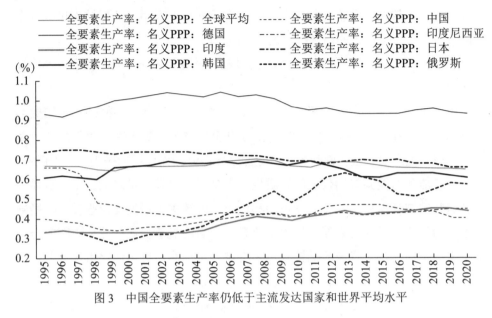

图 3　中国全要素生产率仍低于主流发达国家和世界平均水平

资料来源：iFind，方正证券研究所。

提高全要素生产率的途径主要有两种：一是通过技术进步实现生产效率的提高；二是通过生产要素的重新组合实现资源配置效率的提高，主要表现为在生产要素投入之外，通过技术进步、体制优化、组织管理改善等无形要素推动经济增长的作用。

图 4　中国 TFP 贡献率不断追赶美国

资料来源：《中国宏观层面全要素生产率测算及国际比较》，OECD，方正证券研究所。

工业占比降低和技术普及会导致全要素生产率出现规律性放缓。全要素生产率在工业化阶段提升较快，如中国 2007 年前。但是工业化基本完成后，第三产业逐渐占据经济结构的主导地位时，继续保持全要素生产率的快速提高具有较大挑战。本轮通信和信息技术革命在技术成熟和普及后，边际技术进步逐渐下降，对全要素生产率的促进作用也逐步减少。

"再工业化"和大力发展新质生产力推动新一轮技术进步是全要素生产率提高的重要途径。

中国正在推进的数字化转型是一次典型的"再工业化"，2022 年中国数字经济规模达 50.2 万亿元，占 GDP 比重提升至 41.5%。新质生产力是由技术革命性突破、生产要素创新性配置、产业深度转型升级而催生的先进生产力质态；以人工智能和新能源等为代表的新质生产力是新一轮技术进步的关键，目前中国在这些领域都保持了一定的竞争力和优势，继续扩大研发支出强度，激励新质生产力创新，可能带来新一轮的全要素生产率的显著提高；此外，随着全国统一大市场的建设，资源的配置效率还将进一步提高，继续深化市场改革，扩大对外开放水平，也有利于全要素生产率的提高。

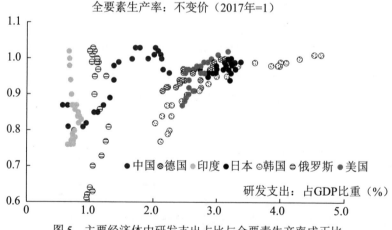

全要素生产率：不变价（2017年=1）

●中国 ◉德国 ⊖印度 ●日本 ⊕韩国 ◉俄罗斯 ●美国

研发支出：占GDP比重（%）

图 5　主要经济体中研发支出占比与全要素生产率成正比

资料来源：iFind，方正证券研究所。

二、财税政策支持新质生产力发展的两方面

新质生产力催生新型生产关系。从理论逻辑来看，生产力状况决定生产关系，生产关系反作用于生产力。生产关系对生产力总是从基本相适合到基本不

相适合，再到基本相适合。新质生产力的发展也必然要求发展出与之相适应的新型生产关系。

适应新质生产力的财税体制机制属于新型生产关系的内容。2024年1月，习近平总书记指出："生产关系必须与生产力发展要求相适应。发展新质生产力，必须进一步全面深化改革，形成与之相适应的新型生产关系。要深化经济体制、科技体制等改革，着力打通束缚新质生产力发展的堵点卡点，建立高标准市场体系，创新生产要素配置方式，让各类先进优质生产要素向发展新质生产力顺畅流动。同时，要扩大高水平对外开放，为发展新质生产力营造良好国际环境。"可见，适用新质生产力的新型生产关系至少包括四方面内容：一是最广义的经济体制改革；二是科技体制改革，深化教育科技人才综合改革；三是市场体制改革，建立全国统一大市场、促进生产要素向新质生产力流动；四是扩大高水平对外开放。而财税体制机制是新型生产关系的重要内容，无论是科技体制改革，还是引导生产要素流向新质生产力，都离不开财税政策的支持。

财税政策支持新质生产力发展可以从两个方面着手，一是基础研发，二是企业研发和技术落地。

（一）基础研发

首先，财政支出可以直接用于支持基础研发。2023年中央财政本级基础研究支出866.5亿元，较上年增长6.6%。但在财政投入机制上，仍然有继续探索和完善的空间，包括创新科研资助方式，完善竞争性支持和稳定支持相结合的基础研究投入机制，健全基础研究多元化投入体系，通过财政资金引导社会资金对基础研发的投入。

其次，财政支持重大科研攻关项目的核心在于健全新型举国体制。新型举国体制，意味着财政要发挥重大引领作用，但不只是财政发挥作用。"举国"二字意味着党领导下的国家科技动员，除了举政府和国家财政之力外，也要举各类市场主体之力。2022年9月，中央全面深化改革委员会第二十七次会议强调"健全关键核心技术攻关新型举国体制，要把政府、市场、社会有机结合起来，科学统筹、集中力量、优化机制、协同攻关……要推动有效市场和有为政府更好结合，强化企业技术创新主体地位，加快转变政府科技管理职能，营造良好创新生态，激发创新主体活力"。

最后，在基础研发方面，财政支持科技创新机制体制建设也不容忽视。支持国家实验室、国家科研机构、高水平研究型大学、科技领军企业协同创新，提升国家创新体系整体效能。在人才培养方面，围绕国家重大需求，支持培养更多战略科学家、一流科技领军人才和创新团队。

（二）企业研发和技术落地

在企业研发和技术落地方面，应完善鼓励企业研发创新的税收政策。出台先进制造业企业增值税加计抵减政策，将集成电路和工业母机产业企业研发费用加计扣除比例提高至120%，进一步降低相关重点产业链企业税负水平。

财税支持助推产业基础能力提升和产业链优化升级。通过制造业专项资金，聚焦关键战略性产业链，支持开展系统性攻关，加快推进关键技术、关键产业补短板强弱项，提升产业链、供应链韧性和安全水平。持续实施首台（套）重大技术装备、重点新材料首批次应用保险补偿政策，促进重大技术装备、新材料创新产品推广应用。发挥制造业领域政府投资基金作用，引导社会资本加大对制造业关键领域的投入，促进产业转型升级。

推进企业数字化转型。组织开展中小企业数字化转型城市试点工作，中央财政对试点城市给予1亿元至1.5亿元的定额奖励。2023年完成首批30个中小企业数字化转型城市试点遴选工作，下达奖补资金30.1亿元，支持试点城市促进数字经济和实体经济深度融合。

促进专精特新中小企业高质量发展。中央财政下达12.7亿元支持专精特新中小企业高质量发展，截至2023年年底累计支持1922家国家级重点"小巨人"企业高质量发展，带动培育国家级"小巨人"企业1.2万余家和省级专精特新企业10万余家。

支持大规模开展设备更新行动。设备更新是实现工业产业升级的重要方式，但面临市场需求偏弱、产销率下降的竞争格局，企业自发进行设备更新的意愿不强，需要财税政策加强引导。

三、财税支持新质生产力发展的历史经验

（一）1999年通过国债技改推进产业升级

1999年开始，为了保持宏观经济稳定、推动产业升级，我国连续几年推出国债支持工业技改项目。事后来看，这一轮国债技改与当前的设备更新比较相似，

都是通过财税政策引导产业升级，从而加快新质生产力对旧的落后产能的替代。

1999年的这一轮国债支持工业技改项目有何特点？

一是宏观背景与当前有相似之处，都是在投资需求不足、部分行业产能过剩时，连续几年发行建设国债提振总需求。20世纪90年代后期，固定资产投资增速从1993年的69.5%降至1999年的5.5%，纺织、钢铁、非金属矿等行业产能过剩压力较大。1998—2002年连续五年发行总共6 600亿元的建设国债，相当于GDP的1.3%。

二是国债将支持工业技改项目作为重点投向，带动总需求回升。1999年开始将工业技改项目作为建设国债的主要投向之一。1999—2001年，国债贴息资金265.4亿元（占三年建设国债的6.5%），支持了1 218个工业技改项目，拉动总投资2 810亿元，其中银行贷款1 721亿元。2003年的《政府工作报告》中指出："采取国债贴息、改进技改项目审批等办法，支持重点行业、重点企业、重点产品进行大规模的技术改造和结构调整。五年来全国共完成技术改造投资2.66万亿元，比前五年增长67%。"当然，《政府工作报告》中的技术改造投资是指全行业、全类型的投资额，不仅包括设备更新，也包括建筑厂房等方面。

随着国债支持技改的资金投入，2000年和2001年更新改造投资分别增长13.9%和16%，20世纪90年代以来增速首次超过基本建设投资。1998—2002年设备更新总投资额约1.46万亿，相比前五年的8 102亿元增长80%。设备更新投资占全社会固定资产投资的比例也从8.3%提高到8.5%，提高了0.2个百分点。

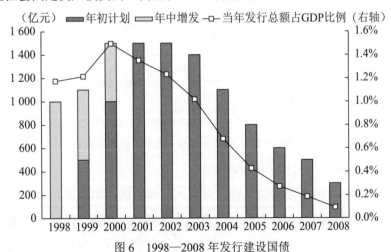

图6　1998—2008年发行建设国债

资料来源：Wind，财政部，方正证券研究所。

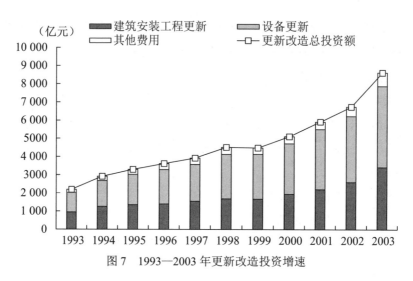

图7 1993—2003年更新改造投资增速

资料来源：国家统计局，方正证券研究所。

三是这轮国债支持技改项目除了拉动总需求外，也在产业结构调整、化解过剩产能方面发挥了重大作用。

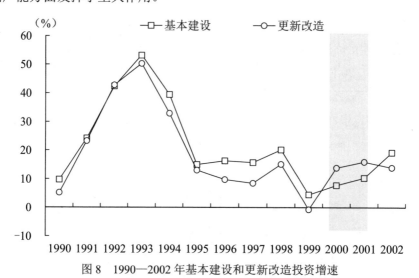

图8 1990—2002年基本建设和更新改造投资增速

资料来源：国家统计局，方正证券研究所。

从当时有关部门确定的国债技改项目的六条原则也可以看出其影响：一是严格防止重复建设和变相扩大生产能力；二是围绕"质量、品种、效益"和扩大出口开展工作；三是采用新技术、新工艺，节能降耗，保护环境；四是择优扶强，突出重点行业、重点企业、重点产品，优先选择主导产品在国内市场占

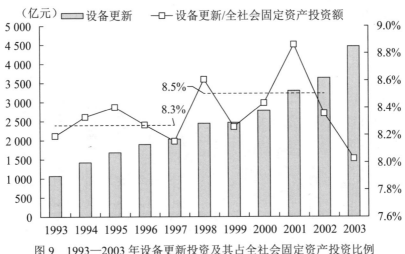

图 9　1993—2003 年设备更新投资及其占全社会固定资产投资比例

资料来源：国家统计局，方正证券研究所。

有率居同行业前列、银行资信好、企业综合实力强、管理水平高的优质企业，优先考虑 520 户重点企业和 120 户试点企业；五是适当向东北、中西部地区和老工业基地倾斜；六是坚持设备国产化原则，拉动国内需求并推进产业升级。

分行业来看，国债技改项目在产业升级、淘汰落后产能、污染防治等方面都发挥了重大作用。①产业升级：在纺织业形成了生产高档服装面料 5 亿米的能力，节汇已达 8 亿美元；在机械行业，我国造纸机与世界先进国家的差距缩短了约 10 年。②淘汰落后产能：在冶金行业，全部淘汰平炉炼钢。③污染防治：在有色金属行业，重点铝厂的污染问题得到彻底治理，污染物排放低于国家标准；电解铝实现烟气达标排放，预焙槽电解铝比例由 30% 提高到 52%；铅冶炼每吨能耗从 860 千克标煤降到 500 千克，二氧化硫利用率从 0 提高到 92%。

按照用途划分，可以将企业更新改造投资分为三方面：增加产能、节能和"三废"治理、品种和质量改进，大约有四成投资无法归为单一类型。具体来看，1998—2002 年，33.6% 的更新改造投资用于增加生产能力，较前五年下降 2.4 个百分点；5.8% 的投资用于节能和"三废"治理，比前五年提高 1.3 个百分点；17.1% 的投资用于品种和质量改进。但要注意，增加产能并非加剧产能过剩，而是增加稀缺产能，严格防止重复建设和变相扩大生产能力。以冶金行业为例，国债技改项目在淘汰落后产能的同时，也增加了先进产能，9 个关键钢材品种新增产能 282 万吨。

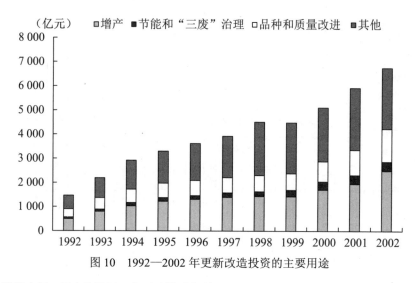

图10　1992—2002年更新改造投资的主要用途

资料来源：国家统计局，方正证券研究所。

（二）国债技改项目的启示

第一，国债技改的拉动效果为什么是一般建设国债的2倍？

2003年《政府工作报告》指出"（1998—2002年）发行6 600亿元长期建设国债，带动银行贷款和其他社会资金形成3.28万亿元的投资规模"，这五年的建设国债拉动了大约5倍的投资。而按照国债贴息资金265.4亿元，拉动改造投资2 810亿元来看，国债技改拉动倍率大约是1:10.6，即拉动超过10倍的投资，是其他国债拉动效果的2倍。

第二，在产能过剩和需求不足时推进技术更新改造，是否会加剧产能过剩？

从上一轮国债技改经验来看，在政策设计时会注意防止新增重复产能。

一是会控制项目选择，防止重复建设和盲目扩大产能，即使增加产能，也是增加先进和稀缺产能。二是技改和设备更新最终是通过政策引导，促进转型升级，因此从逻辑上来看是先进、绿色产能对落后产能的替代。当然，从结果来看，1998年这一轮产能过剩的最终化解是依靠"98房改"和2001年加入WTO带来的总需求扩张，以及供给侧的国企改革去产能，相比之下，国债技改项目带来的需求扩张规模相对较小，对于化解产能过剩的作用相对有限，更多还是优化供给结构、促进产业升级。

第三，本轮设备更新资金从哪儿来？

一是特别国债资金可能用于支持设备更新。按照国家发改委的解释，超长期特别国债将重点支持科技创新、城乡融合发展、区域协调发展、粮食能源安全、人口高质量发展等领域建设，而设备更新可以嵌入科技创新、城乡融合发展、区域协调发展、粮食能源安全等领域。从上一轮国债技改的实践来看，特别国债再次投向相关领域也存在先例。

二是使用已有的中央专项资金。本次设备更新并未特别设立专项资金，更多是使用相关领域已经存在的专项资金。比如《推动大规模设备更新和消费品以旧换新行动方案》（国发〔2024〕7 号）①指出"鼓励有条件的地方统筹利用中央财政安排的城市交通发展奖励资金，支持新能源公交车及电池更新"。

三是贷款贴息。前述国发 7 号文指出"运用再贷款政策工具，引导金融机构加强对设备更新和技术改造的支持；中央财政对符合再贷款报销条件的银行贷款给予一定贴息支持"。早在 2022 年，央行就设立 2 000 亿元设备更新再贷款，并由中央财政进行贴息，将贷款利息降至 1.75 倍左右，这一再贷款工具预计将继续使用。

四、适应新质生产力发展的财税体系变革猜想：数据财政

财税体制机制也要适应新质生产力的发展，其典型代表是面向数字经济的"数据财政"。2019 年 10 月召开的党的十九届四中全会首次将数据确立为一种新的生产要素，并明确了数据将与其他要素一同参与分配。此外，2022 年年底出台的《关于构建数据基础制度 更好发挥数据要素作用的意见》提出要建立"数据要素分配体制机制"，并且在效率与公平之间，更加注重保障公平。该文件提出"逐步建立保障公平的数据要素收益分配体制机制，更加关注公共利益和相对弱势群体。加大政府引导调节力度，探索建立公共数据资源开放、收益合理的分享机制"。

数据财政的必然性来自两方面。

一方面是数字经济对工商业经济时代所建立的税收体系构成了冲击。现行财税体系是基于实体和地理空间设计，比如所得税需要区分企业实体、个人实体，而对于跨地区或跨国境经营的企业，往往根据注册地或者经营地征税。但

---

① 资料来源：国务院关于印发《推动大规模设备更新和消费品以旧换新行动方案》的通知，中国政府网。

数字经济模糊了企业和个人的边界，C2C 模式下大量个人成为经营主体，如微商、主播等。另外，企业无须设立实体，即可实现跨国跨地区的商品服务交易，基于地理空间的缴税体系受到了挑战。

另一方面是数据作为新的生产要素必然要参与分配。经济基础决定上层建筑，每一种生产要素亦决定着对应的税收关系。一般而言，生产要素本身、要素对应的经济主体、经济产出都会贡献税收收入。而现代税收体系在价值流转、分配和保有环节，分别形成了流转税、所得税和财产税。当数据要素嵌入这些环节后，必然也会改变对应的税收设计。

由于数据财政与土地财政有诸多相似之处，所以我们对未来可能的数据财政框架做了一个猜想。

首先，作为生产要素的土地和数据所贡献的财政收入类型的可比性较强。相似之处在于二者均可资产化，都可以作为资产入表，而劳动、技术、管理等其他生产要素均难以资产化。可资产化意味着这两类要素可以贡献"利"和"债"形式的收入。2023 年年底，财政部发布《企业数据资源相关会计处理暂行规定（征求意见稿）》，标志着数据要素逐步启动资产化。可资产化意味着数据和土地一样，其所贡献的财政收入除了税，还有利和债。当然土地和数据要素也有四方面明显的区别：一是数据和其他要素的连接性更强；二是土地稀缺，而数据可以不断产生；三是土地具有独占性，而数据具有非排他性，可以同时使用；四是土地要素遵循边际产出递减、边际成本递增法则，而数据有零边际成本特点。这些区别使得数据和土地两种要素在具体的财税制度设计上会有较大区别。

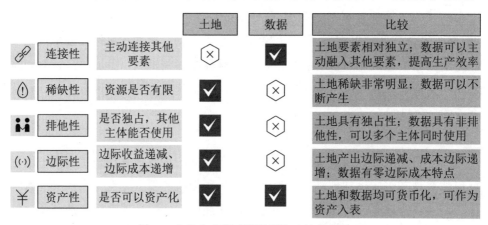

图 11　作为生产要素的数据和土地的比较

资料来源：国家统计局，方正证券研究所。

其次，在产权制度方面，土地和数据的所有权和使用权都是分离的，在不触及所有权的情况下都可实现出让或授权收入。不同点在于，土地要素是土地公有、使用权可出让，而数据要素则是淡化所有权（因其所有权难以明确），实行数据产权的结构性分置，具体而言是"三权"分置，包括数据资源持有权、数据加工使用权、数据产品经营权。

再次，土地财政和数据财政都是建立在两级市场体系的基础之上，政府从两级市场获得不同的财政收入。对于土地要素而言，在一级市场上，政府主导完成土地开发后通过"招拍挂"等方式完成使用权出让，并获得出让收入；在二级市场上，市场竞争形成土地基础上的房地产流转交易市场，企业和居民是主要参与者，政府主要通过税收形式参与二级市场。对于数据要素而言，政府在一级市场上主导完成数据的归集、加工处理、合规登记，实现数据资源向数据资产转化，获得授权及出售收入；在二级市场上同样以市场竞争为主导，数据交易所、经纪人、服务商等企业和个人通过各种形式参与，形成数据流转交易市场，政府从二级市场获得税收收入。

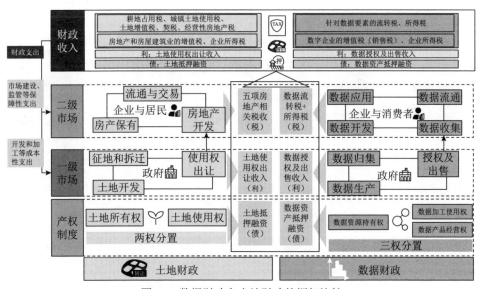

图12　数据财政和土地财政的框架比较

资料来源：国家统计局，方正证券研究所。

最后，土地财政和数据财政的收入都可以归结为"三种来源"和"三种形式"。

"三种来源"，即土地财政和数据财政的收入都来自要素本身、要素主体、要素产出。对于土地财政而言，既有直接来自于土地要素的使用权出让收入，也有来自于土地产出（房地产）的税收收入，这部分税收收入也可以说是来自于相关要素主体（房地产经营企业、持有的个人）。对于数据要素而言，授权及出售收入直接来自于要素本身，所得税以及可能开征的数字税来自于数字企业，增值税、销售税等税收来自于数据要素的产出。

"三种形式"，即土地财政和数据财政的收入都包括"税""利""债"。

税收收入（"税"）可按照价值创造的不同环节来具体分析，在价值流转环节形成流转税（如增值税、销售税、营业税），在价值分配环节形成所得税（个人所得税、企业所得税），在资产保有环节形成财产税（不动产税、遗产税）。土地财政包含了上述三个环节的各类税收，当然目前不动产税范围还未全面铺开，但数据财政可能仅包含流转税和所得税，针对数据要素的财产税目前还难以想象。

"利"是产权主体因出租或出让资产所获得的收入，对应土地财政的使用权出让收入、数据财政的授权及出售收入。但数据财政的授权收入也可能是"使用者付费"形式，需要额外归入行政事业性收费类别。

此外，"债"的收入形式也不容忽略，对应土地和数据资产的抵押融资。尽管参与这一过程的主要是城投平台，但融资收入主要用于地方公共事务，仍然具有公共收入的性质。

助力高质量发展的国际金融方略 [①]

张明　中国社会科学院金融研究所副所长

国家金融与发展实验室副主任　中国首席经济学家论坛理事

当前中国经济已经由高速增长阶段转换为高质量发展阶段。为助力经济高质量发展，中国政府需要在国际金融领域统筹谋划、系统施策，兼顾增长、效率与安全。具体而言，以下六个方面的工作值得高度重视。

一、国际收支的结构性转变与资本账户开放

未来十年内中国的国际收支可能发生以下结构性变化：

一是经常账户顺差规模持续下降，甚至可能转变为经常账户逆差。主要原因包括人口老龄化导致国内储蓄率下降、国内各种要素成本上升导致出口竞争力下降以及人民币有效汇率的持续升值等。

二是非储备性质金融账户余额在顺差与逆差之间频繁波动。

三是随着中国央行对人民币汇率干预程度的下降，外汇储备规模大致稳定。

国际收支的结构性变化可能给中国的经济金融稳定带来如下潜在影响：

一是随着经常账户顺差的缩小甚至逆转，人民币名义汇率与实际汇率未来可能会更多地面临贬值压力；[②]

二是随着国内金融市场开放程度的上升以及资本账户的逐渐开放，国内资

---

① 注：本文为笔者参加《金融评论》杂志"金融助力高质量发展"编委笔谈时的文章，发表于 2023 年第 3 期。

② 张明，刘瑶.经常账户变动对实际有效汇率的非对称影响及潜在渠道探析 [J].经济学（季刊），2022：第 5 期。

产价格的波动性可能明显上升，且跨境资本流动对资产价格的影响将变得更为显著；[①]

三是中国央行的货币政策操作框架将会面临新的转型压力[②]。

中国资本账户的后续开放是一个至关重要的问题，也是当前国内外关注的焦点。考虑到未来十年内中国经济与金融面临的内外挑战，资本账户开放仍应秉持审慎、渐进、可控的原则。与此同时，中国的跨境资本流动管理还存在明显的优化空间。例如，中国央行应将以数量管理为主的资本流动管理转变为以价格管理为主，适时推出托宾税，且税率可以随着短期资本流动的规模相应调整[③]。又如，中国央行应该更好地在跨境资本流动管理与外汇层面的宏观审慎监管政策之间寻求权衡与配合。

二、人民币汇率形成机制改革

自 1994 年以来，人民币汇率形成机制改革大致经历了十年的历程。1994年 1 月汇率改革的关键词是"汇率并轨"，也即市场汇率与官方汇率合二为一，实质是人民币汇率对外的一次性大幅贬值。2005 年 7 月汇率改革的关键词是"扩大波幅"，也即逐渐扩大每日人民币兑美元汇率的波动区间（由千分之三到百分之二）。2015 年 8 月汇率改革的关键词是"中间价改革"，即让人民币兑美元汇率的中间价（开盘价）定价机制更加市场化。总而言之，迄今为止人民币汇率市场化改革已经取得重大进展，中国央行对人民币汇率的干预程度也已明显下降。

当前的人民币汇率形成机制距离自由浮动（free floating）或清洁浮动（clean floating）仍有一定距离。在激活逆周期因子之后，当前人民币汇率形成机制的透明度与可预测性依然较低。从长期来看，人民币汇率形成机制终将走向自由浮动。从短中期而言，避免汇率大起大落冲击经济增长与金融稳定依然必要。一方面要进一步增加汇率由市场供求决定的程度并且提高汇率形成机制的透明度，另一方面要避免汇率超调。因此，为人民币有效汇率（如人民币兑

---

① 张明，刘瑶.经常账户恶化是否会加大国内资产价格波动？基于 G20 数据的作用机制及时变效应研究 [J].国际金融研究，2021：第 5 期。

② 刘瑶，张明.经常账户冲击、资本账户管理与中央银行货币政策操作 [J].金融研究，2022：第 12 期。

③ 张明.跨境资本流动新特征与资本账户开放新讨论 [J].财经智库，2022：第 1 期。

CFETS 货币篮汇率指数）设置年度宽幅目标区是一种更为理想的过渡性汇率制度。[1] 只要人民币有效汇率没有达到年度波幅的上限或下限，央行就不对汇率进行干预。这种汇率机制能够更好地兼顾汇率的灵活性、透明度与基本稳定。

三、国际货币体系改革与人民币国际化

当前，由美元充当全球储备货币的国际货币体系（牙买加体系或布雷顿森林体系Ⅱ）主要有三大缺陷：一是难以克服"广义特里芬两难"，即为了向全球提供足够的流动性，美国必须保持持续的经常账户逆差，但由此导致的海外净负债上升在超过特定阈值后可能导致外国投资者对美元失去信心；二是中心国美国的货币政策对外围国家产生了持续显著的负向溢出效应；三是俄乌冲突爆发后的"美元武器化"行为降低了其他国家对美元资产安全和全球支付清算体系安全的信心。[2]

未来的国际货币体系大概率将变得更加多元化或者碎片化。美元依然是最重要的全球储备货币，但其各项全球指标占比可能进一步下降。欧元的国际地位有望保持稳定。人民币与其他几大新兴市场国家货币（如印度卢布）的重要性有望稳步上升。多元化国际货币体系是否更加稳定这一问题也面临较大的不确定性。考虑到新冠疫情暴发后全球供应链、产业链表现出日益区域化、本地化、缩短化的特征，因此国际货币体系的多元化趋势与全球生产网络的碎片化趋势是基本匹配的。生产、贸易与金融的碎片化趋势可能提高韧性，却是以降低效率为代价的。

迄今为止，人民币的国际化呈现出鲜明的周期性。2009 年至 2017 年为第一个周期（其中 2009 年至 2015 年上半年为上升期，2015 年下半年至 2017 年年底为下降期），2018 年至今为第二个周期。在第一个周期内，中国央行推进人民币国际化的策略可被概括为"旧三位一体"，即推进跨境贸易与直接投资的人民币结算、发展以香港为代表的离岸人民币金融中心、中国央行与其他央行签署双边本币互换。2018 年以来，中国央行调整了人民币国际化的推进策略。

---

[1] 张明，陈胤默．人民币汇率制度改革的结构性演进：历史回顾、经验总结与前景展望 [J]. 财贸经济，2022：第 12 期。

[2] 张明，王喆．俄乌冲突对国际货币体系的冲击与人民币国际化的新机遇 [J]. 辽宁大学学报（哲学社会科学版），2022：第 4 期。

这可被概括为"新三位一体"，即推进国际大宗商品期货交易的人民币计价，向外国机构投资者加快开放国内金融市场，在中国周边与"一带一路"国家着力培养针对人民币的真实、黏性需求①。新冠疫情与俄乌冲突的暴发给人民币国际化带来了新挑战与新机遇，中国央行应顺应上述挑战与机遇，进一步实施人民币国际化的策略调整。②

四、主权资产安全与全球投资战略

截至 2022 年年底，中国拥有高达 2.53 万亿美元的海外净资产。但作为海外净债权人，中国面临以下三个福利问题：一是由于海外资产的收益率持续低于海外负债的收益率，导致中国持续面临海外投资收益为负的尴尬局面（2022 年海外投资收益为 −2 031 亿美元）；二是持续的经常账户顺差并未充分转化为海外净资产；③ 三是俄乌冲突爆发后日益盛行的"美元武器化"行为使得中国海外资产安全面临重大挑战。

如何更好地保障中国海外资产的安全呢？中国政府应在各个层面更加充分地实施多元化投资策略：一是海外资产投资主体的多元化，未来中国政府应该寻求更多"藏汇于机构"，委托中外金融机构在全球开展金融投资；二是海外资产投资策略的多元化，未来中国投资者应该更多地投资于股权资产、大宗商品与另类资产；三是海外资产投资市场的多元化，未来中国投资者应该在更多发达国家与新兴市场国家开展各类投资。除此之外，加快本国金融市场对外国投资者的开放，实现在更大限度上与外国投资者的利益"绑定"，也有助于维护中国海外投资的安全。

中国主权资产的全球投资战略应进行相应调整，尤其应该与人口老龄化加剧等结构性问题更好地结合起来。例如，在主权外汇资产管理领域，中国目前事实上形成了国家外汇管理局、中投公司与全国社会保障基金理事会的"三驾马车"格局。未来，在上述三个主体之间如何既实现一定程度的竞争以提高效

① 张明，李曦晨．人民币国际化的策略转变：从旧"三位一体"到新"三位一体"[J]．国际经济评论，2015：第 5 期。

② 张明．全球新变局背景下人民币国际化的策略扩展——从新"三位一体"到新新"三位一体"[J]．金融论坛，2022：第 11 期。

③ 余永定，肖立晟．解读中国的资本外逃 [J]．国际经济评论，2017：第 5 期。

率，又实现更多的互补与合作，需要进行统筹谋划。又如，考虑到中国人口老龄化加剧且当前社保资金缺口较大的现实，未来培育中国的海外主权养老基金是当务之急。主权养老基金既可以由现有机构（如中投公司）转型而来，也可以设置全新的机构。

五、防范化解系统性金融风险

这方面有两个问题值得重点考虑。

一是如何防范化解国内系统性金融风险。当前中国的系统性金融风险主要集中于房地产、地方政府债务与中小金融机构三个层面。这三个层面之间的金融风险是密切关联的，因此需要出台一个化解潜在风险的统筹方案。该方案必须经过周密的顶层设计才能够克服部门利益博弈导致的推诿与卸责问题。例如，要顺利化解地方政府债务，既离不开新一轮债务置换（核心是中央政府加杠杆），也离不开精心设计的债务重组（核心是在地方政府与金融机构之间分担成本）[①]。在设计具体方案时，应考虑到东中西部的结构性差异。在防范化解国内系统性金融风险方面，有两点至关重要：一是既要妥善化解潜在风险，又要避免扭曲激励机制从而形成更大的道德风险；二是应努力避免国内外风险同步共振现象的发生，这意味着适当的资本账户管制依然必要。

二是如何为防范、化解全球或区域系统性金融风险作出中国贡献。首先，需要构建更加完善以及覆盖更全面的全球金融安全网。作为全球金融安全网的核心机构，IMF 的治理机制改革仍需继续推进以更加充分地反映新兴市场与发展中国家的利益诉求。其次，需要促进更多层次与更加广泛的区域金融安全网的建设，如清迈倡议多边化机制（CMIM）应该进一步完善。最后，构建一个更加公平以及能够更好平衡债权人与债务人利益的国际债权债务重组机制也变得日益重要。

六、夯实制度保障

深入推动国内结构性改革是新时代中国国际金融方略重要的制度保障。当前中国经济面临的最大风险是增长效率的趋势性下降。要提升增长效率，就必

---

① 张明 . 中国地方政府债务：典型特征、深层根源与化解方案 [J]. 比较，2023：第 3 期。

须大力推动各类结构性改革。目前最重要的结构性改革措施包括但不限于：一是坚决落实"两个毫不动摇"，大力促进民营企业发展；二是努力推动国有企业改革落地见效；三是在总体风险可控的前提下加速推动土地流转改革；四是积极推动要素市场化定价及其在全国范围内的自由流动，并在此基础上构建全国统一大市场。

实现高质量、制度性对外开放是新时代中国国际金融方略的另一重要制度保障。当前最重要的工作之一，是把目前国内数量众多的自贸区、自贸港做深做实。迄今为止，国内众多自贸区存在建设方案高度雷同、彼此存在低水平竞争、缺乏实质性开放举措、缺少系统性政策抓手等问题。各自贸区、自贸港应结合自身资源禀赋与利益诉求，实行不同的开放政策，并在此基础上形成合力与协同效应。① 例如，在离岸金融市场建设方面，可以考虑在香港、澳门、上海自贸试验区、前海自由贸易试验区、横琴自贸区、海南自贸港之间进行较高层次的统筹，从而既避免重复建设与低水平竞争，又能相得益彰共促发展。

---

① 张明.以内促外，实现高水平对外开放 [J].经济学人，2022：第 12 期。

金融支持新质生产力发展：问题及建议

罗志恒　粤开证券总裁助理、首席经济学家、研究院院长

随着百年未有之大变局的加速演进，我国正迎来重要的历史关口。新一轮科技革命和产业变革突飞猛进，为我国经济发展创造了新机遇；同时，国内外经济变数增多，也为我国产业转型带来了新挑战。在此背景下，习近平总书记因时因势提出发展新质生产力，既是着眼于中国式现代化全局的新要求，也是推动高质量发展的新路径；既是重大的发展命题，也是重大的改革命题；既具有重大的实践指导意义，也具有丰富的内涵和理论意义。

新质生产力是创新起主导作用的先进生产力质态。创新的背后是风险、试错和高度不确定性，而金融的发展也是建立在不确定性基础之上的，资金融通是表象，本质则是围绕未来不确定性的风险定价、风险交易和风险分担。因此，新质生产力的发展与金融的发展密切相关。具体来看，一方面，金融资本直接为科技创新注入"血液"，以企业为重点对象，促进科技创新成果应用于产业链，进而完善现代化产业体系；另一方面，金融通过调节债权债务关系、影响财富分配机制等方式广泛作用于生产关系，间接影响新质生产力的形成。

从这一逻辑起点出发，首先，本文阐释了新质生产力对金融提出的三大新要求，即要求金融资金更早介入、金融支持方式更多元、金融数字化程度更高。其次，本文分析了金融支持新质生产力发展的力度和深度，指出目前存在的三大问题：一是直接融资占比低、间接融资占比高；二是直接融资中创业投资占比低；三是间接融资对科创企业的信贷配置效率不高。这三大问题产生的根源，在于金融体系与新质生产力发展要求仍存在诸多不适配，包括金融服务能力不足，与科创企业的专业深度不适配；金融制度安排不足，与科创企业生命周期

不适配；金融产品供给不足，与科创企业风险收益不适配。最后，本文提出了相应的对策建议，以期推动金融与科技深度融合，促进现代化产业体系建设，为新质生产力发展夯实基础。

一、新质生产力发展对金融提出了新要求

（一）培育新质生产力要求金融资金更早介入

新质生产力的特点是创新，而科技创新是从研发端到市场端的完整过程，不仅依赖大院、大所的理论突破，更需要科创企业进行技术转化、成果落地、市场推广。前者是源头，后者是核心。尤其是中小型科创企业，已经成为科技创新的主力军，70% 以上的技术创新均由其贡献，这些企业如同毛细血管一般，为产业升级转型供给着最基础的"养分"。科技创新的过程就是中小型科创企业诞生、成长、壮大的过程，其中存在大量的资金缺口。以生物医药制造业为例，一款创新药从立项到上市，一般需要 10 年左右的研发周期，10 亿美元的研发费用。中小企业的自有资金难以支持，因此需要金融资金早期介入。一方面，金融资金早期介入可以帮助企业分散风险，通过专业的风险评估和管理，为科技企业提供更稳妥的融资方案。同时，有助于科创企业建立良好的信用记录，逐步积累信用，为未来更大规模的融资奠定基础。另一方面，金融早期介入可以加速科创企业的研发和产品化进程。这也是近年来顶层设计持续鼓励金融资本"投早、投小"的重要原因。

（二）培育新质生产力要求金融支持方式更多元

一方面，从新质生产力诞生的源头看，新质生产力是由技术革命性突破而催生的。而当前人类经济社会所面临的科技革命和产业变革不同于以往的蒸汽机革命（蒸汽机）、电力革命（内燃机）和信息革命（计算机和通信技术），其发展演进并不以具体生产工具或技术为标志，而呈现出技术群体性突破的特点。这也意味着，人工智能、大数据等新一代信息技术，合成生物、脑科学等新一代生物技术，机器人等新一代制造技术，以及氢能等新一代能源技术都可能成为我国新的增长引擎。相应地，这也要求金融服务更加多元化，助力不同技术路线的突破。

另一方面，从新质生产力的实现载体看，新质生产力的形成以产业为载体，关键是建设现代化产业体系，顺应产业发展趋势。而当前产业发展趋势最显著的特征是深度融合发展。以汽车产业为例，越来越多的互联网企业开始跨界造车，越来越多的整车厂商开始进行算法研究，或者向前布局电池材料，特斯拉等海外头部车企甚至涉足人形机器人等高端装备制造领域。汽车产业已成为创新集成器，广泛吸纳新技术、新材料、新装备；汽车产业发展得好不好，已经不局限于汽车产业内，还要看新材料、半导体与集成电路、能源产业发展得好不好。新质生产力的实现路径是巩固战略性新兴产业、提前布局未来产业、改造提升传统产业，因为这三者是动态演变、深度交融的。相应地，金融支持新质生产力的手段也应更加丰富，以适应不同产业的发展需要，既有支持传统产业升级的产品，也有为未来产业发展提供畅通的融资渠道。

（三）培育新质生产力要求金融数字化程度更高

新质生产力的基本内涵是劳动者、劳动资料、劳动对象及其优化组合的跃升。之所以谓之"新质"，其中之一在于数据等生产要素进入生产函数，信息和数据不仅成为可无限循环利用的新的劳动对象，也为新质生产力系统注入了新的劳动资料——计算机技术、通信技术、网络技术等日渐成为新的生产技术工具。近年来，我国数据量、数字经济规模都在迅速增长。根据中央网信办发布的《数字中国发展报告（2022年）》，2022年我国数据产量达8.1ZB，同比增长22.7%，全球占比达10.5%，位居世界第二；2022年年底，我国数字经济规模达50.2万亿元，总量稳居世界第二位，同比名义增长10.3%，增速连续11年显著高于同期GDP名义增速。可以说，在新质生产力的牵引下，数据对于经济发展就如同石油和电力对于工业经济发展一样重要。鉴于此，适配于新质生产力发展要求的"新质金融"也应提高数字化程度。运用大数据、区块链等技术改善信息收集、处理方式，可减少信息不对称。这有利于提高市场透明度，降低投资风险，促进投资者和企业间的信息交流，为创新项目匹配资金来源。通过数字化和金融创新简化交易流程，可减少交易时间和交易成本，提高金融服务效率。这将使更多中小企业和初创企业享受金融服务，增加它们参与市场竞争和技术创新的机会。

二、金融支持新质生产力发展过程中存在的问题

（一）三大突出问题

随着我国金融业持续发展、顶层制度框架不断完善，金融支持新质生产力发展的"基本盘"已经形成。科技创新再贷款等结构性货币政策工具为高新技术企业、专精特新中小企业等科创主体提供了精准滴灌；全面注册制的实施为未盈利的科创企业打开了标准化市场融资的大门；《私募投资基金监督管理条例》的颁布为股权资本形成了规范路径，等等。但仍需看到，在金融支持新质生产力发展的过程中，以下三个问题较为突出。

一是直接融资占比低、间接融资占比高。直接融资体系独特的风险共担和利益共享机制，与科创企业高风险、高投入、高回报的特征相符，天然更契合新质生产力发展需求。同时，直接融资中股权激励等机制，可以调动企业家精神，激发员工潜能，更利于创新成果的孕育。但相较境外发达经济体，我国直接融资占比偏低。根据世界银行、国际清算银行数据[①]，截至 2022 年年底，我国按存量法计算的直接融资占比仅为 29.7%，显著低于美国的 54.4%，也低于日本的 43.8%。

二是直接融资中创业投资占比偏低。在我国，投资于一级市场股权的风险投资、私募基金一般统称为创业投资。创业投资机构多以科技成果的创新属性（如技术壁垒、技术迭代周期等）、持续研发能力等来判断企业未来价值，风险偏好较高。因此，这些创业投资机构可以满足初创企业不同阶段的资金需求，也能通过敏锐的市场嗅觉，帮助企业找到创新方向、对接技术源头，还能为被投企业带来先进的管理经验和专业人才。可以说，创业投资是活跃科技创新的关键，美国强劲的创新原动力离不开发达的创投市场和优质的创投机构。2024年 2 月，美国国会众议院的一个特设委员会公开呼吁限制美国的风投、创投企业对中国半导体和量子计算等领域企业的投资，国际博弈从侧面印证了创投基金对科技创新的重要性。卡住创投基金甚至成了遏制产业发展的手段之一。

近年来，我国创业投资已有长足发展，但在直接融资中占比仍然偏低，且创投基金对中小企业的覆盖不足。根据中国基金业协会数据，2022 年备案私

---

① 股票市值数据来源于世界银行，非金融企业债存量数据及银行贷款数据来源于国际清算银行（https://stats.bis.org/statx/toc/CRE.html），本文对直接融资占比的计算并未包含国债。

募基金管理规模为 20.3 万亿元，其中创业投资基金规模仅 2.9 万亿元，占比 14.3%。虽然有部分私募股权投资基金投向境内未上市股权，但覆盖的中小企业较少。私募股权投资基金规模为 11.1 万亿元，其中 50.1% 的资金投向未上市、未挂牌企业。但投资案例中，属于中小企业的数量为 3.76 万个，在投金额为 1.79 万亿元，占比分别为 56.2% 和 25.6%；属于初创科技型企业的数量为 0.94 万个，在投金额 0.27 万亿元，占比分别为 14.0% 和 3.8%。

三是间接融资对科创企业的信贷配置效率不高。银行业是我国金融体系的主体，虽然在支持科技创新方面存在先天不足，但仍应主动作为，提高对科创企业的信贷配置效率。然而，目前银行体系信贷流向科创企业的规模仍偏小，且产品种类较单一。2023 年年末，科技型中小企业本外币贷款余额为 2.45 万亿元，同比增速较快，但绝对规模较小，占本外币企事业单位贷款余额的 1.6%。此外，具有"认股选择权"的信贷支持产品、创新积分贷制度等创新服务仍处于探索完善过程中，现实应用偏少。

（二）三个深层原因

1. 金融服务能力不足，与科创企业的专业深度不适配

第一，金融体系对科创领域的认识能力不足，导致地方政府引导基金、创投机构等金融资本"看不懂"进而"不敢投"。科创企业在技术、模式、业态方面具有创新性，涉足的前沿领域缺少发展先例和经营记录，市场前景难以把握。同时，新技术持续涌现和群体性突破带来了纷繁多样的新赛道，各种技术路径之间存在显著的认知壁垒，即便同一行业中，理解不同细分链条所需的专业知识也不相同，这对金融从业人员知识体系的深度、广度以及学科背景都提出了更严格的要求。例如，医药行业中，化学药、中药需要深刻理解药理学与毒理学、化学合成制备工艺等学科知识，而医疗器械需要融合临床医学、工业设计等多学科知识。反观当前的金融体系，人才队伍主要围绕财务、金融等专业组建，缺少具有理工科专业技术背景、对市场高度敏锐的复合型人才，使得金融机构在服务科创企业时缺乏辨识判断的能力。

第二，传统估值方法与科创企业轻资产、前期难以盈利的特征"不匹配"，导致金融资本因"估不准"而对科创企业"望而却步"。科创企业核心资产通常为知识产权等无形资产，主要支出为研发投入和品牌营销，其盈利、现金流

等指标的变化极不稳定，企业价值也呈现非线性变化。单一地采用市盈率、市净率等常规估值方式，僵化地套用财务指标线性外推，已经无法准确评估科创企业的真实价值。例如，将成长期科创企业的研发支出作为经营性支出而非资本性支出处理，会导致企业当期账面价值、净利润等指标无法真实反映企业的经营状态。因此，需要引入更多元的指标、更动态的折现因子调整模式，搭建全新的估值评价体系，但目前看这一体系尚在摸索过程中。

2. 金融制度安排不足，与科创企业生命周期不适配

第一，我国风险创业投资的退出渠道单一、难度较大，降低了金融支持创新的意愿，抑制了资本投早、投小的热情。我国创投资本多数只能通过 IPO 退出，其他退出手段不足。清科私募通统计数据显示，2023 年我国 VC 和早期投资机构合计退出 2 053.75 亿元，其中 76.8% 通过 IPO 和上市后减持退出，股权转让、并购、回购和清算退出的比例分别为 12.8%、8.1%、1.8% 和 0.03%。而通过 IPO 退出的方式本身也存在较大的不确定性，企业从初创到 IPO 通常要经历 8 至 10 年的发展，尤其是当前 IPO 面临阶段性收紧，风险投资通过 IPO 退出的难度进一步提高。此外，我国早期资本退出的收益率也相对偏低，影响整个创业投资、股权投资行业的健康发展。德勤、北京股权交易中心等机构联合发布的《中国私募股权（创投）基金退出研究报告》显示，2018 年至 2020 年，我国私募股权基金退出平均回报倍数为 1.28，远低于同期美国 2.5 的退出收益率。

反观其他退出手段，近年来虽在制度安排上有一定进展，但总体仍不能为风险投资解决流动性问题。一是我国由区域性股权市场向场内市场"转板"上市的制度安排不完善，向场内市场转板的绿色通道利用率有待进一步提高。二是我国私募股权二级市场转让的手段不足，尽管区域性股权市场已开展股权投资和创业投资基金份额转让试点的制度安排，但实际份额转让规模相对较低。截至 2024 年 2 月，全国共设有北京、上海、浙江（含宁波）、广东、江苏和安徽六个份额转让试点。其中设立最早的北京股权交易中心共上线基金份额转让 74 单，规模约 120 亿元[①]，上海私募股权和创业投资份额转让平台共上线 91 单基金份额，成交 69 笔，成交总金额约为 203 亿元。三是我国股权投资通过并购退出的收益率相较 IPO 退出的收益率偏低，且市场中潜在购

---

① 资料来源：https://jrj.beijing.gov.cn/jrgzdt/202401/t20240104_3525285.html。

买者数量少，实际操作难度大。在成熟的资本市场中，股票二级交易市场的价格较为公允，并购退出所获收益不会显著低于 IPO 退出，并购退出是英美等国基金退出的主要方式。

第二，长期资金投资股权创投基金的制度安排缺失，使得金融支持在科创企业成长的过程中缺少"耐心资本"。我国长期资金供给不足导致私募股权基金发展不充分、投资行为短期化。养老基金、保险资金和国有资本等长期资金追求长期稳定收益，与股权基金、创投基金从事长期投资和资本市场价值投资理念相契合。因此，在成熟市场中，长期资金是投资股权创投基金的主力资金来源。受制于政策约束、考评制度和容错制度的低风险偏好，我国长期资金参与股权投资的规模不高。例如，当前社保基金投资股权创投基金的规模占比较小，我国社保基金累计投资中，投资创投基金的比例仅为 3.4%，远低于美国养老金配置私募股权的 8.9% 和加拿大的 32%①。尽管财政部于 2023 年年底发布的《全国社会保障基金境内投资管理办法（征求意见稿）》提出社保基金会开展直接股权投资和私募股权基金投资，同时给出明确投资上限②，但具体操作落实和长期资金"入市"还需一段时间。

3. 金融产品供给不足，与科创企业风险收益不适配

科创企业具有风险高、收益高、波动大的特点，而我国以间接融资为主的社会融资体系风险承受能力偏低，客观上需要更多样的产品、更完善的风险覆盖机制。例如，在商业银行投贷联动过程中，通过引入可转股债权或认股权证，可替代直接投资获得成功项目的超额收益并覆盖失败项目的损失。这种模式能起到降低科创信贷风险，提高银行风险容忍度的双重效果。但目前看来，整个金融产品体系尚不健全。例如，优先重点支持高新技术和战略性新兴产业领域民营企业发行的债券类型还不丰富。科技创新债券于 2021 年开启试点工作，2022 年正式推出，当前仍处于提速发展阶段。截至 2024 年 3 月底，交易所债市累计发行科创债 465 只，发行规模合计 5 102 亿元，共涉及发行企业 229 家，整体规模仍不高，且其中央国企发行量占比达 98%，对民营科创企业的支持不足。

---

① 《关于放宽养老金等长期资金进入股权投资领域限制的提案》，https://www.163.com/dy/article/ISJBEUMC05199NPP.html.

② 全国社保基金会开展直接股权投资和私募股权基金投资；直接股权投资、非上市公司优先股合计不得高于 20%；产业基金和股权投资基金（含创业投资基金）不得高于 10%。

三、金融更好支持新质生产力发展的对策建议

（一）深化资本市场制度改革，提升直接融资占比，通过融资结构的整体性优化来发挥服务科技创新的功能

遵循《关于加强监管防范风险推动资本市场高质量发展的若干意见》的部署，推动资本市场高质量发展，平衡好融资端发展和投资端建设，促进投融资正向良性循环。通过资本市场高质量发展，进而切实提升直接融资占比，建立起服务科技创新的长效机制。

一是严把入口关的同时要为科创企业保留融资的"绿色通道"。加强有关部门政策协同，优先支持突破关键核心技术的科技型企业上市融资，建立完善"绿色通道"机制，实行"即报即审、审过即发"的政策。同时，统筹发挥好各板块功能定位，满足不同类型、不同发展阶段科技型企业的融资需求，支持北京、上海、深圳交易所在有条件的地市设立服务基地，为科创企业提供更精准的服务。尤其要重视北交所建设，推进北交所高质量"扩容"，适度提高北交所市场准入包容度，吸引和培育一批创新型中小企业上市。

二是畅通出口，通过严格执行退市制度发挥资本市场优胜劣汰功能，动态提高上市公司质量，进而提高直接融资吸引力。加大对长期"绩差"公司、资本长期占用公司、财务造假公司的出清力度；优化多元退市渠道；建议搭建好地方股权交易平台，以承接全国股转系统（新三板）退市企业的渠道；加强证监会、交易所和地方政府的协同，共同处理好企业退市过程中投资者的保护问题。只有畅通出口，才能使市场"流水不腐""进退有序"，切实提高上市公司质量，让投资者愿意进入市场参与投资，也才有更多支持科技创新发展的资金。

三是完善科创企业的股权激励机制。研究优化科创企业股权激励的方式、对象及定价原则，简化股权激励的实施程序，推出股权激励实施过程中短线交易的豁免规定，更好发挥股权激励作用。同时，财政、税务部门应加大对科创企业实施股权激励的税收优惠政策支持。

四是加大科创再融资支持力度，高效实施并购重组。加快建立科创板、创业板储架发行制度，提升再融资的有效性和便利性。同时鼓励已上市的科创企业通过发行股票或可转债募集资金，开展以产业链"固链强链补链"为重点的并购重组交易。

五是加强债券市场对科技创新的精准支持。支持科创企业发行科创票据、科技创新公司债，引导非上市科创企业发行含权（转股条件）的科创票据等；推动科创企业通过知识产权证券化产品直接融资。同时，可将优质企业科创债纳入基准做市品种，引导推动投资者加大科创债投资。此外，鼓励政策性机构和市场机构为民营科技型企业发行科创债券融资提供增信支持。

（二）以扩大长期资金来源、畅通创投退出渠道为主攻方向，优化创业投资发展的制度环境

一是通过优化税收、监管、容错和考核等制度机制，引导扩大创投基金的资金来源，鼓励社保基金、保险资金、国有资本等长期资金投资创投基金。在税收优化方面，健全投资创投基金的税收优惠政策，放宽投资创投基金税收核算方式的扣除条件。在监管约束方面，适度放宽养老金、保险资金、企业年金等长期资金投资创投基金的限制，支持全国社保基金、地方社保基金适度提高实际配置私募股权创投基金的投资比例，允许风控能力强的保险机构直接投资私募证券投资基金。在容错机制方面，通过合理的差异化使用条件和免责条款设置，健全容错机制，提高国有资本的积极性。在考核机制方面，优化长期资金投资机构和团队的考核机制，鼓励形成长周期的投资和配置策略。

二是完善协议转让、并购交易等多元化退出渠道，解决投早、投小资金的后顾之忧。畅通股权投资和创业投资基金份额转让退出渠道。支持扩大私募股权二级市场基金份额转让试点范围，对符合一定条件的S基金管理人给予政策激励，鼓励各类市场主体参与份额转让试点，鼓励发起设立S基金专业委员会。畅通股权投资并购退出渠道。完善并购重组相关法律体系，优化兼并重组相关税收政策，完善自然人股东适用标准、各类创新支付工具适用情况、跨境重组适用标准，推动并购重组程序的简化与优化。

（三）以丰富科技信贷产品为抓手，提高间接融资服务科技创新的普惠性和精准度

一是加大银行科技信贷产品的供给力度，扩大科技信贷规模。要发挥好科技创新和技术改造再贷款等货币政策工具的激励作用，鼓励商业银行将服务科技创新纳入战略规划，加大对科创企业的信贷投放力度。针对初创期的科技企业，开发风险分担与补偿类贷款，提升科技型企业的"首贷率"。针对成长期

的科技企业，积极拓宽抵质押担保范围，鼓励开展供应链金融、知识产权质押融资等业务。可参考成熟市场经验，完善知识产权质押融资和评估管理，放宽知识产权质押标的物种类限制，简化确权手续等。如美国可质押的知识产权种类不受限制，多种知识产权可以合并质押，且质押登记采取"通知登记制"，减少了登记环节；日本同样允许企业将专利权、设计权、商标权等合并质押。针对成熟期的科技企业，鼓励通过并购贷款支持企业市场化兼并重组。

二是完善差异化科技信贷管理和考核机制。鼓励商业银行建立以企业创新能力为核心指标的科技型企业融资专属评价体系，执行差异化授信审批机制，提升对中小型科技企业的授信能力。推动银行建设科技金融专业或特色分支机构，适当下放授信审批和产品创新权限。推动发展科技金融尽职免责制度，建立尽职免责负面清单。

（四）以估值体系优化、复合人才队伍建设、数字化水平提升为基石，提高金融支持科技创新的综合服务水平

一是优化科创企业估值评价体系。建议推动中国资产评估协会研究出台详细评估方法使用指引和指南，围绕"研发投入、科技人员、发明专利、产权转化"等指标，形成科学系统的企业科创成长属性评价体系，设置准入基础分值，使科创属性界定可量化、可评价，避免由于科创企业部分资产在会计上不可辨认或难以确认和计量，从而造成企业账面值与评估值差异较大。

二是加强金融行业科技复合人才队伍建设。鼓励金融机构聚焦重点领域，建立内部专业投资团队；加强与外部专业组织机构的交流合作，组建能够快速响应认知需求的外部专家咨询团队。例如，探索建立研究专班服务机制，依托外部经济学者、行业专家和内部智库的判断，综合完成企业价值评估和投资方案决策。鼓励金融机构推出科创金融知识培训课程体系，普及不同科创领域基础业务知识，分享科创行业研究成果，增强员工科创金融服务能力，完善科技复合人才的储备培养机制。

三是加强金融领域数字化基础设施建设。运用人工智能、云计算、大数据、区块链等技术创新实现数字化转型，减少信息差，提高金融服务效率。例如，建立完善银行客户关系管理系统，整合银行业务和客户信息，为科创企业精准画像，了解科创企业真实的金融需求。通过数字化转型重塑金融系统风控模式，提高风险识别和控制效率。

新质生产力
与技术创新

释放新质生产力：
疏通从创新到全要素生产率提升的传导链条

夏乐　中国首席经济学家论坛理事　西班牙对外银行亚洲首席经济学家

　　"新质生产力"这个新概念一经提出，就迅速成为社会讨论的热点。生产力理论在马克思历史唯物主义理论体系中占有重要地位，因而"新质生产力"这一概念具有重要的哲学意义。它的提出是马克思主义生产力理论在中国实践中的创新和发展。同时，这一概念也具有重要的现实意义。它为我国克服目前经济工作中遇到的各种阶段性困难，成功推动经济增长模式转型奠定了理论基础。相信在未来相当长的一段时间内，我国制定经济社会发展政策都将围绕着培育和促进"新质生产力"来做文章。

　　从其基本概念上讲，"新质生产力"具有高科技、高效能、高质量特征，以全要素生产率大幅提升为核心标志。这一概念至少包括以下特征：

　　（1）创新驱动："新质生产力"依赖于创新，包括技术创新、工艺创新和商业模式创新。通过引入新技术、改进产品设计和提高生产流程的效率，企业可以实现更高水平的生产力。

　　（2）资源优化："新质生产力"注重资源的优化配置和利用效率。通过合理分配有限的资源和提高资源利用效率，企业可以在相同资源投入下实现更高的产出。

　　（3）附加值提升："新质生产力"追求在产品和服务中增加附加值。通过提供创新的产品功能、个性化定制和高附加值服务，企业可以提高市场竞争力和盈利能力。

　　（4）可持续发展："新质生产力"关注环境、社会和经济的可持续发展，它强调通过绿色技术、资源节约和环境友好型生产方式来减少对环境的负面影响，同时促进社会公平和共享经济增长。

"新质生产力"对经济增长和社会发展具有重要意义。它不仅可以提高企业的竞争力和利润率，还能够推动技术进步、创造就业机会和提高人民的生活质量。政府、企业和社会应该共同努力，通过创新和资源优化，培育"新质生产力"，实现可持续发展和长期繁荣。

一、从创新活动到全要素生产率的传导链条

在经济实践中，"新质生产力"发挥对经济增长的推动作用可能受到很多因素的制约。成功培育"新质生产力"并充分发挥其在推动经济增长方面的作用，将是我国未来经济发展前景的关键。

改革开放以来，我国经济在绝大多数的时间里都保持比较快的增长速度。但随着经济体量的不断增大，我国经济的增长速度在最近 10 年里出现比较明显的下降。根据国际货币基金组织（IMF）的统计，我国在 2014 年至 2023 年的平均增长率约为 6%，显著低于此前 2001 年至 2013 年期间达到的 10% 左右的水平。香港大学的朱晓东教授（Zhu，2023）在最近的一篇文章中，将我国经济增长的放缓主要归咎于全要素生产率的增长乏力，他的观点也在学界得到很多认可和支持。

有趣的是，在我国全要素生产率表现不佳的最近这十多年，却正是我国创新蓬勃发展的时期。以被广泛使用的创新指标——专利申请数量为例，我国的专利申请数量在 2010 年和 2011 年先后超过日本和美国，成为全球专利申请量最多的国家，自此之后一直保持世界第一的领先地位。根据我国官方最新统计，截至 2023 年年底，我国国内（不含港澳台）发明专利拥有量达到 401.5 万件，同比增长 22.4%，成为世界上首个国内有效发明专利数量突破 400 万件的国家。

一个重要的问题是，为何在我国创新蓬勃发展的同时全要素生产率的增长却不尽如人意？这个问题的回答对于我们理解新质生产力以及充分发挥其推动经济增长的作用至关重要。

从概念上讲，专利发明或者其他的创新活动，其行为主体通常是企业或个人，也就是说创新是一个微观层次上的活动；而全要素生产率则是一个宏观经济上的概念，在经典的宏观增长模型中，它对应的是经济增长中不能被资本积累和劳动投入解释的部分。事实上，可以认为从微观的创新活动到宏观的全要

素生产率提高，存在一个传导的链条。如果这个链条上的一些环节出现梗阻，那么繁荣的创新活动可能未必导致全要素生产率的提高。

本文着眼于当前国内外环境的变化来分析可能影响这一传导链条的各种因素，以及"新质生产力"在经济实践中可能遇到的问题，并且试图提出相关的改善和解决建议。

二、哪里是传导链条上的"堵点"

本文的讨论重点并非在于创新活动或全要素生产率本身，而在于从创新活动到全要素生产率提升这一传导链条上可能遇到的梗阻。有些重要因素可能对创新活动或全要素生产率有着直接影响，但是由于它们与两者之间的传导链条相距较远，故不在本文讨论之列。

笔者看来，目前从创新活动向全要素生产率提高传导的过程中，可能会在四个节点上遇到阻碍，或者说存在四个比较显著的"堵点"。这些"堵点"的形成，与我国当前面临的国内外宏观环境以及我国现有的体制特点、目前执行的一些政策相关。在全面和深入认识这些"堵点"的基础之上，我们可以通过深化改革，调整政策，对其进行疏通。最终使微观层次上繁荣的创新活动，顺利通过传导链条推动宏观上全要素生产率的提升，从而最大限度释放"新质生产力"。

（一）堵点一：创新活动"重量不重质"

上文说过，以专利发明为例，我国创新活动的蓬勃增长令世界瞩目。然而，专利发明数量的增长并不一定反映了我国真正的创新实力。与之相比，专利质量才是国家整体创新能力更好的体现，因为它更能反映专利的技术创新性、实用性和商业价值。目前，普遍认为我国的专利体系存在一些问题，如存在"拿了专利就是创新""量大质次"等现象。这些问题可能导致专利发明的质量不高，专利申请过于注重数量而忽视了创新的实质。

这种专利发明"重量不重质"的情况，与我国创新引导模式有着重要的关系。作为赶超型经济体，我国政府很早就意识到创新对于经济增长的重要意义。因此，在过去的几十年中，我国政府采取了积极的创新政策，鼓励企业和个人进行技术创新和专利申请。这些政策包括减费减税、简化申请流程、提供财政支持等。

但是，对专利质量的评估成了一个难题。因为很多专利的质量是需要通过时间来检验的，尽管一些专利的技术含量表面上看起来不低，但也可能无法通过未来市场的检验。在专利刚刚发明出来的时候，恐怕就算专家也难以判断其未来的走势。因此，很多时候专利的数量就代替质量成了评估的重要标准。

对专利数量的过分强调，难免导致"重量不重质"的扭曲现象。有研究发现，随着我国专利数量的指数性增长，其中具有真正创新意义的专利比例却在一路下降，在 2006 年这个比例为 10% 左右，到 2014 年该比例已经降至 4% 左右。

这种重量不重质的现象所造成的负面后果也是显著的。一些研究发现，中国企业的研发投资对于提高企业生产率的效果不佳。很多企业更多的是希望通过增加研发投资而得到国家政策支持和税收减免，这种"为研发而研发"的结果并不理想。笔者的研究也发现，上市企业专利发明"重量不重质"情况的存在，导致这些企业不能通过增加专利发明的数量来提高自身的市值。这也说明精明的市场投资者不会被企业的行为所误导，因此"重量不重质"的创新难以得到投资者的认可。

需要强调的是，笔者不是在否定我国创新活动蓬勃发展、高质量发明专利不断涌现的事实，但是扭曲的激励机制的确会影响创新活动的总体质量。也就是说，在同样的投入下，更好的激励机制可以令企业的专利质量更高，对企业的实质性效果（如生产效率、经济业绩等）也更为明显。创新活动中"重量不重质"的问题，的确阻碍了创新推动全要素生产率提升的步伐，所以需要加倍重视。

（二）堵点二：对知识产权的保护

企业和个人的创新活动要想最终转化为全要素生产率的提高，需要知识产权保护制度的保驾护航。无论创新活动的成果是新的产品、新的技术还是新的业务模式，都需要在供给和需求两个方面来推动经济活动。以智能手机的问世为例，美国的苹果公司最先发明智能手机并推向市场，其后掀起了一场移动端设备的革命。从需求端来说，目前已经在全球形成了一个每年超过十亿部智能手机需求的大市场；而从供给端来讲，智能手机也带动了先进芯片的生产，形成全球高附加值的产业链，最终推动了产业链上下游企业的技术进步与生产力提升。由此可见，创新活动对于经济发展和生产率提升的推动作用是巨大的。

但是，如果没有良好的知识产权保护，当创新者意识到自身的创新成果可能被别人抄袭和仿制时，自然会失去对创新投入的动力，导致社会整体的创新活动受到抑制。并且当创新保护不足的时候，创新成果本身的市场价值也会大幅缩水，为了寻求更高的市场价值，发明者甚至会将创新成果移向其他国家。

笔者曾经探访过一些地方政府出资的创新学院，这些机构通常会在全社会选择有潜质的发明者（他们通常是有一定技术背景的年轻人），然后对其进行创业辅导并提供一定的财务支持，帮助他们完善、打磨自身产品并创立自己的企业。在与这些发明者交流的过程中，笔者惊叹于一些创新产品的独具匠心，也感觉创新学院对这些年轻发明者的支持是必要而有效的。但同时笔者也了解到很多年轻发明者面临的困扰是他们的产品如果在国内一经推出，非常有可能在很短的时间内被抄袭和仿制。由于这些创新产品通常需要经过长时间的打磨和优化，所以在成本上与可能出现的仿制品相比没有优势。相当一部分发明者的想法是，当产品成熟之后首先通过跨境电商渠道向海外发售，避开国内市场以避免仿制品的大规模出现。有些发明者甚至已经开始结合海外市场的环境，对自己的产品进行升级和本地化。

与这些年轻创新者的交流令笔者深思：我国地方政府对支持创新活动投入很多，而且从创新成果来看也非常可观。但是由于国内知识产权保护环境仍不够完善，导致发明者不敢将自身成果在国内推广，这绝对是资源的浪费。不仅国内的消费者没有机会使用创新产品，而且未来的生产过程也有可能移向海外。因此从宏观上讲，这些很好的创新成果对经济的推动作用远远低于它们的潜力，对于全要素生产率提高的影响也非常有限。

关于知识产权保护与全要素生产率之间的关系，理论界也有深刻的探讨。来自于欧洲工商管理学院的 Fang Lily 教授与其合作者（Fang et al.，2017）发现在我国那些知识产权保护更好的城市里，企业的创新活动更为活跃。Zhu Ye 和 Sun Minggui（Zhu & Sun，2023）也在城市层面发现知识产权保护质量与全要素生产率之间存在显著的正相关性。

来自于中南财经政法大学的 Fang Jing 及其合作者（Fang et al.，2020）发现至少在初始阶段，良好的知识产权保护会促进创新活动并有利于企业生产率的提高。而 Hu xiaotian 和 Yin xiaopeng（Hu & Yin，2022）则揭示在贸易自由化的背景下，更好的知识产权保护制度可以通过鼓励创新以及进口高质量的资本品，提高全要素生产率。他们还特别发现，加入世界贸易组织法律框架下的《与贸易有关的知识产权协定》对于我国提高制造业生产率有着显著的正面作用。

无论是笔者的访谈经历还是上述学者的实证研究，都说明知识产权保护是提高全要素生产率的重要前提。我国的知识产权体系从20世纪80年代初开始建设，在过去的40余年中取得巨大的成就和飞跃。知识产权制度已成为我国不可或缺的无形财产权，其影响已延伸至科技、经济、文化和社会各领域。国家知识产权局于2023年6月发布的《中国知识产权保护状况白皮书》显示，2022年，我国知识产权保护社会满意度进一步提高，满意度得分达到81.25分，整体步入良好阶段，知识产权保护工作得到越来越多公众的认可。

我国在知识产权保护领域取得的成就令人欣慰。但是，与我们通过"新质生产力"推动全要素生产率大幅提升的目标相比，目前知识产权保护的程度仍存在较大改善空间。笔者认为，只有进一步深化知识产权保护体系的建设，才能令广大潜在发明者勇于创新，令那些企业和政府敢于加大研发投资，令那些已经初具雏形的创新产出充分体现经济和社会价值。在这些方面取得改善和突破之后，提升宏观层面的全要素生产率也会水到渠成。

（三）堵点三：我国 VC 与 PE 行业面临的挑战

在从创新向提升全要素生产率的传导链条上，金融行业的扶植同样扮演着重要的角色。在此方面，向创新活动提供前期最重要金融服务的是风险投资（VC）和私募股权（PE）这两个金融子行业。VC 是一种投资形式，为初创企业提供资金和战略支持，以推动其发展；PE 则是通过收购股权或私有化等方式，为中小型企业（通常也是由初创企业成长而来）提供资金和管理支持，以实现增长和价值提升。高风险、高回报是 VC/PE 的显著特点。它们寻求具有创新潜力和高成长性的投资机会，并帮助企业实现创新、扩大市场份额和提高竞争力。这些特点也决定了它们是初创企业最好的合作伙伴。

VC/PE 在推动创新发展方面扮演着关键角色：首先，VC/PE 为初创企业提供了关键的资金支持，与更为保守的传统金融机构不同，VC/PE 投资于早期和高风险项目，为创新者提供了实现其想法和愿景的机会；其次，VC/PE 还提供战略指导和管理经验，帮助新创企业制定发展策略、建立业务模式和拓展市场，弥补很多技术背景创业者在以上领域中的短板，提高创业成功率；再次，它们通过资源整合、市场渠道拓展和合作伙伴关系，帮助新创企业将研发成果转化为商业产品和服务；最后，VC/PE 还可以利用自身的渠道和关系网络，在退出投资阶段帮助企业上市或引入新的投资者，协助企业持续发展，做大做强。

事实上，在过去几十年，我国的 VC/PE 行业与创新一样经历了迅猛的发展。我国的 VC/PE 行业也帮助培育出很多优秀的企业，其中也包括一批具有国际竞争力的独角兽科技企业。可以说，在 VC/PE 行业扶植企业发展壮大的过程中，社会整体的生产效率也会随之提升。因此，VC/PE 行业在过去几十年的健康发展，对我国经济增长和全要素生产率的提升都具有重要作用。

过去，我国 VC/PE 行业的开放度比较高，很多海外 VC/PE 机构参与我国市场，带来了宝贵的全球经验。在很大程度上，海外机构的参与提高了我国 VC/PE 行业的整体水平。最近几年我国面临的地缘政治环境发生了深刻的变化，美国不断加强对我国科技行业的打压。其中最重要的手段就是毫无根据地对我国的高科技企业和行业进行各种制裁，这令海外 VC/PE 机构在投资我国初创企业时无所适从；另外，美国政府也在海外资金来源上做文章，希望切断从海外投向我国的资金流。

同时，我国产业引导方向也在过去一段时间出现了深刻调整。之前 VC/PE 行业对于我国的互联网及相关企业青睐有加，曾经孕育出相当一批互联网"独角兽"。但是，目前政府对于产业的引导更多倾向于硬核科技，以解决西方国家对我国不断升级的技术封锁。

国内外环境的变化给我国的 VC/PE 行业带来显著冲击，目前我国的 VC/PE 行业正在面临深度的重整和洗牌。根据贝恩策略咨询公司的统计（Lamy, et al. 2024），我国 2023 年有记录的 PE 交易总值比前五年平均下降 58%，超过亚太地区整体 35% 的降幅。

与交易总价值显著下降相比，更为重要的是市场参与者的变化。由于海外 VC/PE 机构进入我国市场受到地缘政治环境的制约，越来越多国资背景的基金和政府引导基金开始进入 VC/PE 行业，填补海外机构的缺位。而与海外 VC/PE 机构青睐高风险、高回报投资模式不同，政府背景的资金对于失败的容忍度相对较低，这可能导致整个行业行为模式的变化。

无论如何，国内 VC/PE 行业从过去以美元基金为主导转变为服务国家战略性新兴产业的大趋势是比较确定的。但是在行业转换的过渡期，可能无论是出资方还是初创企业都需要一定的适应时间。如果这个过渡期的持续时间过长或者适应的过程不够顺利，会导致那些最具有价值的创新成果不能顺利地转化为市场产品或服务，使那些最具有效率的初创企业不能顺利地成长壮大，并形成市场的主体。这些在宏观层面上的反映，都是对全要素生产率提升的阻碍。从这个意义上讲，目前国内 VC/PE 行业遭受的冲击，很可能令其成为创新链条上的又一堵点。

（四）堵点四：如何应对创造性破坏

本文要讨论的最后一个堵点位于创新链条的末端，也是最接近于全要素生产率本身的。我们在之前讨论创新问题时，把关注点更多地放在创新活动本身。而在讨论中隐含的一个重要假设，即创新活动的成果质量越好、价值越高，其促进全要素生产率就越有效。

这样的假设在微观层面上当然是成立的，更多高质量的创新必然对企业生产效率的提高大有裨益。假设各个企业都能够投入适当的资源进行创新，那么这种遍地开花的状况自然有助于社会全要素生产率的提高。

需要注意的是，经济系统是复杂的。整个经济系统的结构并非简单个体的叠加。个别企业生产率的提高可能在宏观层面上难以泛起涟漪。回到本文开头引用朱晓东教授的文章，"我国全要素增长率的下降主要是在 2008 年之后，而在这段时间里，很多中国的明星企业脱颖而出，甚至在世界范围内都具有相当的影响力；我国科技独角兽数量也曾经一度媲美美国这一全球科技王者"，但是这些都没有改变我国全要素增长率持续下降的状况。

从长期来讲，社会全要素生产率的提高在很多时候并非所有社会成员同时提高生产效率的结果，而是经济的资源和人力不断流向那些高效率的行业和企业的结果。我国经济在改革开放初期就是这样的情况，当时我国大量的劳动力仍然集中在生产效率较低的农业部门，然而在改革开放的政策支持下，这些农业部分的剩余劳动力不断移向工业部门，劳动力个人的生产效率自然通过转换部门得到提高，而社会的全要素生产率也随之在这个阶段持续提升。

这种劳动力在部门间的转移总有结束的一天，经济学者将其称作"刘易斯拐点"，即在此时间点之后投身制造业的乡村劳动力逐渐减少，并导致农民工和非熟练工人的工资上涨。根据很多学者的测算，我国在 2004—2007 年就已经度过了这个拐点。在"刘易斯拐点"之后，劳动力在更为细分的行业之间，甚至是行业内的企业之间仍将持续，但是这种效率的改善反映在宏观层面上，对于全要素生产率的提升就远不如之前那样明显。

创新出现之后，给资源和劳动力流动创造了新机会。这种资源和劳动力流向新出现的产业和企业，事实上也是对社会资源错配的纠正。这个纠正错配的过程，可以推动经济的增长，但同时也会对原有产业和企业产生破坏作用。当苹果发明智能手机之后，无论是资本还是劳动力都集中流向智能手机制造及其系统开发，那些传统手机行业也随之失去了未来。这样的过程也被20世纪伟大的经济学家熊彼特称为"创造性破坏"。可以想象，几乎每种创新都会或多或少带来这样的"创造性破坏"效应。

在"创造性破坏"的过程中，创新自然能令社会受益良多，但是对于那些受到冲击者却非常残酷。很多人因此失去工作，甚至整个职业生涯都被迫改变。如果一个社会能够很好地应对这样的"创造性破坏"，利用政策杠杆对受到冲击者进行一定的补偿（这种补偿可以是人力培训和新的工作机会），那么这些创新对于整个社会全要素生产率的改善将会是明显的。但是如果这个问题处理不当，则会造成不良的后果，创新对于社会全要素生产率的提振作用也将不会那么明显。或者说创新带来的经济收益被一小部分人占有，但整个社会得到的收益并没有那么多。

在我国的实践中，面对这样的"创造性破坏"可能有两种误区。

一种是害怕"创造性破坏"对现存竞争企业冲击过大，因而政府通过各种优惠政策对现有企业进行输血，保证这些企业在各种支持下能存活下去，避免企业的破产清算和员工失业。但是这样的做法将会影响市场优胜劣汰的功能，形成很多没有效率的僵尸企业，事实上是一种社会资源的巨大浪费。同时，僵尸企业的存在也妨害了创新企业的发展壮大，打击了全社会加大研发投入和开展创新的积极性。Hsieh 和 Klenow 在一篇被广泛引用的文章中（Hsieh & Klenow，2009）就曾经指出，中国行业内部企业的生产率差距相对较大，在某种程度上印证了对于低效率企业的淘汰机制不完善。显然，这种保护落后企业的办法不利于创新成果推动全要素生产率的提升。

另一种是政府对于"创造性破坏"带来的冲击置若罔闻，其结果就是破坏性效应得不到应有的政策对冲，这同样会带来社会资源的浪费。如果一些高素质的员工在冲击之下失去工作，并且他们不能及时找到合适的工作，那么未来可能他们掌握的技能会随技术进步而淘汰，他们可能就再也无法像之前一样对社会作出贡献。从整个社会的角度来讲，同样是一种社会资源的浪费，全要素生产率的提升同样是非常有限的。

综上所述，如果想让创新活动最大限度地造福社会，提升全要素生产率，就需要建立良好的制度和出台灵活而有力的政策，帮助社会更好地应对"创造性破坏"带来的负面影响。在此方面，我国政府责无旁贷，需要承担起相应的责任，在充分尊重市场发挥优胜劣汰功能的同时，加强社会安全网和其他支持就业措施的建设，让社会资源能够灵活、自由而持续地改变错配状况。

三、疏通堵点的政策建议

在一一分析从创新活动到全要素生产率传导链条上的可能性"堵点"之后，我们试图给出一些政策建议，希望能够有效地疏通堵点，在繁荣创新活动的基础上有效地提升全要素生产率，促进经济的持续增长。政策建议总的原则是仍要坚持让市场在资源配置中起基础性作用，同时政府也要有所作为，在制度建设和市场秩序维护方面做更多工作。

（1）针对创新活动"重量不重质"的扭曲现象，建议在地方政府层面少做甚至不做关于专利发明的数量指标，同时把专利的市场价值纳入评价体系；在实践工作中加强对专利质量的把控，一些创新项目的物质奖励可以在确定专利质量价值之后再进行发放。例如，对于高新技术企业的减税激励，可以在一到两年后再评估发放。同时，大力发展专利交易市场，促进专利实现其市场价值。政府也可以依托其他商业机构，对新创企业进行奖励。例如，对一些创新积极的企业进行贴息等举措，这样相当于政府借助商业金融机构的研判能力，对新创企业进行奖励。总之，政府在激励创新的同时需要利用各种机制来弥补自身的专业不足，让激励真正流向有质量的创新活动。

（2）针对知识产权的保护不足，需要加强知识产权法院和知识产权法庭建设，完善快速维权保护机制，开展纠纷快速处理试点；为了降低维权成本，应鼓励各地积极开展公益性维权援助，政府甚至可以设立专门的维权基金，帮助辖区内的创新者打知识产权官司；全面实施侵权惩罚性赔偿制度并完善相关裁判标准，令侵权者面临更高的违法成本，并提高相应的判决执行效率；更重要的是加大知识产权宣传和教育力度，提高公众对知识产权的认识和保护意识。

（3）针对我国 VC 与 PE 行业面临的挑战，我们需要继续拥抱改革开放，不断优化国内营商环境，把那些对我国发展前景存疑的海外 VC 与 PE 机构请回来。政府在政策和法规出台的程序方面也需要不断优化，加强政策出台前的内部协调与市场沟通，坚持依法施政的原则，帮助社会对于我国未来发展和产业布局形成清晰的预测和合理的预期。除此之外，还需要提高政府资金在 VC/PE 领域的风险偏好，探索政府与民间合作的形式，更好地弥补海外资金撤出造成的空白。

（4）针对创造性破坏出现的问题，目前我国面临的主要问题仍是地方政府和国有资本过分介入企业的市场竞争，造成过分竞争和僵尸企业的问题。需要中央政府利用各种政策杠杆，发挥市场在资源配置中的基础性作用，以市场机制淘汰落后产能。这当然是一个系统性的问题，需要深化多个领域的改革。例如，加强社会福利网络安全，保证国有企业市场竞争中性，强化地方政府财政纪律，打击影子银行部门等。从全社会的角度讲，当僵尸企业退出市场，经济的整体效率将会大规模提高，全要素生产率的提升也水到渠成。

参考文献

[1] Ang, Yuen Yuen, Nan Jia, Bo Yang, & Kenneth G. Huang, China's Low-Productivity Innovation Drive: Evidence From Patents. Comparative Political studies, 2023,https：//journals. sagepub.com/doi/10.1177/00104140231209960.

[2] Cai, Jinghan., Yunzhi Lu, Le Xia, Dazhi Zheng, & Kaiguo Zhou, Value-destructive Patents?, 2023, http：//dx.doi.org/10.2139/ssrn.4644784.

[3] Fang, Lily H., Josh Lerner, & Chaopeng Wu, Intellectual Property Rights Protection, Ownership, and Innovation: Evidence from China, The Review of Financial Studies, Volume 30, Issue 7, July 2017, 2446–2477.

[4] Fang, Jing., Hui He, & Nan Li, China's rising IQ（Innovation Quotient）and growth: Firm-level evidence,Journal of Development Economics, Volume 147, 2020.

[5] Hsieh, Chang-Tai ., Peter J. Klenow, Misallocation and Manufacturing TFP in China and India, The Quarterly Journal of Economics, Volume 124, Issue 4, November 2009, 1403–1448, https：//doi.org/10.1162/qjec.2009.124.4.1403.

[6] Hu, Xiaotian., Xiaopeng Yin, Do stronger intellectual property rights protections raise productivity within the context of trade liberalization? Evidence from China, Economic Modelling, Volume 110, 2022.

[7] Lamy, Sebastien., Lachlan McMurdo, & Elsa Sit, Asia-Pacific Private Equity Report 2024, Bain & Company Report, 2024, https：//www.bain.com/insights/asia-pacific-private-equity-report-2024.

[8] Liu, Qing., Larry D. Qiu, Xing Wei, Chaoqun Zhan, The（dis）connection between

R&D and productivity in China：Policy implications of R&D tax credits, Journal of Comparative Economics, Volume 52, Issue 1,2024.

[9] Wei, Shang-Jin., Jianhuan Xu, Ge Yin, Xiaobo Zhang, Mild Government Failure, NBER Working Paper, 2023.

[10] Zhu, Ye., Minggui Sun, The Enabling Effect of Intellectual Property Strategy on Total Factor Productivity of Enterprises：Evidence from China's Intellectual Property Model Cities. Sustainability 2023,15, 549. https：//doi.org/10.3390/su15010549.

[11] Zhu, Xiaodong., China's Productivity Challenge, Working Paper, 2023,http：//www. xiaodongzhu.net/uploads/1/3/8/6/138670048/zhu-productivity-revised.pdf.

发展新质生产力，需要重新理解创新

夏春　方德金融控股首席经济学家

首先，本文介绍了全球各国的全要素生产率在过去 20 年不断下降的事实；其次，通过分析学术界对这一奇怪现象的形成原因达成共识的艰难历程，强调只有深入理解企业在科技发明与创新上复杂的竞争关系，改变传统鼓励创新的做法，国家才能真正促进新质生产力的形成与发展；最后，提出中国经济在三个层次或者维度进行变革，就能够加快新质生产力的形成与发展。

一、过去20年，各国全要素生产率不断下降

与普通人关注消费、投资和净出口"三驾马车"不同的是，经济学家认为，全要素生产率是理解经济增长的关键指标。全要素生产率（TFP）的概念由经济学家罗伯特·索洛在 1957 年的新增长理论（获得 1987 年诺贝尔奖）中提出。生产率是指投入与产出之比，衡量单位投入的产出水平。从投入的角度看，生产率可分为单要素生产率和全要素生产率。前者指的是产出与一种要素投入之比，如劳动生产率为产出与劳动投入之比；后者指的是各要素（如资本、劳动和土地等）投入之外的技术进步和能力实现等导致的产出增加，是剔除要素投入贡献后所得到的残差。在具体计算上，由于学者采取了不同的生产函数设定，所以会得到不同的 TFP 值。因此，大家更关注的是 TFP 的变化趋势，以减少不同生产函数设定造成的影响。

TFP 反映了资源配置状况、生产手段的技术水平、生产对象的变化、生产的组织管理水平、劳动者对生产经营活动的积极性，以及经济制度与各种社会因素对生产活动的影响程度。一般认为，TFP 对于打破资本报酬递减，从而保

持经济可持续增长具有决定性作用。

TFP 概念出现后，不同的测算发现各国 TFP 在历史上呈现明显的上下起伏的波动态势，但在 1960 年之后，欧洲地区和日本都出现了 TFP 持续下降的趋势，美国的 TFP 更是从 20 世纪 40 年代开始持续下降，虽然在 1980—2000 年出现回升，但 2000 年之后再次掉头往下（Bergeaud，G. Cette & R. Lecat，2016）。

很显然，全球 TFP 的持续下降非常违背大家的直觉，因为过去这些年，从研发投入和专利申请和实际使用等数据来看，伟大的科技创新不仅没有停止，而且不断渗透到我们的日常生活和工作中。如果个人电脑和互联网等信息技术革命能够在 1980—2000 年提高 TFP，那么智能手机和移动互联网的发展，为什么反而造成了 TFP 在 2000 年之后的下降呢？针对这个奇怪的现象，索洛有一句名言："你可以看到计算机时代已无处不在，只有生产率统计数据例外。"

TFP 下降的现象，在中国也不例外。世界银行的经济学家罗伯特·赫德在 2020 年发表了一个研究指出，中国在 20 世纪八九十年代，新世纪第一个十年的年平均增速中，TFP 的贡献基本稳定在 3 个百分点左右。而 2000—2009 年的高增长主要来自于有形资本投资的贡献。2010—2019 年，中国有形资本和人力资本的贡献和前十年相比基本是相同的，这十年经济下行主要是因为 TFP 从前十年的 3.1 个百分点，下降到了 1.1 个百分点。

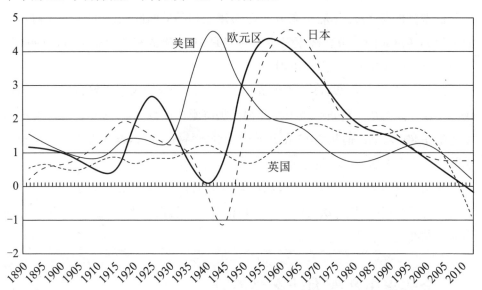

图 1　主要经济体全要素生产率平滑后年增速（1890—2010 年）

资料来源：Antonin Bergeaud, Gilbert Cette, Rémy Lecat. Productivity Trends in Advanced Countries between 1890 and 2012, *Review of Income and Wealth*, 62(3),420-444.

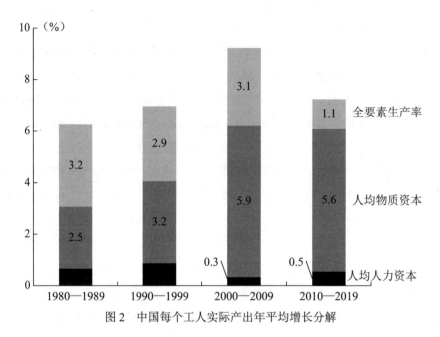

图 2　中国每个工人实际产出年平均增长分解

资料来源：Richard Herd. Estimating Capital Formation and Capital Stock by Economic Sector in China: The Inplications for Productivity Growth, *World Bank Policy Research Working Paper*, 2020.

2023 年年底电视剧《繁花》热播，大家看到了 20 世纪 90 年代初期股票市场和外贸市场的活跃。《繁花》的主要故事背景集中在 1991—1994 年，大结局中我们看到的是 1997 年浦东东方明珠的建成和香港的回归。2023 年年初热播的电视剧《漫长的季节》故事发生的背景是 1997 年的东亚金融危机，1998 年的国企改革和 4 500 万名工人下岗。

2001 年中国加入 WTO 成为世界工厂，经济再次迎来了"繁花"似锦的年代，并在"四万亿"财政刺激下盛开得更加耀眼。一直到 2011 年，经济每年的增速都在 8% 以上，但从 2012 年开始中国经济持续下行，再次进入了"漫长的季节"这样一个状态。

经历了两轮经济周期，从乐观的角度来看，我们有理由期待中国经济的"繁花"再次盛开。这一次的催化剂很可能就是经济结构大转型时新质生产力的形成与发展。

二、全要素生产率为什么会下降

全球各国 TFP 增速的下降，引起了众多经济学家的关注，提出了不同的理论解释。不过，许多听上去合理的解释，并没能经受严格数据的检验。好在最近这两年，多个独立的研究团队，逐渐发现了真相。对于发展新质生产力的建议，如有选择性地鼓励创新，重点发展战略性新兴产业和未来产业，对掌握先进技术的企业加大优惠扶持政策等，虽然听上去符合直觉，但实际效果可能事与愿违。

1980 年之后，全球经济进入低增长期，低通胀和低利率的"新常态"，它们都对应着 TFP 的持续下降。最早引起全球关注的理论，是美国前财长劳伦斯·萨默斯在 2011 年提出的"长期停滞论"。他的依据是人口老年化严重，生育率下降，技术突破不足，储蓄大于投资越来越强，总需求不足，通胀低迷，利率应该保持在极低水平，甚至负数时，才能刺激需求，让经济回归高增长。由于这些改变都非常困难，所以经济增长可能会长期保持低速。

经济学界一开始普遍不认同萨默斯的观点，但随着时间的推移，越来越多的经济学家开始认可他的看法。2020 年疫情冲击之后，美国采取大规模的货币与财政刺激，就是部分受到萨默斯思想的影响（他反复强调美国在全球金融危机之后的财政刺激不足，导致了经济复苏缓慢）。萨默斯同样率先预言美国大通胀的来临，尽管美联储不断加息，美国经济仍然保持很强的韧性。

相比之下，中国经济在疫情冲击后保持克制，有效需求不足的问题变得越来越明显。萨默斯在 2024 年年初访问中国之后表示，现在他不那么担心美国经济长期停滞，反而担心中国经济可能长期停滞。这一观点非常值得重视。

如果说萨默斯关注的重点是需求端，那么美国西北大学的罗伯特·戈登在其著作《美国增长的起落》里则强调了供给端的原因：伟大创新（如蒸汽机、电力和内燃机等）的时代已成为历史，如今进入了创新收益急剧下降的阶段，其必然结果是增长率的持续下跌。换句话说，虽然智能手机和移动互联网等发明创新很伟大，但相比过去那些改变世界的创新来说，它们对于经济增长的贡献就小得多。

一些学者从数据上部分验证了戈登创新越来越难的想法，如为了使芯片上的晶体管数量翻番，现在需要的研究人员数量是 20 世纪 70 年代初的 18 倍。美国制药企业雇用的研究人员数量越来越多，但获得批准的新药数量增长率却在下降。

尽管这些理论都有其深刻之处，但它们都无法解释一个悖论：在美国，被广泛认为创新程度最多的信息技术密集型和生产型行业，其生产率增速的下降反而比其他行业更多！

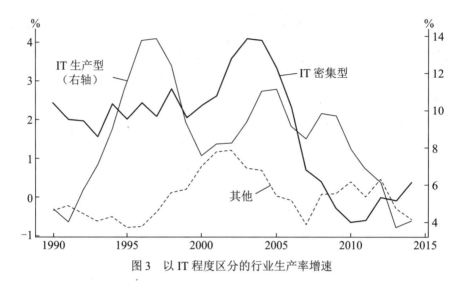

图 3　以 IT 程度区分的行业生产率增速

资料来源：Philippe Aghion, Antonin Bergeaud, Timo Boppart, Peter J. Klenow, Huiyu Li. A Theory of Falling Growth and Rising Rents, *Review of Economics Studies*, 2023, 90(6), 2675-2702.

　　纽约大学的托马斯·菲利庞进一步发现，无论是美国现在最大的 20 家企业，还是每个行业最大的 4 家超级明星企业，他们招聘的人、进行的投资、销售的收入占 GDP 的比重其实都远远小于过去历史上的前二十大企业或者每个行业的前四大企业（如通用电气、通用汽车、波音、美孚石油、沃尔玛、AT&T、IBM 等）。特别是 2000 年以后的大企业，它们对实体经济以及上下游其他企业的贡献其实越来越少了。过去我们希望通过科技创新带动生产率的提高，可是数据非常清晰地显示，其实超级明星企业在过去 20 年里，它们的规模越来越大，它们的财富越来越多，但是对 TFP 的贡献却在减小。特别是，这些企业里劳动力的收入占比越来越低，资本收入的占比越来越高。菲利庞把这个现象称为"大逆转"，他认为背后的主要原因是过去 20 年美国反垄断的力度弱化，这造成头部企业之间的竞争减少，垄断程度增加。而产业的集中度越高，就会导致商业活力越低，特别反映在新企业的创立越来越难。

　　以研究"破坏性创新"闻名的法国经济学家菲利普·阿吉翁带领研究团队，拓展了菲利庞的观察，进一步研究了超级明星企业在加大自身创新的同时，阻碍追赶者创新的行为，他发现这才是理解 TFP 伴随创新增加而下降的关键原因。

　　简单来说，阿吉翁等人认为，信息技术革命扩展了企业的经营范围，增加了企业控制的产品线的数量，在 1980—2000 年提升了 TFP。但由于超级明星企业的效率比其他企业更高，它们从经营范围扩展中获得的利润增幅也超过其他企业。长期来看，超级明星企业的业务扩展将导致竞争对手的市场损失。超级明星企业一旦掌握某个产品线，其他企业对此就不会再有创新动力，原因是为击败超级明星企业，普通企业将不得不大幅下调价格，牺牲创新租金。因此，随着超级明星企业控制的产品线类型增加，普通企业将日益缺乏创新激励。由于绝大多数企业是普通企业，最终结果就是，信息技术革命造成超级明星企业掌握的产品线类型增加，整体经济的长期创新与增长却随之受损（Aghion，Bergeaud，Boppart，Klenow，Li，2023）。

值得一提的是，阿吉翁等人在找到这个新解释之前，先排除了其他一些关于 TFP 下降的流行的解释，如现有的统计方法无法准确完整捕捉新技术创新对经济增长的影响（如智能手机创造价值的许多功能难以被纳入统计）。他们发现即使采用更合理的统计方法，也没有办法改变 TFP 下降的趋势。

艾克吉特与阿特斯进一步指出，现在的超级明星企业在加大研发投入和专利申请的同时，会大量购买市场上的专利，并将其保存起来不让其他企业使用，从而利用专利保护拉大与追赶者的差距，阻止新企业进入，这样可以扩大价差和利润，保持优势地位。而追赶者发现差距太大后则选择了减少研发投入，出现类似"躺平"的行为，这样领先者也可以减少新技术的使用。这就好比百米冲刺时落后的人放慢脚步，遥遥领先的人也放慢速度。由于绝大部分企业都是追赶者，他们的"躺平"导致了整个行业的生产率下降。加上新企业进入越来越难，这就使得经济增长速度、经济活力都显著降低。这个理论就可以解释为什么看似创新最多的行业，反而生产率下降得更多；还可以解释劳动收入份额下降集中体现在生产或利用信息技术较多的产业部门里（Akcigit and Ates，2023）。

作为对比，1980—2000 年，领先企业即使市场份额占优，但并不阻止企业追赶竞争，反而可以刺激两者都跑得更快，这也体现在 TFP 的增长上。

而企业在不同年代的行为变化，同样有着复杂的背景，深刻体现出企业微观行为和宏观经济的互动性。1980—2000 年，虽然利率持续下降，但仍然保持在较高的水平，企业之间的竞争受到利率的影响，没有发展到极端竞争的程度。但随着利率走低，头部企业发债扩张的成本也越来越低，而它们赚到的钱超过支出，于是选择回购股票，或者不断储蓄，把利率压得越来越低，这对大企业和它们的股债投资者都是大利好。这就是企业行为产生的宏观结果。

另外，2000 年以来宏观利率降低到更低的程度后，成为领先企业的现值越来越高，这提高了企业扩大对其他企业的技术优势的现有收益。于是，利率下跌促使各个产业的领先企业为巩固其地位而更多开展创新，从而给普通企业的创新造成打击。产业集中度随之提高，总创新和总增长率却因此下降（Liu, Mian & Sufi, 2022）。

这些不同研究团队的发现，对于发展新质生产力的讨论非常有意义。中国希望发展以战略性新兴产业和未来产业为代表的新制造，以高附加值生产性服务业为代表的新服务，以及以全球化和数字化为代表的新业态，三者形成的聚合体就是新质生产力，对标的显然就是美国的超级明星企业。但如果换来的是同样的结果，恐怕就会事与愿违了。

有了对科技和创新更加深刻的认知之后，笔者认为中国企业应该发展三种类型的新质生产力，来提升 TFP 和经济活力，促进经济发展。

三、第一类新质生产力

阿吉翁等人的研究，继承并深化了熊彼特关于新技术具有"创造性破坏"（creative destruction）力量的思想。而过去很长一段时间，产业界和投资界更多地使用"颠覆性创新"或者"破坏性创新"（disruptive innovation）来强调创新的价值。笔者相信即使不了解学术最新进展的普通人，也可能深深体会到，科学技术是第一生产力的说法并不完整。现实中有好的科技，也有坏的科技。我们不能说只要是新技术、新制造、新业态就一定是新质生产力。电影《孤注一掷》中生动地展现了大量互联网技术被用于电信诈骗，当然这里不只是技术作恶的问题，还涉及伦理和法律问题。

简单来说，笔者认为可以把科学技术分成"赢家通吃型"和"水涨船高型"，前者会拉低 TFP，后者会带动上下游企业共同发展，提升经济活力和 TFP。

"水涨船高型"技术具有一个显著的特征就是它能够比较容易地在不同企业之间进行扩散，而这恰恰是缩小追赶企业与领先企业差距的最本质特征。通过国家或者市场的力量，把这样的技术运用并扩散到新能源、新材料、先进制造、人工智能等战略性新兴产业和未来产业，就能够形成第一种类型的新质生产力。

特别值得强调的是，鼓励创新的传统做法并不一定带来生产率的提高，如加大对领先企业的政策扶持或者税收优惠，会进一步拉大领先者和追赶者的差距。提高新质生产力，带动经济增长，政府应该做的是鼓励竞争，降低准入门槛，限制大企业滥用专利保护，鼓励专业知识和技术的传播和扩散，缩小领先企业和追赶企业的差距。经济发展要的不是一枝独秀，而是百花齐放。在这方面，特斯拉开放电动车专利，人工智能领域开源社区的发展，带动中国相关领域大发展就是非常好的例子。

四、第二类新质生产力

第二类新质生产力可以通过学习发达国家和企业的先进管理实践能力来实现。

斯坦福大学的尼克拉斯·布鲁姆提出了管理实践也是一种生产力的新理论。不同企业在管理实践上的能力有比较大的差距，这对企业业绩表现有着直接影响。他发现国家与国家之间在生产率上的差异，平均来说，有30%来自于企业管理实践的差距，在一些国家这一贡献度甚至超过50%。用不同维度的管理指标对各国企业的管理实践能力打分，中国企业的管理实践能力相对过去有很大的提升，平均得分高出绝大部分发展中国家，但是相对于发达国家企业的差距依然比较大。另外，中国虽然整体得分高于发展中国家，但是企业和企业之间的管理能力差别较大，波动性很高，在这一点上，中国不少企业也落后于印度和巴西的企业。

很显然，发展"水涨船高型"的技术创新不太容易在短期内实现，需要长期的努力，但布鲁姆最有意思的发现是，先进的管理实践能力是一种软技术，是可以在短期内提高的。他带领团队在印度纺织企业进行实践，采取5个月的标准化管理实践改进的企业，在一年时间里相比未改进的同类企业的生产率提升了17%，利润多出30万美元，而这些企业的平均年销售额为745万美元。

说明企业管理实践能力差距的另一个例子是"居家办公"。由于新冠疫情期间供应链冲击影响了很多企业的业务，但是发达国家一些创造高附加值的企业采取"在家办公"的效果却很好，以至于疫情结束后很多工作还可以继续在家处理，而中国企业在疫情期间采取"居家办公"的效果并不太理想。

布鲁姆与自己的学生——携程董事长梁建章合作，在携程进行了"三天企业办公，两天在家办公"的实验，约1 600名员工参与其中，囊括了工程师、产品经理、研发及财务部门等多个岗位。结果发现，员工的工作效率不降反升，员工的满意度大幅提升，离职率也下降了35%。

因此，从提升管理实践能力的目标出发，推动第二类新质生产力发展的重要性应该获得格外的重视。特别是企业和企业之间，城市和城市之间，政府与政府之间应该相互学习，让好的管理实践能力尽快得到扩散和传播。

五、第三类新质生产力

2019 年 4 月中央政治局经济工作会议明确指出：国内经济存在下行压力，其中既有周期性因素，但更多是结构性、体制性的因素。笔者认为，中国企业在管理能力和科学技术上与发达国家企业间的差距，很大程度上是因为资源错配带来的扭曲造成的。因此，尽快消除要素资源错配和扭曲给经济发展带来的阻力，才能形成第三类新质生产力。

许多国家的信息技术革命没有全面体现（或者延迟体现）在经济增长上的主要原因就是僵化的经济结构或不合时宜的经济政策。例如，瑞典的经济结构改革使得国民能够享受技术进步带来的经济增长，而日本就错过了这样的机会。

中国经济学界过去十年最热门的研究领域就是理解资源错配对中国经济增长的束缚。芝加哥大学的谢长泰与合作者研究了中国企业在 1998—2005 年的数据后发现，如果中国企业的劳动和资本可以达到美国企业 1997 年的配置效率，就可以每年提升 2 个百分点的全要素生产率。

笔者曾经用二十多个以 D 开头的英语单词来形容中国经济面临的内部和外部挑战，如赤字（deficit）、债务（debt）、违约（default）、去杠杆（deleverage）、贬值（depreciation）、通缩（deflation）、贫富差距（wealth disparity）、脱钩（decoupling）、去风险（de-risking）、去碳化（decarbonization）等，其中最重要的就是资源错配（resource dislocation）。

我们也可以换一个角度，把资源错配带来的扭曲和束缚看作一种与新质生产力不匹配的旧生产关系。消除这种扭曲和束缚就是建立新质生产关系，形成提高资源配置效率以及全要素生产率的第三类新质生产力。

这里讲的三类新质生产力，同样对应三个 D 开头的英文单词：消除扭曲（de-distorton）、能力扩散（diffusion）、促进发现（discovery）。

如果用金字塔来形容三者的关系，那么第三类新质生产力和第二类新质生产力处于底部和中部，第一类新质生产力处于顶部。如果我们不能把底部和中部的基础夯实打牢，顶部也很难培养出来，即使在技术创新和产业升级换代上有一些突破，仍然会面临短板，继续被"卡脖子"。

新质生产力：聚焦于战略性新兴产业和未来产业 ①

黄文涛　中国首席经济学家论坛理事　中信建投证券首席经济学家

本文沿着发展新质生产力的方向指引，聚焦我国的先进制造和现代化产业体系建设，主要从三个角度展开分析：一是当前我国制造业的整体情况和发展态势，包括实物生产和市场价值等，同时兼顾全球情况的观察，包括美国、日本、英国、德国和印度。二是我国九大战略性新兴产业的建设部署，分产业具体展开，主要有新一代信息技术产业、高端装备制造业、新材料产业、生物产业、新能源汽车产业、新能源产业、节能环保产业、航空航天产业和海洋装备产业。三是我国六大未来产业的新赛道和发展方向。围绕未来制造、未来信息、未来材料、未来能源、未来空间和未来健康六大方向，阐述前瞻产业布局、标志产品打造、企业主体培育和支撑体系优化等。

一、新一轮科技革命和产业变革加速：聚焦先进制造

（一）全球制造业的实物产出：中国规模第一，美国回升较快

中国制造业规模和增速全球领先，美国制造业规模和增速皆在回升。如图 1 至图 4 所示，我国制造业的总产出规模、产出增速和 GDP 占比在全球主要国家中位列第一，但美国的相应数据亦全线回升。我国 2020—2023 年近三年制造业复合年均增速约为 5.4%，美国 2020—2023 年的制造业年均复合增速约为 4.0%。

---

① 中信建投研究发展部副总裁、固定收益分析师朱林宁对此文亦有贡献。

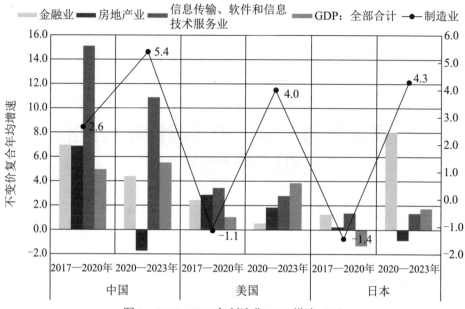

图1　2017—2023年制造业GDP增速（%）

资料来源：iFinD，Wind，中信建投。

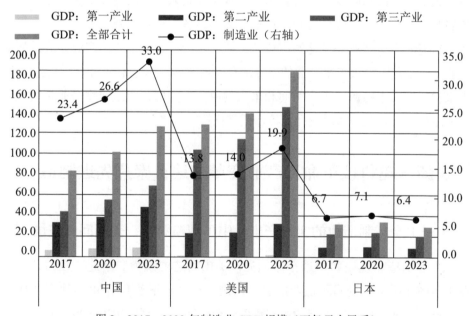

图2　2017—2023年制造业GDP规模（万亿元人民币）

资料来源：iFinD，Wind，中信建投。

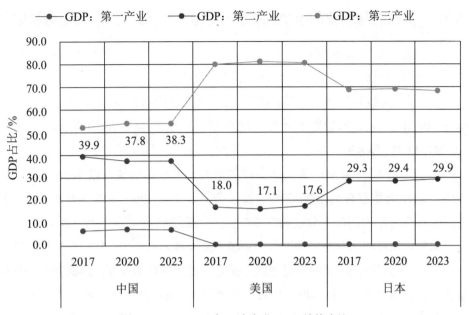

图3　2017—2023年三次产业GDP结构占比

资料来源：iFinD，Wind，中信建投。

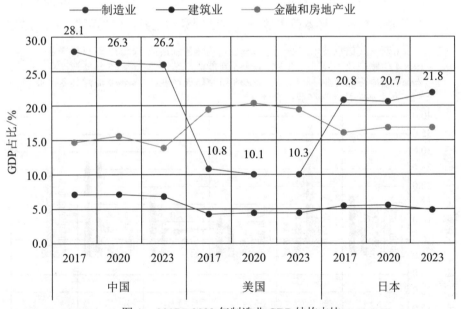

图4　2017—2023年制造业GDP结构占比

资料来源：iFinD，Wind，中信建投。

（二）先进制造业的市值保有：中、美、日前三强，近年持续增长

中国先进制造企业数量和市值持续增长，中、美、日处于全球第一梯队。如图5至图8所示，从近年数据分析可得出以下结论：

第一，九大战略性新兴板块的相关上市企业平均市值持续增长。沪深300、标普500和日经225的成分企业平均市值，近五年复合年均增长率分别是10.7%、18.7%和8.9%。

第二，前5～10家市值头部企业的增长速度整体更快。以Top5企业市值为例，其较指数整体均值的超额增长显著，在沪深300、标普500和日经225的近五年复合年均超额，分别约为6.6个百分点、28.1个百分点和8.6个百分点。

第三，从板块企业数量和细分产业覆盖完整度上看，中、美、日三国在第一梯队。英、德等欧洲国家的情况取决于是否以欧盟整体来观察，但其在新一代信息技术领域相对乏力，以印度为代表的其他国家先进制造上市企业相对缺乏。

第四，从板块企业对指数整体的市值权重占比看，德国、日本和美国相对高于其他市场。截至2024年3月，沪深300、标普500、日经225和德国DAX40的相关企业总市值权重，分别约为25.7%、35.6%、51.7%和54.9%，其中有部分的指数构成、样本范围等统计方法因素的差异，但仍可作为参考数据。

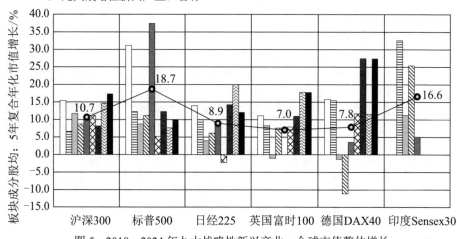

图5　2018—2024年九大战略性新兴产业：全球市值整体增长

资料来源：iFinD，Wind，Bloomberg，中信建投。

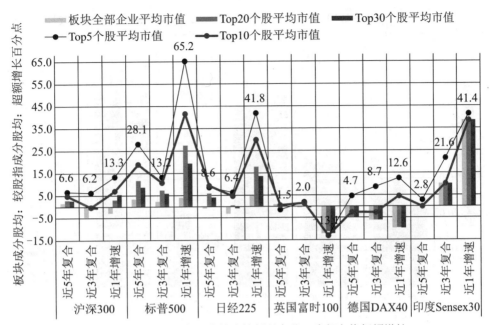

图 6　2018—2024 年九大战略性新兴产业：头部市值超额增长

资料来源：iFinD，Wind，Bloomberg，中信建投。

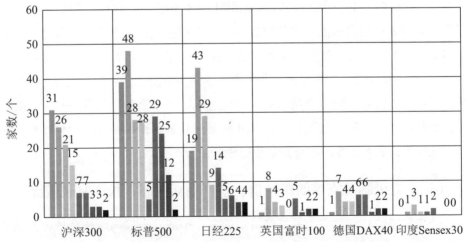

图 7　2024 年九大战略性新兴产业：板块主营相关企业数量

资料来源：iFinD，Wind，Bloomberg，中信建投。

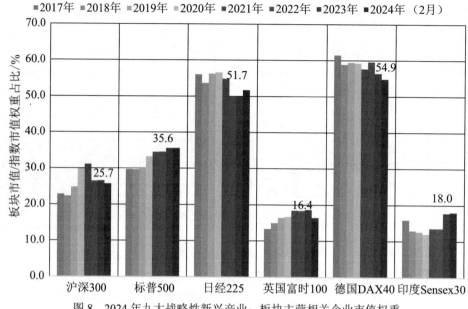

图8　2024年九大战略性新兴产业：板块主营相关企业市值权重

资料来源：iFinD，Wind，Bloomberg，中信建投。

另外，关于企业样本的选择和统计方法，我们在此进行简要说明：①在整体框架上，为了可以进行我国和全球市场的统一标准观察，我们使用标普和MSCI编制的全球行业分类标准（GICS），将其对全球主要市场上市企业的行业分类（注：目前为11个板块、25个行业组、74个行业和163个子行业），与我国国务院和统计局发布的九大战略性新兴产业相匹配；②在进一步筛选上，由于GICS在新兴产业或部分具体领域暂有空白或不一致，我们以《工业战略性新兴产业目录（2023）》的细分产业范围和相关企业的主营业务范围作为匹配标准；③对于主营业务跨多个领域的大型先进制造上市企业，如既进行工业高端装备制造，也从事航空航天制造，又开展海洋装备制造的企业，我们在每个细分领域都将其纳入计算，在合并口径时剔除重复部分。

（三）先进制造支撑的新经济：新产业新业态，长期复利效应

经济发展的复利效应，是指经济中的某一个或几个较高增长领域，常来自于新兴产业及其相关领域，只要可以持续保持一定水平的增速，随时间累积的复利增长效应，将在5～10年及更中长期维度上显现出强劲的增长效果。如图9至图12所示，以近年的数字经济和三新经济数据为例：

第一，假设当前增速中枢条件下，新经济实现100万亿元GDP规模的复

利时间约为 10 年。数字经济的近年主要增速区间在 9.7%～20.9%，"三新"经济近年主要增速区间在 4.5%～16.6%，如能持续保持这一增速区间，以 2022 年的数字经济约 50 万亿元、"三新"经济约 21 万亿元规模为起点，分别可在 2030—2040 年跨越 100 万亿元规模体量。

第二，大型经济体复利效应繁荣的实现，需要有中长期稳健、强韧的先进制造业支撑。无论是数字经济、"三新"经济，或是其他新服务、新业态，皆需要以相应的新科技、新基建设施和新制造产品为基础。

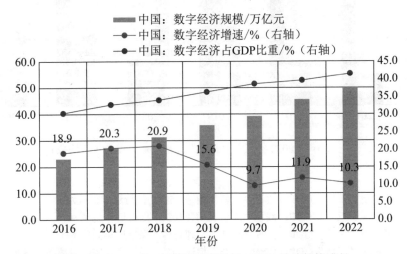

图 9　2016—2022 年我国数字经济 GDP：持续较快成长

资料来源：iFinD，Wind，中信建投。

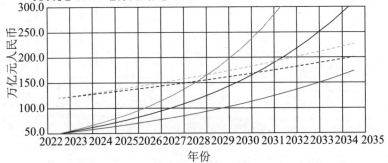

图 10　2022—2035 年我国数字经济 GDP：增长场景假设

资料来源：iFinD，Wind，中信建投。

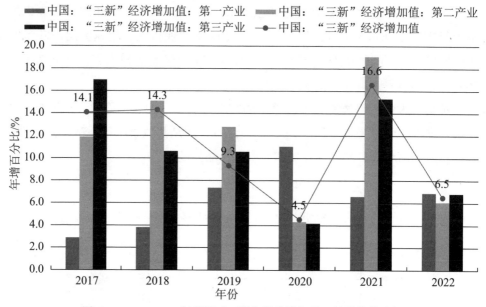

图 11 2017—2022 年我国"三新"经济增加值：持续较快成长

资料来源：iFinD，Wind，中信建投。

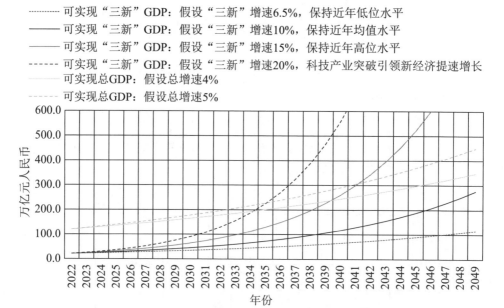

图 12 2022—2049 年我国"三新"GDP：增长场景假设

资料来源：iFinD，Wind，中信建投。

以数字经济为例，其本身就是相关先进制造业发展的成果。根据国家《数字经济及其核心产业统计分类（2021）》的定义：①数字经济是指以数据资源作为关键生产要素、以现代信息网络作为重要载体、以信息通信技术的有效使用作为效率提升和经济结构优化的重要推动力的一系列经济活动；②数字经济的具体范围，包括"数字产业化"和"产业数字化"两个方面，"数字产业化"即数字经济核心产业，由数字产品制造业、数字产品服务业、数字技术应用业、数字要素驱动业等四大类组成，是数字经济发展的基础；"产业数字化"即数字化效率提升，是数字技术与实体经济的融合。

以"三新"经济为例，其同样高度依赖相关先进制造产品的支撑。"三新"经济的具体范畴，根据国家《新产业、新业态、新商业模式统计分类（2018）》的定义：①"三新"是指新产业、新业态、新商业模式；②新产业是指应用新科技成果、新兴技术而形成一定规模的新型经济活动；③新业态是指顺应多元化、多样化、个性化的产品或服务需求，依托技术创新和应用，从现有产业和领域中衍生叠加出的新环节、新链条、新活动形态；④新商业模式是指为实现用户价值和企业持续盈利目标，对企业经营的各种内外要素进行整合和重组，形成高效并具有独特竞争力的商业运行模式；⑤"三新"项目是指建设内容属于新产业、新业态、新商业模式的投资项目，"三新"涉及的具体领域主要有新型现代农业、战略性新兴产业、新服务、高技术产业、科技企业孵化器、互联网平台、电子商务、互联网金融、城市商业综合体、开发园区等。

（四）制造业投入产出表分析：尽快补齐短板，加力先进制造

从全国经济投入产出表的视角看，近年我国制造业的不足，主要体现在通信计算机和电子设备、化学产品、金属加工和专用设备等先进制造领域。如表1、表2、图13至图15所示，从最新公布的2020年全国投入产出数据分析：

第一，制造业部门需要的进口产品规模中，电子信息和化学品已超过原油和天然气。2020年我国全部制造业生产过程中，中间投入消耗进口规模前三的部门为通信计算机和电子设备、化学品和金属加工。专用设备的进口消耗以最终使用为主，从统计角度看对应国产专用设备的替代性还需补强。其中，制造业部门的通信电子设备和化学品进口，分别约为3.6万亿元和1.7万亿元，超过同期原油天然气部门的约1.5万亿元进口。

第二，制造业部门需要的进口产品增速中，电子信息、非金属矿物制品、专用设备和仪器仪表位居前列。电子信息等部门的进口金额增速，同时高于产业总投入和总产出增速，从统计角度看对应着国产替代能力需补强。

表1 2020年全国投入产出表：制造业部门明细

投入＼产出 部门名称	代码	化学产品 12	非金属矿物制品 13	金属冶炼和压延加工品 14	金属制品 15	通用设备 16	专用设备 17	交通运输设备 18	电气机械和器材 19	通信设备、计算机和其他电子设备 20	仪器仪表 21	其他制造产品和废品废料 22	金属制品、机械和设备修理服务 23	中间使用合计 TIU	最终使用合计 TFU	进口 M
化学产品	12	9 528	140	62	43	91	113	366	560	757	124	78	1	13 922	3 174	17 096
非金属矿物制品	13	50	417	32	13	14	27	57	59	276	13	3	0	1 154	90	1 244
金属冶炼和压延加工品	14	127	55	3 773	443	202	166	836	859	229	16	28	14	7 286	835	8 121
金属制品	15	6	4	20	90	85	64	148	67	35	4	2	2	638	181	819
通用设备	16	28	12	25	48	1 042	443	1 018	144	88	8	14	18	3 071	2 472	5 542
专用设备	17	12	8	3	6	84	680	54	26	268	6	1	3	1 551	4 371	5 922
交通运输设备	18	0	1	0	0	9	28	2 322	2	1	1	0	10	2 531	3 543	6 074
电气机械和器材	19	6	3	1	6	218	203	838	1 342	825	111	4	6	3 836	1 207	5 044
通信设备、计算机和其他电子设备	20	7	1	1	4	458	225	281	1 699	27 183	431	2	1	31 167	4 664	35 831
仪器仪表	21	21	15	6	7	120	222	270	132	373	617	13	17	2 962	1 422	4 384
其他制造产品和废品废料	22	16	10	335	28	1	1	0	2	1	7	81	0	642	53	696
金属制品、机械和设备修理服务	23	4	8	3	1	3	4	3	2	2	0	0	0	104	128	232
中间投入合计（进出品）	TII	9 806	675	4 262	688	2 327	2 174	6 193	4 895	30 038	1 338	226	72	68 864	22 140	91 005

资料来源：iFinD，Wind，中信建投。

备注：表中数字单位为亿元人民币，当年现价。

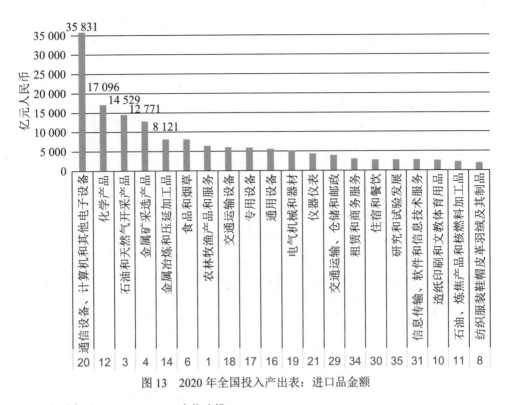

图 13　2020 年全国投入产出表：进口品金额

资料来源：iFinD，Wind，中信建投。

- 20：通信设备、计算机和其他电子设备（信息技术/航空航天等）
- 17：专用设备（高端装备等）
- 16：通用设备（高端装备等）
- 12：化学产品（生物等）
- 15：金属制品（高端装备等）
- 22：其他制造产品和废品废料（节能环保等）
- 13：非金属矿物制品（新材料等）
- 21：仪器仪表（高端装备等）
- 19：电气机械和器材（新能源/航空航天等）
- 14：金属冶炼和压延加工品（新材料等）
- 18：交通运输设备（新能源汽车/海洋装备等）

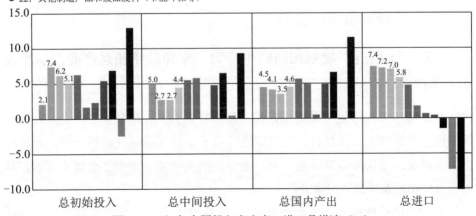

图 14　2020 年全国投入产出表：进口品增速（%）

资料来源：iFinD，Wind，中信建投。

投入 产出		中间使用	最终使用	总产出
		产品部门1…产品部门n		
中间投入	产品部门1 … 产品部门n	第Ⅰ象限	第Ⅱ象限	X_i
初始投入（增加值）		第Ⅲ象限		
总投入		X_j		

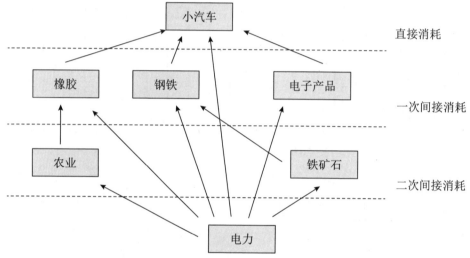

图15 2020年全国投入产出表：结构一览

资料来源：国家统计局，中信建投。

（五）"十四五"规划和新质生产力：聚焦战略新兴产业，前瞻谋划未来产业

2023年9月，习近平总书记在黑龙江考察并首次提出新质生产力时，强调要积极培育新能源、新材料、先进制造、电子信息等战略性新兴产业，积极培育未来产业，加快形成新质生产力，增强发展新动能。如表3至表6所示，从历史发展和最新部署情况来看：

第一，战略性新兴产业的定义从2010年以来是一贯而明确的，但战略性新兴产业的具体范围，是随着我国科技发展和产业进步逐步调整的。战略性新

表 2　2020 年全国投入产出表：部门一览

部门代码	部门名称	组别类型			部门代码	部门名称	组别类型		
1	农林牧渔产品和服务	第一产业：（A 组）			24	电力、热力的生产和供应	第二产业：建筑和水电公用类（B3 组）		
2	煤炭采选产品	第二产业：采掘和日用品类（B1 组）			25	燃气生产和供应			
3	石油和天然气开采产品				26	水的生产和供应			
4	金属矿采选产品				27	建筑			
5	非金属矿和其他矿采选产品				28	批发和零售	第三产业：生产性和生活性服务类（C 组）		
6	食品和烟草				29	交通运输、仓储和邮政			
7	纺织品				30	住宿和餐饮			
8	纺织服装鞋帽皮革羽绒及其制品				31	信息传输、软件和信息技术服务			
9	木材加工品和家具				32	金融			
10	造纸印刷和文教体育用品				33	房地产			
11	石油、炼焦产品和核燃料加工品				34	租赁和商务服务			
12	化学产品	第二产业：传统制造和先进制造类（B2 组）			35	研究和试验发展			
13	非金属矿物制品				36	综合技术服务			
14	金属冶炼和压延加工品				37	水利、环境和公共设施管理			
15	金属制品				38	居民服务、修理和其他服务			
16	通用设备				39	教育			
17	专用设备				40	卫生和社会工作			
18	交通运输设备				41	文化、体育和娱乐			
19	电气机械和器材				42	公共管理、社会保障和社会组织			
20	通信设备、计算机和其他电子设备								
21	仪器仪表								
22	其他制造产品和废品废料								
23	金属制品、机械和设备修理服务								

资料来源：国家统计局，中信建投。

兴产业是以重大技术突破和重大发展需求为基础，对经济社会全局和长远发展具有引领带动作用，知识技术密集、物质资源消耗少、成长潜力大、综合效益好的先进产业。它代表新一轮科技革命和产业变革的方向，是培育发展新动能、获取未来竞争新优势的关键领域。

当前战略性新兴产业的具体范围，主要是新一代信息技术、高端装备和新材料等九大战略性新兴产业，是由《国民经济和社会发展第十四个五年规划和2023年远景目标的建议》和《工业战略性新兴产业分类目录（2023）》发布确定的。具体来看，战略性新兴产业包括新一代信息技术产业、高端装备制造业、新材料产业、生物产业、新能源汽车产业、新能源产业、绿色环保产业、航空航天产业和海洋装备产业。

第二，未来产业是指由前沿技术驱动，当前处于孕育萌发阶段或产业化初期，具有显著战略性、引领性、颠覆性和不确定性的前瞻性新兴产业。大力发展未来产业，是引领科技进步、带动产业升级、培育新质生产力的战略选择。

当前未来产业的具体范围，主要是在类脑智能、量子信息、基因技术、未来网络、深海空天开发、氢能与储能等前沿科技和产业变革领域，是由《国民经济和社会发展第十四个五年规划和2023年远景目标的建议》和《工业和信息化部等七部门关于推动未来产业创新发展的实施意见（2024）》公布部署的。具体来看，是重点推进未来制造、未来信息、未来材料、未来能源、未来空间和未来健康六大方向产业发展，组织实施未来产业孵化与加速计划，谋划布局一批未来产业。

第三，更多具体推进部署正在有序进行中，最新的进展包括支持民航企业、推动通用航空和低空经济等。截至2024年3月29日，国务院国资委确定首批启航企业，聚焦战略性新兴产业和未来产业，重点布局人工智能、量子信息、生物医药等新兴领域，加快发展新质生产力；工信部等四部门印发《通用航空装备创新应用实施方案（2024—2030年）》的通知，塑造航空工业发展新动能、新优势，推动低空经济发展和航空制造业新型工业化。

表3 2010—2023年我国的战略性新兴产业：最新部署和历次调整

发布时间	发布文件	产业1	产业2	产业3	产业4	产业5	产业6	产业7	产业8	产业9
2023年12月	《工业战略性新兴产业分类目录（2023）》	（1.进一步推进落实细化"十四五"规划等前期战略性新兴产业部署。2.进一步做好第五次全国经济普查的重大国情国力调查，为加强和改善宏观经济治理，科学制定中长期发展规划，全面建设社会主义现代化国家，提供科学准确的统计信息支持。） 新一代信息技术（工业战略性新兴产业）	高端装备制造（工业战略性新兴产业）	新材料（工业战略性新兴产业）	生物（工业战略性新兴产业）	新能源汽车（工业战略性新兴产业）	新能源（工业战略性新兴产业）	节能环保（工业战略性新兴产业）	航空航天（工业战略性新兴产业）	海洋装备（工业战略性新兴产业）
2020年11月	《中共中央关于制定国民经济和社会发展第十四个五年规划和二〇三五年远景目标的建议》	新一代信息技术（战略性新兴产业）	生物技术（战略性新兴产业）	新能源（战略性新兴产业）	新材料（战略性新兴产业）	高端装备（战略性新兴产业）	新能源汽车（战略性新兴产业）	绿色环保（战略性新兴产业）	航空航天（战略性新兴产业）	海洋装备（战略性新兴产业）
2018年11月	《战略性新兴产业分类（2018）》	（进一步推进落实细化"十三五"规划等前期战略性新兴产业部署）								
2016年12月	《"十三五"国家战略性新兴产业发展规划》	新一代信息技术（八大产业）	高端装备（八大产业）	新材料（八大产业）	生物（八大产业）	新能源汽车（八大产业）	新能源（八大产业）	节能环保（八大产业）	数字创意（八大产业）	
2012年12月	《战略性新兴产业分类（2012）（试行）》	（进一步推进落实细化"十二五"规划等前期战略性新兴产业部署）								
2012年7月	《"十二五"国家战略性新兴产业发展规划》	节能环保（高效节能、先进环保、资源循环利用）	新一代信息技术（下一代信息网络、电子核心基础、高端软件和新兴信息服务）	生物产业（生物医药、生物医学工程、生物农业、生物制造）	高端装备制造（航空装备、卫星及应用、轨道交通装备、海洋工程装备、智能制造装备）	新能源（核电技术、风电技术、太阳能、生物质能）	新材料（新型功能材料、先进结构材料、高性能复合材料）	新能源汽车（全产业链）		
2010年10月	《国务院关于加快培育和发展战略性新兴产业的决定》	节能环保（支柱产业）	新一代信息技术（支柱产业）	生物（支柱产业）	高端装备制造（支柱产业）	新能源（先导产业）	新材料（先导产业）	新能源汽车（先导产业）		

资料来源：政府信息发布，中信建投。

表4　2023年我国的战略性新兴产业：九大产业和三级明细

扫码阅读

表5　1953—2023年我国主要国力调查：人口、农业和经济普查

	第一次	第二次	第三次	第四次	第五次	第六次	第七次
人口普查	1953年	1964年	1982年	1990年	2000年	2010年	2020年
农业普查	1996年	2006年	2016年				
经济普查	2004年	2008年	2013年	2018年	2023年（开始）		

资料来源：国家统计局，中信建投。

表6　2023—2024年第五次全国经济普查：战略性新兴产业调查表

指标名称	代码	计量单位	本年	上年
甲	乙	丙	1	2
战略性新兴产业工业总产值	610	千元		
其中：新一代信息技术产业 　　　　战略性新兴产业产品产值 　　　　…	611	千元		
高端装备制造业 　　　　战略性新兴产业产品产值 　　　　…	612	千元		
新材料产业 　　　　战略性新兴产业产品产值 　　　　…	613	千元		
生物产业 　　　　战略性新兴产业产品产值 　　　　…	614	千元		
新能源汽车 　　　　战略性新兴产业产品产值 　　　　…	615	千元		
新能源产业 　　　　战略性新兴产业产品产值 　　　　…	616	千元		
绿色环保产业 　　　　战略性新兴产业产品产值 　　　　…	617	千元		
航空航天产业 　　　　战略性新兴产业产品产值 　　　　…	618	千元		
海洋装备产业 　　　　战略性新兴产业产品产值 　　　　…	619	千元		

资料来源：国家统计局，中信建投。

表 7　2019—2024 年全球的产业发展竞赛：部分海外经济体规划

国家/地区	年份	法案/规划	1. 新一代信息技术产业	2. 高端装备制造产业	3. 新材料产业	4. 生物产业	5. 新能源汽车产业	6. 新能源产业	7. 节能环保产业	8. 航空航天产业	9. 海洋装备产业	10. 其他产业或领域	11. 制度和市场增进
美国	2019	《美国将主导未来产业》	√	√								科研/教育	√
	2020	《未来产业法案》	√	√								科研/教育	√
		《关于加强美国未来产业领导地位的建议》	√	√		√							√
		《研发预算优先事项和行动备忘录》	√	√		√				√		安全/科研	√
		《关键与新兴技术国家战略》	√	√	√	√		√		√	√	武器/农业	√
		《美国就业计划》	√	√		√		√	√				√
	2021	《NSF 未来法案》	√	√								科研/教育	√
		《无尽边疆法案》	√									基础设施	√
		《基础设施投资与就业法案》	√	√				√				科研/供应链	√
	2022	《美国竞争法案》	√										√
		《通胀削减法案》	√			√		√	√			科研/教育	√
		《芯片与科学法》	√										√
	2023	《国家人工智能研发战略规划》	√										√
		《美国关键新兴技术国家标准战略》	√	√		√		√	√			产业链	√
欧盟	2019	《加强面向未来欧盟产业战略价值链》	√	√	√	√	√						√
	2020	《欧洲新产业战略》	√	√	√	√		√	√				√
	2021	《工业 5.0》	√		√	√			√			可持续	√
	2022	《欧洲芯片法案》	√	√								科研/供应链	√
	2024*	《净零工业法案》	√	√				√	√				√
	2024*	《关键原材料法案》	√									原材料	√
	2024*	《欧洲国防工业战略》	√	√						√		国防工业	√
日本	2020	《产业技术愿景》	√	√								科研/教育	√
	2021	《第六期科学技术与创新基本计划》	√					√				科研/韧性	√

资料来源：各机构网站，中信建投。

二、九大战略性新兴产业：布局明细、投入产出、全球市值和投资指引

本文将对九大战略性新兴产业进行分产业情况分析，按"十四五"规划以来的最新部署，其具体分为新一代信息技术产业、高端装备制造业、新材料产业、生物产业、新能源汽车产业、新能源产业、绿色环保产业、航空航天产业和海洋装备产业。

（一）新一代信息技术产业

按照最新部署，新一代信息技术产业，主要发展下一代信息网络产业、电子核心产业、人工智能产业和数字创意技术设备制造等，其布局方向、投入产出、全球市值等情况可扫描二维码进一步阅读。

按照 2020 年版《关于扩大战略性新兴产业投资培育壮大新增长点增长极的指导意见》，新一代信息技术产业的主要投资方向为：①加大 5G 建设投资，加快 5G 商用发展步伐，将各级政府机关、企事业单位、公共机构优先向基站建设开放，研究推动将 5G 基站纳入商业楼宇、居民住宅建设规范；②加快基础材料、关键芯片、高端元器件、新型显示器件、关键软件等核心技术攻关，大力推动重点工程和重大项目建设，积极扩大合理有效投资；③稳步推进工业互联网、人工智能、物联网、车联网、大数据、云计算、区块链等技术集成创新和融合应用；④加快推进基于信息化、数字化、智能化的新型城市基础设施建设；⑤围绕智慧广电、媒体融合、5G 广播、智慧水利、智慧港口、智慧物流、智慧市政、智慧社区、智慧家政、智慧旅游、在线消费、在线教育、医疗健康等成长潜力大的新兴方向，实施中小企业数字化赋能专项行动，推动中小微企业"上云用数赋智"，培育形成一批支柱性产业；⑥实施数字乡村发展战略，加快补齐农村互联网基础设施短板，加强数字乡村产业体系建设，

鼓励开发满足农民生产生活需求的信息化产品和应用，发展农村互联网新业态新模式；⑦实施"互联网+"农产品出村进城工程，推进农业农村大数据中心和重要农产品全产业链大数据建设，加快农业全产业链的数字化转型。

（二）高端装备制造业

高端装备制造业的布局方向、投入产出、全球市值等情况可扫描二维码进一步阅读。

按照 2020 年版《关于扩大战略性新兴产业投资培育壮大新增长点增长极的指导意见》，高端装备制造业的主要投资方向为：①重点支持工业机器人、建筑、医疗等特种机器人、高端仪器仪表、轨道交通装备、高档五轴数控机床、节能异步牵引电动机、高端医疗装备和制药装备、航空航天装备、海洋工程装备及高技术船舶等高端装备生产，实施智能制造、智能建造试点示范。②研发推广城市市政基础设施运维、农业生产专用传感器、智能装备、自动化系统和管理平台，建设一批创新中心和示范基地、试点县。鼓励龙头企业建设"互联网+"协同制造示范工厂，建立高标准工业互联网平台。

（三）新材料产业

新材料产业的布局方向、投入产出、全球市值等情况可扫描二维码进一步阅读。

按照 2020 年版《关于扩大战略性新兴产业投资培育壮大新增长点增长极的指导意见》，新材料产业的主要投资方向为：①围绕保障大飞机、微电子制造、深海采矿等重点领域产业链供应链稳定，加快在光刻胶、高纯靶材、高温合金、高性能纤维材料、高强高导耐热材料、耐腐蚀材料、大尺寸硅片、电子封装材料等领域实现突破。②实施新材料创新发展行动计划，提升稀土、钒钛、钨钼、锂、铷铯、石墨等特色资源在开采、冶炼、深加工等环节的技术水平，加快拓展石墨烯、纳米材料等在光电子、航空装备、新能源、生物医药等领域的应用。

（四）生物产业

生物产业的布局方向、投入产出、全球市值等情况可以扫描二维码进一步阅读。

按照 2020 年版《关于扩大战略性新兴产业投资培育壮大新增长点增长极的指导意见》，生物产业的主要投资方向为：①加快推动创新疫苗、体外诊断与检测试剂、抗体药物等产业重大工程和项目落实落地，鼓励疫苗品种及工艺升级换代。②系统规划国家生物安全风险防控和治理体系建设，加大生物安全与应急领域投资，加强国家生物制品检验检定创新平台建设，支持遗传细胞与遗传育种技术研发中心、合成生物技术创新中心、生物药技术创新中心建设，促进生物技术健康发展。③改革完善中药审评审批机制，促进中药新药研发和产业发展。④实施生物技术惠民工程，为自主创新药品、医疗装备等产品创造市场。

（五）新能源汽车产业

新能源汽车产业的布局方向、投入产出、全球市值等情况可以扫描二维码进一步阅读。

按照 2020 年版《关于扩大战略性新兴产业投资培育壮大新增长点增长极的指导意见》，新能源汽车产业的主要投资方向为：①开展公共领域车辆全面电动化城市示范，提高城市公交、出租、环卫、城市物流配送等领域车辆电动化比例。②加快新能源汽车充 / 换电站建设，提升高速公路服务区和公共停车位的快速充 / 换电站覆盖率。③实施智能网联汽车道路测试和示范应用，加大车联网车路协同基础设施建设力度，加快智能汽车特定场景应用和产业化发展。④支持建设一批自动驾驶运营大数据中心，以支撑智能汽车应用和改善出行为切入点，建设城市道路、建筑、公共设施融合感知体系，打造基于城市信息模型（CIM）、融合城市动态和静态数据于一体的"车城网"平台，推动智能汽车与智慧城市协同发展。

（六）新能源产业

新能源产业的布局方向、投入产出、全球市值等情况可以扫描二维码进一步阅读。

按照 2020 年版《关于扩大战略性新兴产业投资培育壮大新增长点增长极的指导意见》，新能源产业的主要投资方向为：①聚焦新能源装备制造"卡脖子"问题，加快主轴承、IGBT、控制系统、高压直流海底电缆等核心技术部件研发。②加快突破风光水储互补、先进燃料电池、高效储能与海洋能发电等新能源电

力技术瓶颈，建设智能电网、微电网、分布式能源、新型储能、制氢加氢设施、燃料电池系统等基础设施网络。③提升先进燃煤发电、核能、非常规油气勘探开发等基础设施网络的数字化、智能化水平。大力开展综合能源服务，推动源网荷储协同互动，鼓励有条件的地区开展秸秆能源化利用。

（七）绿色环保产业

绿色环保产业的布局方向、投入产出、全球市值等情况可以扫描二维码进一步阅读。

按照 2020 年版《关于扩大战略性新兴产业投资培育壮大新增长点增长极的指导意见》，绿色环保产业的主要投资方向为：①实施城市绿色发展综合示范工程，支持有条件的地区结合城市更新和城镇老旧小区改造，开展城市生态环境改善和小区内建筑节能节水改造及相关设施改造提升，推广节水效益分享等合同节水管理典型模式，鼓励创新发展合同节水管理商业模式，推动节水服务产业发展。②开展共用物流集装化体系示范，实现仓储物流标准化周转箱高效循环利用，组织开展多式联运示范工程建设。③发展智慧农业，推进农业生产环境自动监测、生产过程智能管理。④试点在超大城市建立基于人工智能与区块链技术的生态环境新型治理体系。⑤探索开展环境综合治理托管、生态环境导向的开发（EOD）模式等环境治理模式创新，提升环境治理服务水平，推动环保产业持续发展。⑥加大节能、节水环保装备产业和海水淡化产业培育力度，加快先进技术装备示范和推广应用。⑦实施绿色消费示范，鼓励绿色出行、绿色商场、绿色饭店、绿色电商等绿色流通主体加快发展。⑧积极推行绿色建造，加快推动智能建造与建筑工业化协同发展，大力发展钢结构建筑，提高资源利用效率，大幅降低能耗、物耗和水耗水平。

（八）航空航天产业

航空航天产业的布局方向、投入产出、全球市值等情况可以扫描二维码进一步阅读。

按照《工业和信息化部等七部门关于推动未来产业创新发展的实施意见》，推动加力领域主要包括：下一代大飞机、电动垂直起降航空器、智能高效航空物流装备、低空经济通用航空装备等。

（九）海洋装备产业

海洋装备产业的布局方向、投入产出、全球市值等情况可以扫描二维码进一步阅读。

按照《工业和信息化部等七部门关于推动未来产业创新发展的实施意见》，推动加力领域主要包括：高技术船舶装备、深部资源勘探开发装备、深海油气水下生产系统和深海多金属结核采矿车等领域。

三、六大未来产业：前瞻赛道、标志产品、产业主体和支撑体系

2024 年 1 月，《工业和信息化部等七部门关于推动未来产业创新发展的实

施意见》对推进未来产业发展，做出更具体安排：

到 2025 年，未来产业技术创新、产业培育、安全治理等全面发展，部分领域达到国际先进水平，产业规模稳步提升。建设一批未来产业孵化器和先导区，突破百项前沿关键核心技术，形成百项标志性产品，打造百家领军企业，开拓百项典型应用场景，制定百项关键标准，培育百家专业服务机构，初步形成符合我国实际的未来产业发展模式。

到 2027 年，未来产业综合实力显著提升，部分领域实现全球引领。关键核心技术取得重大突破，一批新技术、新产品、新业态、新模式得到普遍应用，重点产业实现规模化发展，培育一批生态主导型领军企业，构建未来产业和优势产业、新兴产业、传统产业协同联动的发展格局，形成可持续发展的长效机制，成为世界未来产业重要策源地。

根据实施意见，当前对未来产业的前瞻布局方向主要有未来制造、未来信息、未来材料、未来能源、未来空间和未来健康。

（一）六大前瞻赛道

重点围绕六大未来赛道，加强前瞻谋划部署。把握全球科技创新和产业发展趋势，重点推进未来制造、未来信息、未来材料、未来能源、未来空间和未来健康六大方向产业发展。打造未来产业瞭望站，利用人工智能、先进计算等技术精准识别和培育高潜能未来产业。发挥新型举国体制优势，引导地方结合产业基础和资源禀赋，合理规划、精准培育和错位发展未来产业。发挥前沿技术增强器作用，瞄准高端、智能和绿色等方向，加快传统产业转型升级，为建设现代化产业体系提供新动力。

（二）三类标志产品

（1）第一类是突破下一代智能终端。发展适应通用智能趋势的工业终端产品，支撑工业生产提质增效，赋能新型工业化。发展量大面广、智能便捷、沉浸体验的消费级终端，满足数字生活、数字文化、公共服务等新需求。打造智能适老的医疗健康终端，提升人民群众生命健康质量。突破高级别智能网联汽车、元宇宙入口等具有爆发潜能的超级终端，构筑产业竞争新优势。

（2）第二类是做优信息服务产品。发展下一代操作系统，构筑安全可靠的数字底座。推广开源技术，建设开源社区，构建开源生态体系。探索以区块链为核心技术、以数据为关键要素，构建下一代互联网创新应用和数字化生态。面向新一代移动信息网络、类脑智能等加快软件产品研发，鼓励新产品示范应用，激发信息服务潜能。

（3）第三类是做强未来高端装备。面向国家重大战略需求和人民美好生活需要，加快实施重大技术装备攻关工程，突破人形机器人、量子计算机、超高速列车、下一代大飞机、绿色智能船舶、无人船艇等高端装备产品，以整机带动新技术产业化落地，打造全球领先的高端装备体系。深入实施产业基础再造工程，补齐基础元器件、基础零部件、基础材料、基础工艺和基础软件等短板，夯实未来产业发展根基。

（三）壮大产业主体

一是培育高水平企业梯队。引导领军企业前瞻谋划新赛道，通过内部创业、投资孵化等培育未来产业新主体。实施中央企业未来产业启航行动计划，加快培育未来产业新创企业。建设未来产业创新型中小企业孵化基地，梯度培育专精特新中小企业、高新技术企业和"小巨人"企业。支持新型研发机构快速发展，培育多元化的未来产业推进力量。

二是打造特色产业链。依托龙头企业培育未来产业的产业链，建设先进技术体系。鼓励有条件的地区先行先试，结合国家自主创新示范区、国家高新技术产业开发区、新型工业化产业示范基地等，创建未来产业先导区，推动产业特色化集聚发展。创新管理机制，建设数字化的供应链产业链，促进创新资源汇聚，加速数据、知识等生产要素高效流通。

三是构建产业生态。加强产学研用协作，打造未来产业创新联合体，构建大中小企业融通发展、产业链上下游协同创新的生态体系。强化全国统一大市场下的标准互认和要素互通，提升产业链供应链韧性，构建产品配套、软硬协同的产业生态。

（四）优化支撑体系

一是加强标准引领与专利护航。结合未来产业发展需求，统筹布局未来产业标准化发展路线，加快重点标准研制。针对重点标准适时开展宣贯和培训，引导企业对标达标，加速未来产业标准应用推广。促进标准、专利与技术协同发展，引导企业将自主知识产权与技术标准相融合。完善关键领域自主知识产权建设及储备机制，深化国际国内知识产权组织协作，构建未来产业高质量专利遴选、评价及推广体系。

二是同步构筑中试能力。按产业需求建设一批中试和应用验证平台，提升精密测量仪器、高端试验设备、设计仿真软件等供给能力，为关键技术验证提供试用环境，加快新技术向现实生产力转化。建设一批中试公共服务机构，提高工程开发、技术熟化、样品试制、测试验证等中试服务水平。

三是建设专业人才队伍。大力培育未来产业领军企业家和科学家，优化鼓励原创、宽容失败的创新创业环境。激发科研人员创新活力，建设一批未来技术学院，探索复合型创新人才的培养模式。强化校企联合培养，拓展海外引才渠道，加大前沿领域紧缺高层次人才的引进力度。

四是强化新型基础设施。深入推进 5G、算力基础设施、工业互联网、物联网、车联网、千兆光网等建设，前瞻布局 6G、卫星互联网、手机直联卫星等关键技术研究，构建高速泛在、集成互联、智能绿色、安全高效的新型数字基础设施。引导重大科技基础设施服务未来产业，深化设施、设备和数据共享，加速前沿技术转化应用。推进新一代信息技术向交通、能源、水利等传统基础设施融合赋能，发展公路数字经济，加快基础设施数字化转型。

四、进一步加力建设战略性新兴和未来产业的若干建议

进一步加力建设战略性新兴和未来产业，是当前经济的重中之重。正如新质生产力是我国高质量发展的驱动力和支撑力，战略性新兴产业和未来产业则是我国新质生产力的驱动力和支撑力。近十年来，习近平总书记在各种场合反复强调，科技创新要有自己的东西，工业是立国之本，制造业是强国之基，没有坚实的物质技术基础，就不可能全面建成社会主义现代化强国。因此，培育壮大战略性新兴产业，前瞻布局未来产业，改造升级传统产业，将先进制造业和现代服务业深度融合发展，共同构成了我国建设现代化产业体系和社会主义现代化国家的复兴之路。

进一步加力建设战略性新兴和未来产业，是必须完成的历史任务。我国九大战略性新兴产业和六大未来产业赛道的产业布局，既是由新一轮全球科技进步和产业革命的发展决定的，也是应对目前我国国民经济循环的阶段性卡点和堵点的必然要求。因此，基于以上原则性的理解和工作中的实际感受，我们从经济和金

融工作者的视角出发，提出若干思考和建议，希望有益于后续工作的开展。

首先，在投资端进一步调整投资结构，加快壮大中长期耐心资本，可以由政府引导推动，市场主导贯彻。从投资结构看，如前文所述，以沪深 300 指数中的九大战略性新兴板块市值占比为例，目前我国的占比已提升至约 26% 的水平，在新兴市场国家中处于领先水平，但与美国、日本和德国等发达国家 30% ～ 50% 的水平相比，仍有差距。从中长期耐心资本看，培育壮大新兴产业，超前布局建设未来产业，运用先进技术赋能传统产业转型升级，皆需要积极发展风险投资和壮大耐心资本。在这些领域，财政资金、保险资金和社保资金等长期资金大有可为，商业和市场资金需要重视在资产结构和风险偏好等方面的未来调整。

其次，在消费端进一步注重消费匹配，关注需求的总量和结构，做好对先进制造新产品的消费迭代，在此过程中培育好新产业、新业态和新模式，形成市场良性循环和供给需求融合发展。从我国的具体情况看，在外需消费方面，需要进一步扩大开放，注重稳外需和稳外贸，在稳定美欧等传统发达国家市场外，扩大与共建"一带一路"国家的互惠贸易。在内需消费方面，进一步深化改革，注重经济转型升级期的居民部门就业和收入稳定，协调好债务化解和稳定发展的关系，保证好包括房地产和股市在内的资产价格和广义通胀稳定。

再次，在金融业下一阶段的工作中，聚焦国家现代化产业体系建设战略，做好科技金融、绿色金融、普惠金融、养老金融、数字金融"五篇大文章"的深度融合发展。金融是现代经济的核心，它在很大程度上影响甚至决定着经济发展，国家崛起也离不开强大金融体系的关键支撑。因此，中央金融工作会议提出，要加快建设金融强国，把服务实体经济作为根本宗旨，提供高质量的金融服务。

最后，我们希望，坚定信心，奋勇前进，共同创造光明的未来。改革开放近五十年，我国初步建成了全球产出规模最大、制造门类最全的工业体系，人民生活水平、国民经济体量和外汇储备规模达到历史最高水平。展望全面建设社会主义现代化国家的未来道路，以战略性新兴和未来产业为核心支撑，通过科技创新引领现代化产业体系建设，实现先进制造业和现代服务业的深度融合，助力国民经济转型升级和高质量发展，中国式现代化和中华民族的伟大复兴必将迎来光明的未来。

新质生产力
与投资机会

活跃资本市场的重要性：培育新质生产力

荀玉根　中国首席经济学家论坛理事　海通证券首席经济学家、研究所所长

核心结论：①借鉴海外经验，我国需通过产业转型升级提供增长新动能，培育技术密集型新质生产力。②产业转型升级需融资结构配合，20 世纪 80 年代美国通过直接融资支持科技产业发展，实现产业结构升级。③当前我国融资结构以间接融资为主，培育轻资产、高研发的新质生产力需提高直接融资比重，其中活跃资本市场是关键。

2023 年 7 月 24 日政治局会议提出"要活跃资本市场，提振投资者信心"，中央金融工作会议重申"活跃资本市场，更好支持扩大内需，促进稳外贸稳外资，加强对新科技、新赛道、新市场的金融支持，加快培育新动能新优势"。当前我国经济正处于转型关键期，但短期存在需求不足等问题，资本市场是资金输入实体经济的关键渠道，活跃资本市场能够提高市场配置效率，提升经济发展的质量。

一、产业转型升级需要培育新质生产力

当前我国经济发展模式亟待转变，需通过产业转型升级提供增长新动能。改革开放以来，我国经济持续高速增长，产业结构实现了由劳动密集型向资本密集型的升级。而当经济发展达到一定阶段后，资本驱动模式则难以继续支撑经济的高速增长。大量的资本投入必然会面临资本回报率回落、边际产出下降、产能过剩等问题，使得同样规模的资本投入对经济增长的拉动作用逐渐削弱。2008 年以来，我国资本回报率中枢出现明显的回落。2010 年之后，我国经济进入"新常态"，增长中枢也逐渐下滑。2009—2019 年 GDP 增速中枢由 2000—

2008 年的 10.5% 回落至 7.8%，2020—2023 年则进一步回落至 4.8%（见图 1、图 2）。经济增速的放缓反映出依靠资本投入驱动的粗放型发展模式已经难以满足新时代下我国经济高质量发展的要求。

图 1　2002—2020 年我国资本回报率

资料来源：Wind，海通证券研究所。

图 2　2000—2022 年我国经济增长中枢

资料来源：Wind，海通证券研究所。

借鉴海外经验，我国产业结构需要继续转型升级来为经济发展提供新动能。1960 年到 2008 年，全球 101 个中等收入经济体中仅有 13 个国家和地区跨越了"中等收入陷阱"，如欧洲的葡萄牙、西班牙，亚洲的日本、新加坡、韩国等。对于实现从中等收入向高收入跨越的国家和地区而言，科技创新所带来的产业升级与劳动生产率的提高是其成功的关键（见图 3）。如韩国和日本在步入中等收入阶段后，均成功培育了半导体、汽车、通信等新兴高科技产业；中国台湾也在 20 世纪 80 年代至 90 年代迅速崛起为世界电子产品制造业中心。

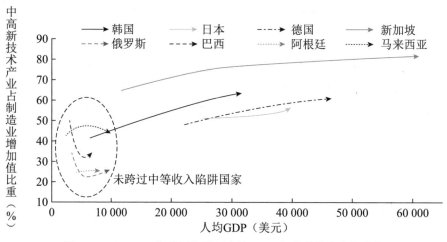

图 3　1990—2020 年各国和地区人均 GDP 与产业结构变化趋势

资料来源：Wind，海通证券研究所。

　　培育新质生产力是实现产业转型升级和高质量发展的关键。在成本上升和效率下降的情况下，我国依靠劳动力与资本投入的发展模式难以为继。我国经济增长要实现高质量增长，需要从传统要素投入驱动转变为创新驱动。在这一时期，习近平总书记强调的"新质生产力"将是支撑经济增长最可靠的保障。新质生产力与传统生产力有所不同，其摆脱了大量资源的投入，更加强调了科技创新与技术进步的主导作用，主要包括了战略性新兴产业和未来产业。近年来我国新质生产力相关领域在经济中的占比正逐渐上升，根据国家统计局的数据，我国战略性新兴产业占 GDP 比重从 2014 年的 7.6% 上升至 2022 年的 13%以上，同时根据"十四五"规划中的目标，预计 2025 年我国战略性新兴产业占GDP 比重将上升至 17%。

二、20世纪80年代美国直接融资助力产业升级

　　科创企业的发展需要直接融资的配合。企业的发展离不开金融支持，不同类型企业的资产、盈利特征不一，其对应的融资体系也有所差异。传统工业和

地产等重资产行业的企业一方面由于固定资产占比大，更易于通过抵押的方式获得银行信贷；另外，这些企业由于技术成熟，通常具有相对稳定的收益，可以偿还银行贷款利息，所以传统工业企业发展往往依赖以银行信贷为主的间接融资。

而对于科创企业，一般而言其具有较高技术壁垒，并且没有足够的动机向银行详细披露其研发信息，因此存在严重的信息不对称。另外，科创企业的研发投入较高，研发结果存在较大的不确定性，现金流和盈利不稳定；并且其核心资本为人力资本和知识产权，难以有效定价并作为抵押。因此，科创企业的发展需要资本市场为其提供畅通的投融资渠道，其中直接融资的作用重大。一方面，直接融资具有独特的风险共担和利益共享机制，与科技创新企业的风险性和不确定性等特性具备天然的适配性，也是科创企业融资的重要手段。另一方面，对于科创企业而言，相较于资本密集型行业通过银行借贷等间接融资方式获取资金，直接融资会更综合地考虑其经营模式、技术优势等非财务指标，从而能使企业更便利快捷地获取发展所需的资金。

借鉴 20 世纪 80 年代美国发展经验可以发现，金融结构需与产业结构适配，科技创新与产业结构转型离不开直接融资的配合。美国在 1980—2000 年出台了包括宏观产业在内的一系列政策支持科技创新。科技发展除了产业政策支持外，还需要资金投入。正如我们前文所述，相比传统行业可通过抵押资产获得融资，新兴科技产业由于处于起步期加上轻资产占比较大，很难通过抵押资产获得足够的资金支持快速扩张的产业规模，因此股权融资成为大多数企业的选择。1978 年后美国推出了免税、放宽企业登记限制等一系列政策鼓励股权投资，一方面为新兴科技企业提供了从初创到成熟所需的长期稳定的资金，另一方面为微软这类巨型公司拓宽了上市渠道，对美国高科技产业的发展起到了巨大的推动作用。在此期间，以股权融资为代表的直接融资在社会融资结构中的占比不断提高，科技企业 IPO 数量占比明显提升，这解决了科创企业的融资难题，助力美国经济成功实现转型升级。1980—2000 年股权融资在美国非金融企业融资结构中的占比从 35% 升至 55%，1980—2000 年科技企业 IPO 数量占比达到 37.6%，期间美国科创产业快速发展、业绩持续上行，20 世纪八九十年代美股掀起以纳斯达克为代表的科技股长牛行情。而股市的繁荣，又有效反哺了美国科创企业的发展，推动产业结构升级。1987 年到 2000 年，信息通信技术产业增加值占 GDP 比重从 3.4% 增长到 6.2%，而制造业增加值占 GDP 比重从 1980 年的 20% 下降到 2000 年的 15.1%。1995—1999 年，美国制造业劳动生产率年均复合增长率为 9.7%，其中电脑及电子产品行业劳动生产率上涨幅度最大。在高科技产业的发展下，美国经济增长逐渐转变为以技术驱动。1988—1990 年，美国全要素生产率对经济增长的贡献率仅为 16% 左右，而到 2001—2005 年时贡献率已明显提高至 64%。

三、新质生产力发展需要活跃资本市场的配合

当前我国融资结构以银行信贷为代表的间接融资为主。而 2000 年前后，随着资本的逐渐积累以及劳动力成本的提升，我国要素禀赋优势开始转向资本密集型行业。在我国加入 WTO 和房地产市场化改革两大因素催化下，以重工业为代表的资本密集型行业在我国各产业中逐渐占据主导地位。首先，1998 年国务院发布《关于进一步深化城镇住房制度改革加快住房建设的通知》，全面结束住房实物分配，2003 年国务院发布《国务院关于促进房地产市场持续健康发展的通知》，开启了房地产市场化的进程。城镇住房制度市场化改革背景下，国内居民住房需求快速释放，我国房地产市场进入黄金发展期，拉动钢铁、铝材、水泥等原材料工业迅猛发展。另外，2001 年加入 WTO 也加速了我国经济全球化进程，我国产业融入全球供应链，使得制约我国产业发展的技术、人才、资金、市场等问题得以缓解，包括重化工业在内的产业得到快速发展。我国产业结构开始从纺服、食品等劳动密集型轻工业向原材料、机械设备等资本密集型重工业转变，重工业总产值占工业总产值的比重从 2000 年的 60% 上升至 2011 年的 72%。由此可见，过去我国的发展模式以投资为主要驱动力，传统工业和地产业是主导产业，这些产业的企业发展往往依赖于以银行信贷为代表的间接融资，这造成了我国企业融资结构长期以间接融资（信贷和非标）为主导，社融存量中银行贷款占比长期超过 60%，股权占比却不到 5%。

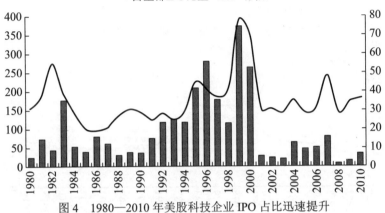

图 4　1980—2010 年美股科技企业 IPO 占比迅速提升

资料来源：《Initial Public Offerings: Technology Stock IPOs（Jay R. Ritter）》。

注：IPO 数据不包含低价股、ADRs 以及非 Amex/NYSE/NASDAQ 上市的公司等。

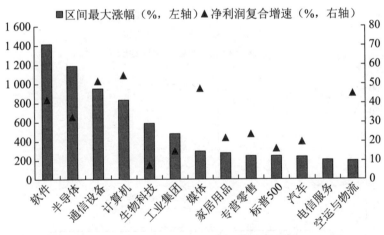

图 5　1992—2000 年美股科技板块领涨

资料来源：Bloomberg。

注：汽车和空运行业数据区间为 1993—2000 年，媒体行业为 1994—2000 年，其余行业为 1992—2000 年。

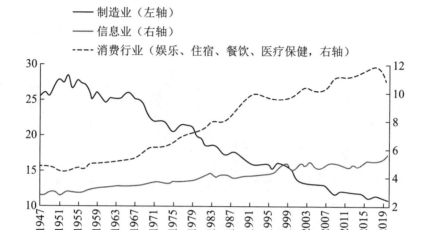

图6　1947—2019年美国行业增加值占GDP比重（%）

资料来源：Wind。

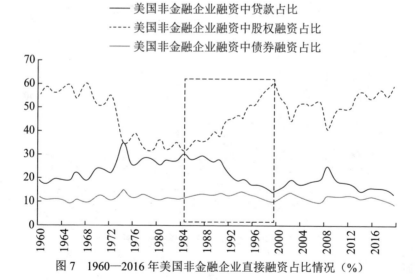

图7　1960—2016年美国非金融企业直接融资占比情况（%）

资料来源：Wind。

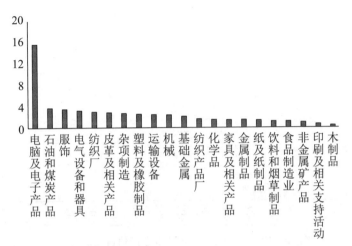

图 8　美国制造业 1987—2000 年劳动生产率年均增长率（%）

资料来源：BLS。

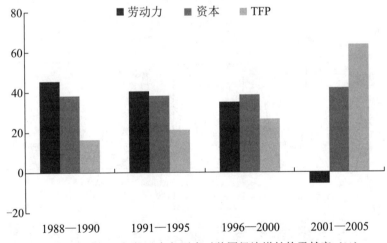

图 9　20 世纪 80 年代以来各要素对美国经济增长的贡献率（%）

资料来源：BLS。

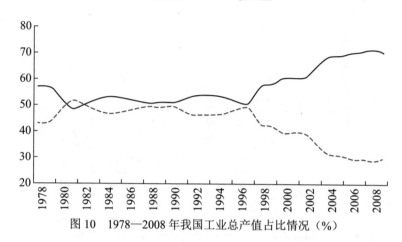

图 10　1978—2008 年我国工业总产值占比情况（%）

资料来源：Wind。

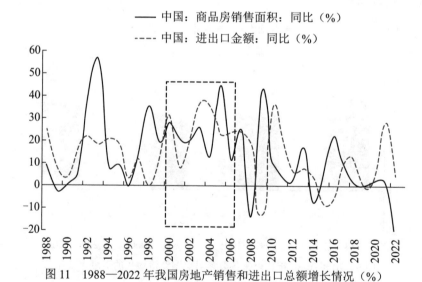

图 11　1988—2022 年我国房地产销售和进出口总额增长情况（%）

资料来源：Wind。

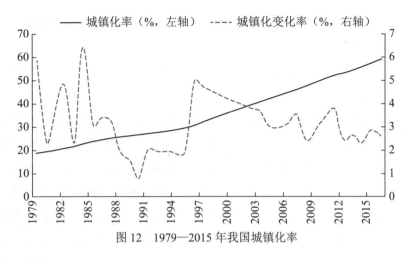

图 12　1979—2015 年我国城镇化率

资料来源：Wind。

图 13　2010—2023 年我国融资规模占比（%）

资料来源：Wind。

　　发展新质生产力需要直接融资的配合，活跃的资本市场意义重大。我国宏观经济背景正处在由大到强的阶段，未来需要通过积极培育高科技含量的战略性新兴产业来加快形成新质生产力，实现高质量发展阶段的产业结构转型和升级，持续为我国经济增长提供动力。由于战略性新兴产业相关企业具备轻资产、高研发、盈利和现金流不稳定的特质，所以在发展过程中面临明显的信贷约束，更多通过股权融资来获取企业发展所需的资金。我们在《硬科技的区域分布和股市占比》中梳理了 A 股的战略性新兴产业上市公司，发现这些公司研发投入力度明显更高，且长期贷款比重较低。截至 2023 年的第三季度，战略性新兴产业研发投入占营业收入的比重为 5.3%，明显高于全部 A 股的 2.0%。从 A 股上市公司长期借款占比来看，2018—2022 年战略性新兴产业长期借款占资产总额比重的均值仅为 1.34%，明显低于全部 A 股（非金融）的 10.2%。

因此，培育新质生产力需要转变融资结构，而从国际对比的视角来看，当前中国直接融资的比重较低，仍有较大的提升空间。以社融存量衡量，2022 年股票、债券等直接融资方式在美国非金融企业融资结构中的占比达 66%，而我国仅为 17%，其中股市融资仅占 4%。借鉴美国 1980—2000 年间，直接融资支持产业转型升级的历史经验，未来需加快实现融资结构从间接融资向直接融资转变，为科创企业提供更加便利、多元化的融资渠道，解决制约企业发展的融资难题，加快培育新质生产力以促进产业结构升级。而直接融资的配合离不开活跃的资本市场，我们认为应从进一步完善资本市场制度建设、加强多层次资本市场联动等方面出发来活跃资本市场，推动"科技—产业—金融"良性循环，助力科创企业发展和产业结构升级。

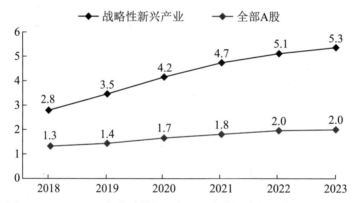

图 14 2018—2023 年战略性新兴产业研发费用占营业收入比重（%）

资料来源：Wind。

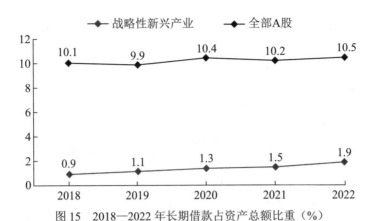

图 15　2018—2022 年长期借款占资产总额比重（%）

资料来源：Wind。

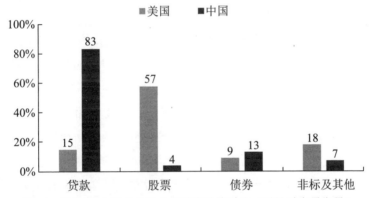

图 16　2022 年中美非金融企业融资结构对比（以社融存量衡量）

资料来源：Wind。

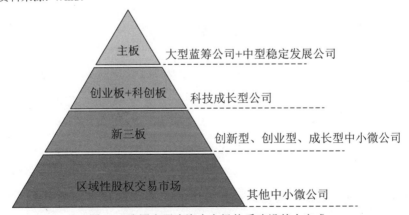

图 17　我国多层次资本市场体系建设基本完成

资料来源：海通证券研究所。

新质生产力的投资机会

刘陈杰　望正资本全球宏观对冲基金董事长

中国首席经济学家论坛成员　中国新供给五十人论坛成员

2023 年 12 月,"先立后破"的提法出现在中央经济工作会议的决策部署中,并已成为解决当代中国艰巨繁重改革发展稳定问题的重要方法论。"先立"即"发展新质生产力","后破"即"发展新质生产力不是忽视、放弃传统产业,要保持经济社会的稳定趋势"。本文将从目前我们面对的实体经济投资回报率出发,阐释发展新质生产力的时代背景和重要性。结合近十年全国各个区域新质生产力发展指数及其分项指数、国内外产业链布局和发展趋势等方面,从资本市场发展、结构性货币政策和具体财税政策的角度,着重分析新质生产力各个方向的发展潜力和潜在的投资机会。

一、新质生产力:时代的需要

从经济学意义上看,新质生产力区别于依靠大量资源投入、高度消耗资源能源的传统发展方式,它代表了一种生产力的跃迁。关于新质生产力,习近平总书记指出,"各地要坚持从实际出发,先立后破、因地制宜、分类指导","积极促进产业高端化、智能化、绿色化"。结合习近平总书记的相关重要论述和当前中国经济发展时代背景,我们初步认为新质生产力是涵盖科技、绿色和数字三大方面的重要概念,代表了新质生产力的发展方向,代表了可持续的发展理念。

中国实体经济投资回报率在 2008 年以来持续下降,且在 2014 年附近降低至金融市场无风险融资成本以下,这就意味着过度的流动性不愿意进入实体经济，更愿意在各类资产之间空转，形成局部泡沫，威胁经济和金融稳定，传统经济发展模式乏力。实体经济投资回报率降低至金融市场无风险回报率附近，融资产生的回报不足以应对融资成本，也是部分金融风险的根源。为什么中国实体经济投资回报率下降得如此之快呢？按照白重恩（2014）的分析方法，我们对影响实体经济投资回报率的几个因素进行解释性分析。按照我们的模型分解，政府规模和人口结构变化是影响2008年之后中国实体经济投资回报率下降的主要因素。人口结构的老龄化进程越快，对全社会实体经济投资回报率的拖累也就越大。从历史上看，提升实体经济投资回报率主要在于进一步拓展行业的改革红利、人口等资源禀赋和资本深化。行业改革红利的释放并非一日之功；人口资源禀赋的增强则依靠进一步加强鼓励人口政策和教育培训；资本深化有赖于对中高端制造业的持续资本投入。实体经济投资回报率的提升，需要发展新质生产力。

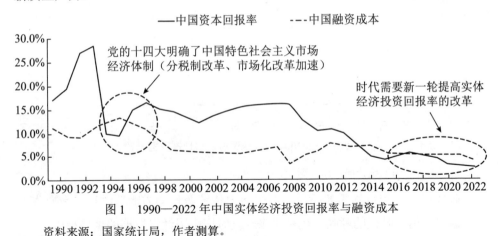

图 1　1990—2022 年中国实体经济投资回报率与融资成本

资料来源：国家统计局，作者测算。

表 1　影响中国实体经济投资回报率的因素分解

	2004—2008 年	2009—2019 年	两阶段差异
政府规模 /%	0.23	0.16	−0.07
人口结构变化 /%	0.48	0.42	−0.06
第二产业占比（/%）	0.46	0.43	−0.03
第三产业占比（/%）	0.41	0.44	0.03

资料来源：国家统计局，万得数据库，作者测算。

　　具体而言，以往拉动经济增长的传统领域式微。按照我们的判断，2019—2021 年是中国城镇居民刚需的拐点。随着人口结构变化，城镇化进程趋势逐渐平缓，城镇居民刚需面积改善边际递减等因素，我们预测中国城镇居民房地产刚需趋势将逐渐减弱。中国城镇居民房地产刚需的中长期变化对于中国经济的影响重大，对于中国经济结构也将产生重要影响。同时，地方政府债务融资推动型增长也遇到了发展瓶颈。按照我们的估算，地方政府目前的显性债务和隐性债务总和可能接近百万亿元的水平。每年的还本付息已经对地方财力形成一定的压力。在房地产行业发展出现系统性变化的时期，地方政府以往债务融资推动型增长的发展模式已经出现桎梏。

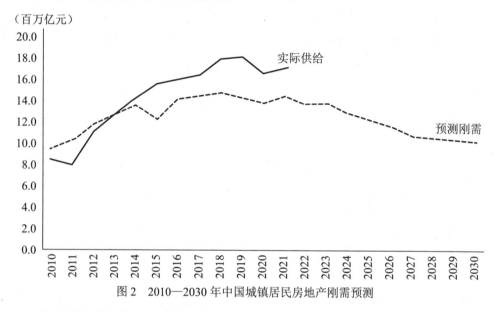

图2　2010—2030年中国城镇居民房地产刚需预测

资料来源：国家统计局，作者测算。

时代已发展到特别需要新质生产力接力传统增长动力的新时期，新质生产力概念的提出是时代的呼唤，也是未来一段时间中国经济发展的重要指引。

二、新质生产力：发展现状和区域协调

关于新质生产力的讨论，可能需要建立在一个初步量化的基础上，才能判断目前我们的新质生产力发展到了什么程度，哪些行业或区域更需要加强，哪些部分更具有领先优势。我们尝试运用综合评价方法在新质生产力评价的量化指标体系建设上，分析新质生产力在行业和区域的发展趋势。

结合相关的学术文献（卢江，2024；沈红兵，2024），我们对新质生产力的评价建立在科技生产力、绿色生产力和数字生产力3个一级指标基础上。

（1）科技生产力，从创新生产力和技术生产力两个方面来描述。具体而言，选取创新研发（国内专利授予数）、创新产业（高技术产业业务收入）和创新产品（规模以上工业产品创新经费）等指标来衡量创新生产力水平；选取技术效率（规模以上工业劳动生产率）、技术研发（规模以上工业 R&D 人员全时当量）和技术生产（机器人安装原始密度）等指标来测度技术生产力水平。

（2）绿色生产力，从资源节约型生产力和环境友好型生产力两个方面展开测度。具体而言，从能源强度（能源消费量/国内生产总值）、能源结构（化石能源消费量/国内生产总值）和用水强度（工业用水量/国内生产总值）三个方面衡量资源节约型生产力；从废物利用（工业固体废弃物综合利用量/工业固体废弃物产生量）、废水排放（工业废水排放/国内生产总值）和废气排放（工业 SO_2 排放/国内生产总值）三个层面衡量环境友好型生产力。

（3）数字生产力，从数字产业生产力和产业数字生产力两个层面展开描述。具体而言，以电子信息制造（集成电路产量）和电信业务通信（电信业务总量）来衡量数字产业生产力；以网络普及率（互联网宽带接入端口数）、软件服务（软件业务收入）、数字信息（光缆线路长度/地区面积）和电子商务（电子商务销售额）来衡量产业数字生产力。

我们运用新改进的熵权 -TOPSIS 方法对新质生产力各层次的指标进行赋权测度，具体数据来源于《中国统计年鉴》《中国能源统计年鉴》《中国环境统计年鉴》《中国科技统计年鉴》《中国工业统计年鉴》等，个别缺失数据采用插值法和移动平均法予以补充。

按照我们的测算，2012—2022 年我们构建的新质生产力指数整体水平不断提升，全国整体水平由 2012 年的 0.302 6 上升到 2022 年的 0.958 9，增长了2.17 倍，复合年均增速为 12.22%。

在科技生产力分项指数层面，2012—2022 年科技生产力指数水平稳步提高，由 2012 年的 0.495 5 上升到 2022 年的 1.168 8，增长了 1.36 倍，复合年均增速为 8.96%，说明我国在高水平科技研发、建设科技强国方面取得了卓有成效的进展。但是，科技分项指数相对于绿色和数字分项指数增速略显缓慢，这说明下一阶段新质生产力的发展方向可能是继续加大科技领域的投入，特别是高科技领域的研发。

在绿色生产力分项指数方面，2022 年绿色生产力水平为 0.848 9，相比2012 年，其增长了 3.51 倍，复合年均增速为 16.24%，这反映 2012 年以来我国经济发展方式由"粗放式"向"集约型"转变，经济社会绿色化、低碳化程度不断提高。

在数字生产力分项指数方面，2012—2022 年数字生产力同样处于一个稳步提升的过程，年均增速达到 14.1%，这说明我国把握住了新一轮网络化、信息化的机遇，数字经济发展势头迅猛，在新时代的科技应用方面成果突出（见图 3）。

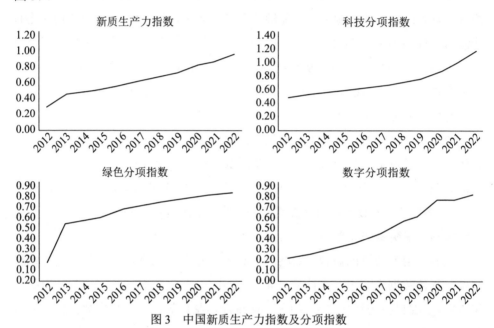

图 3　中国新质生产力指数及分项指数

资料来源：国家统计局，作者测算。

分区域来看，全国新质生产力水平具有显著的区域性差异特征，东部地区的新质生产力领先于中西部地区，且有拉大趋势，而中西部地区新质生产力水平差距逐渐缩小。

整体而言，东部地区、中部地区和西部地区均保持着持续增长势头，但从增速来看，东部地区的增速稍快，中西部地区保持相对稳定的增速。

新质生产力的区域协调发展非常重要。新质生产力的发展容易受到邻近区域的影响，地区间差异是新质生产力差异的主要来源，但地区内部差异也逐渐起到越来越重要的作用。这说明一些新质生产力落后的地区可能会对周围地区新质生产力的发展带来不利影响，同时，新质生产力发展较快的区域也容易形成集群和规模效应。前瞻地看，在东部省市形成高新技术产业集群规模效应

（科技研发、绿色新技术利用等），不仅有助于建设现代化经济体系，打造独具中国特色的发达城市片区高地，也有助于东部发达地区积极发挥辐射作用，带动中部地区新质生产力发展。"因地制宜"的原则要求各地在发展新质生产力时，要根据资源禀赋及实际情况各有侧重。

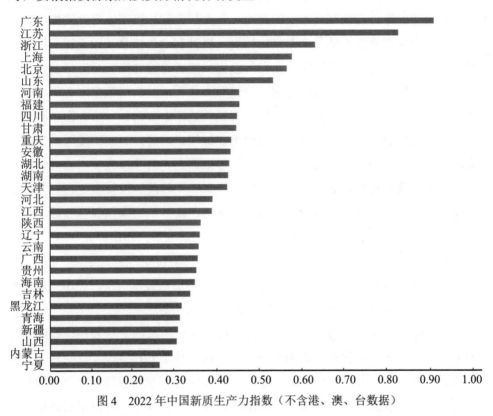

图 4　2022 年中国新质生产力指数（不含港、澳、台数据）

资料来源：国家统计局，作者测算。

三、新质生产力：结构性机会与初步建议

按照本文的分析，我们从新质生产力的科技生产力、绿色生产力和数字生产力三个主要方向来讨论新质生产力的结构性机会。

（1）科技新质生产力方面，基础设施的建设和国产替代体系是发展的重点。首先是基础设施的投资机会。算力基础设施的数量和质量都会对经济增长和全要素增长率展现出显著的正向网络外溢效应。具体来说，按照相关学术研究（沈红兵等，2024），当算力基础设施的数量规模提高 1% 时，全要素生产率将提高约 3%；当算力基础设施的质量水平提高 1% 时，全要素生产率将提高约 8%。综合来看，这两项研究结果均证实了算力基础设施在推动数字经济发展和提高生产效率方面的重要作用。人工智能（AI）引发的巨量的算力基础设施需求，在很大程度上推动了先进封装的发展。例如，英伟达的算力芯片供货就受到了供应商的先进封装产能不足的制约，各大厂商都积极推出自身的先进封装工艺。大力提高算力基础设施国产化程度，提升新一代信息基础设施智能化水平，可为制造业等领域的智能化转型升级提供坚实算力底座。适度超前建设新一代数字基础设施，加快形成全国一体化算力体系，互联网数据中心等电信增值业务有望对外开放。更高密度、更大规模的数据中心建设，给数据中心带来了高功耗的挑战，液冷散热的渗透速度也在加快。同时，科技的发展对能源的需求也将显著增加，特别是数据中心等。基础研究、商业模式应用软件领域的研发、新一代芯片技术的研发等，都将是未来一个阶段科技新质生产力发展的重要方向。建议用好新型举国体制的独特优势，在技术层面加强基础性、前瞻性技术研究，适度超前部署一批关键核心技术突破项目，加快补齐基础零部件、基础材料、先进工艺等短板。在产业层面着力推动传统产业数字化、智能化、绿色化转型，加大人工智能、人形机器人、6G 等前沿技术研发，加速布局人形机器人、脑机接口、量子科技等未来产业。

（2）绿色新质生产力方面，新能源将成为下一阶段的重点方向。智能化是未来新能源整车和零部件投资的一条重要主线，整车 E/E 架构、智能驾驶、AI 大模型创新座舱应用，都使得智能化赛道在 2024 年可能出现技术变化或商业模式的变化。随着渗透率的快速上升和存量的攀升，2024 年新能源车的销量增速将下降，但结构将分化，智能化程度高、成本控制优秀、新车型供给匹配消费者程度高和性价比优势的整车企业将充分受益中国市场。智能驾驶或将在 2024 年迈入加速发展阶段，在降本和技术升级驱动下，L2 向标配化发展。同时，新能源车出口也将是驱动国内整车和零部件厂商的重要力量。值得一提的是，人形机器人行业随着技术的提升和市场需求，也将在 2024 年出现实质性的业绩和投资机会。结构性分化将是行业的主要特点。部分先进产能占比较高的光伏和风电企业在成本控制和销售业绩方面将有进一步的提升空间，行业内部之间的差异也将带来投资机会。当全球光伏和风电库存回到正常水平，行业利润降低至接近部分过剩产能出清状态时，行业的利润率水平将逐渐抬升，估值中枢也将重新攀升。

（3）数字新质生产力方面，发展新质生产力要加强人工智能、大数据、物联网、工业互联网等数字技术融合应用。做大做强一批产业关联度大、国际竞争力强的龙头骨干企业和具有产业链控制力的生态主导型企业，鼓励龙头骨干企业发挥好产业链融通带动作用。值得注意的是，新质生产力的本质在于科技赋能产业，而智能制造是发展新质生产力的重要抓手之一。同时，数字技术对工业效率赋能在 2017 至 2022 年提升了 1.14 倍，数据要素贡献显现。数据要素提升企业在要素使用、资源配置和创新决策等方面的能力，实现降本增效和价值倍增，形成数据驱动创新发展新模式，数据要素对经济发展的贡献开始显现。建议加快建立工业数据流通规则，强化工业数据交易流通、开放共享、安全认证、数据资产登记等制度规范的研究与制定。推进数据标准化体系建设，制定数据格式、接口、存储等软硬件通用标准，以及数据登记、数据交易、数据共享等环节通用规范，深化企业数据管理国家标准（DCMM）贯标。加快培育数据标注、清洗、聚合等大数据产业，开展大数据产业发展示范，推进大数据产业链现代化。

整体而言，我们认为新质生产力的发展紧密契合时代发展的需要，是我国经济发展到现阶段、接力传统增长动力的重要方向。同时，我们将新质生产力分为科技、绿色和数字三个分项，在科技基础研究方面还有进一步加速提升的空间，其也将是下一阶段结构性财政政策和货币政策发力的方向。新质生产力区域之间发展差异较大，容易形成集群的规模效益。各地区发展新质生产力应该注意区域协调配合，中东西部各自发挥优势，在基础研发、商业应用和后台基础设施等领域实现精细化分工。对于资本市场而言，结构重于总量，长期重于短期，通过详细分析新质生产力在各个方面的结构性机会，发现科技发展、绿色发展和数字化发展的潜力和空间巨大。2024 年的中国经济，稳定和发展是主基调，结构性机会是我们在下一阶段的追求。

科技金融：金融如何更好地服务科技创新 ①

屈宏斌　中国首席经济学家论坛副理事长　汇丰银行大中华区前首席经济学家

一、金融转型是推进科技创新、实现高质量发展的迫切要求

党的二十大报告指出高质量发展是全面建设社会主义现代化国家的首要任务。而从过去的以生产要素投入为主的粗放型增长模式向创新驱动的效率型增长模式转型是实现高质量发展的关键。

从经济现实来看，长期支撑经济和就业增长的房地产和以铁路、公路、机场为代表的国家投资的基础设施建设等传统产业的繁荣期已经结束。尤其是考虑到我国房地产和相关上下游产业链在 GDP 中的占比高达 30% 左右，其繁荣过后的调整不可避免地将对整体经济和就业产生负面影响。

为了保就业和实现高质量发展，我国亟须加速向创新驱动的增长模式转型，尽快培育出能够替代旧的经济支柱的新产业新动能。而技术密集型制造业和相关服务业是最有潜力替代房地产等传统产业成为实现创新驱动的高质量发展的新支柱产业。同时，加速发展中高端科技制造业，也是应对国际地缘政治新挑战和赢得大国竞争的迫切要求。然而，目前我国科技密集型制造业不仅体量小，在工业增加值总额中的占比不到 20%，而且还面临着诸多发展障碍。其中最大的障碍就是融资难。近年来各种形式的抽样调查和实地调研结果都表明大多数科创企业，特别是中小微科创民营企业面临的最大经营困难就是融资难。虽然

---

① 西安交通大学经济与金融学院刘煜对此文贡献较大。

央行和相关部委在过去三年也陆续出台了支持中小微信贷和普惠金融等一些结构性货币政策措施，但成效并不显著，多数中小微科创企业的经营和发展仍面临融资难融资贵的束缚。这说明我国金融体系必须来一场深层次的改革和大转型才能减轻对科创企业的融资约束。

众所周知，目前我国的金融体系是以大银行主导和间接融资为主，资本市场等直接融资的占比较小。这种体系在为大企业和大型建设项目提供融资支持方面显示出其独特优势。长期以来，无论银行、信托、投资公司，还是债券发行，甚至股票发行，都热衷于为拥有大量有形资产抵押物的大企业和大项目融资。这些金融机构在过去二十多年房地产大繁荣和大规模基础设施建设中发挥了重要作用，也进一步增强了其为大企业、大项目融资的能力。但是，加速发展以中小微科创企业为主导的科技密集型产业是实现效率驱动高质量发展的迫切要求，而发展科技密集型产业的先决条件就是解决科创企业融资难的问题。因此，金融体系必须尽快转型才能为科技和知识密集型企业的成长松绑，如此才能为新兴产业和未来产业的发展创造有利的资金和资本条件。

二、金融服务科创企业的国际经验

（一）美国：重视中小企业融资保障，风险投资市场发达

1. 特设小企业管理局，以支持美国中小企业研发融资

小企业管理局及其配套政策最大的作用是为中小企业融资提供信用增进，为投资者提供风险分担机制。目前，美国通过小企业管理局构建了从全国到区域再到社区的三层次中小企业信用担保体系，覆盖面广，可以为中小企业提供不同性质、不同类型的担保，助力中小企业更有效地获得贷款。根据小企业管理局规定，在全国性中小企业信用担保体系中，对 10 万美元的贷款可以提供 8 万美元的担保，对 75 万美元以下的贷款可以提供总贷款额 75% 的担保，中小企业可以拥有 25 年内的贷款偿还期。

2. 多层次的资本市场是支持企业科研创新的主力

美国的直接融资市场也十分发达。除了层次多样、功能完备的股票市场外，债券也占据了资本市场中的重要位置。在美国，企业发行债券较自由，企业只

要与证券公司协商好发行总额和发行条件，就可以发行债券。债券的发行期限分为短期、中期和长期，没有地域限制，具有较高的回报率，因此发行债券也是美国企业重要的外源融资方式。

3. 风险投资市场比较发达，成为科技型中小企业重要的融资渠道

其主要特征如下：

第一，组织形式以有限合伙制为主，可以有效地解决一系列代理问题。

第二，机构基金占绝对主导地位且资金来源广泛而稳定。美国风险投资资金来源多元化，主要来源于捐赠基金、投资银行、非银行金融机构、大公司、银行控股公司、养老保险、保险公司以及外国投资者的投资。

第三，风险投资比较青睐于在风险企业的成长期和扩张期进行投资，美国的风险投资资金约有 80% 投在成长期和扩张期，行业则集中于医疗、生物技术、信息技术以及健康产业。

第四，退出渠道多样：①公开上市；②企业兼并收购或股权出售；③企业破产清算。三种退出方式大约各占三分之一，其中股权出售和股权互购的占比略高一些。

（二）德国：充分发挥全能型银行在支持科技创新上的重要作用

德国的金融支持体系主要以间接金融为主，以商业银行业务为主，以风险投资为辅，其政府综合运用财政杠杆与金融杠杆支持中小企业科技创新，有效促进了高尖端的中小企业发展。

1. 凭借"全能型银行"的优势为中小科创企业提供资金支持

德国银行在《银行业务法》中获得了全能型银行的权利，可以从事存贷款、贴现、信托以及财务代理和金融租赁等多层次金融业务，因此较容易满足科创企业的融资需求，同时全能银行与担保机构有紧密联系，在信用评级方面具有优势。

当风险产生时，银行也不需要独自承担风险，只需要承担小部分风险即可。德国银行可以直接投资并持有企业股份。同时，商业银行通过成立中小企业贷款基金，还可与其他银行合作向中小企业贷款，通过证券化、银团贷款安排和信用风险分销等方式帮助广大中小企业拓宽资金来源。此外，为中小企业提供投行相关服务，包括发行承销、并购重组、资产证券化和结构化免税等。

在其担保模式中，担保银行具有先进的动态信用评级技术与风险承担体系，并规定担保银行的贷款损失率为 3% 以内，超过部分应通过增加保费率、政府承担以及担保银行投资人增加资本来解决。

2. 设立分级管理模式，以政策建设和财政补贴激励科技创新

德国政府将中小企业促进政策与创新政策相结合，促进中小企业发展的主要目的是提高其创新能力。在联邦经济部下设中小企业秘书处和中小企业管理局，各州经济部也设立了类似的管理机构，分别对中小企业进行管理和提供服务。税收优惠方面，采取降低税率、税收减免优惠、提高税收起征点和固定资产折旧率等措施支持中小企业开展研发工作，还提供了很多财政补贴，并设立中小企业研究与技术专项基金等。

3. 充分发挥资本市场的力量，为中小科创企业提供融资支持

德国政府积极参与支持设立科技创投基金，2005 年以公私合营模式和股权投资方式启动了高科技创业基金（HTGF），重点资助信息通信技术、生命科学、自动化与电子技术等七大重点领域。为推动风险投资公司发展，德国政府与上百家风投建立合作关系，以优惠利率向其贷款，使资金流向科技园或孵化器，并承担一定比例的风险担保。"工业 4.0"涉及的新兴产业以及具有高成长性的行业更容易获得风险资本的青睐。德国政府通过调整中小企业政策导向，引导资本流向创新兴领域。

（三）日本：银行体系主导，信用补全制度全球领先

日本的金融体系与德国类似，也是以银行为主导的间接融资体系。日本金融体系支持科技创新的主要实践体现为以下四方面。

1. 法律法规层面建立起金融服务中小科创企业的整体架构

自 20 世纪 90 年代开始，日本就不断完善科技金融的政策法规体系。1995 年的《中小企业创造法》是日本第一部支持对中小型科技企业进行风险投资的法律。1996 年，日本各县设立"风险财团"，专门用于投资研发型风险企业。1997 年，日本开始实施天使税制，对投资风险企业的天使投资人提供税收优惠。1998 年，日本出台《中小企业投资事业有限责任合伙合同法》，并设立中小企业综合事业团（后改为中小企业基础设施建设机构），专门从事中小企业

风险基金投资项目。《有关产业活力再生及产业活动革新的特别措施法》（2011年）出台后，中小企业基础设施建设机构开始为风险企业债务提供担保。2013年出台的《产业竞争力强化法》进一步加强了政府对企业风险投资的税收扶持。

2. 成立三大政策性金融机构，为中小企业提供低息融资

与美国相比，日本拥有更多政策性金融机构，各个机构具有不同的特色和职能。日本政府为满足中小企业的融资需求建立了国民生活金融公库、中小企业金融公库、商工合作社中央公库等政策性金融机构，这三个政策性金融机构的主要功能是为中小企业发展提供低息融资服务，但又各有侧重。国民生活金融公库主要提供小额周转资金贷款，服务对象是规模较小的中小企业。中小企业金融公库则支持规模较大的中小企业，为其提供长期低息贷款。政府和中小企业协会共同出资组成商工合作社中央公库，该公库对团体所属成员提供贴现票据、无担保贷款等服务。这些政策性金融机构在一定程度上改善了中小型科技企业融资难的问题。

3. 建立起全球领先的信用补全制度，为中小企业融资保驾护航

结合本国银行主导的科技金融市场的特点，日本建立了具有本国特色的信用补全制度。信用补全制度构成的信用担保体系包括两级担保，一是担保与保险相结合，二是中央与地方共担风险。担保与保险相结合是指信用补全制度，包括信用保证协会制度和中小企业信用保险制度，信用保证协会在中小企业向金融机构借款时为其提供担保服务；中小企业信用保险制度是指信用保证协会在为中小企业提供担保时，和中小企业保险公司签订合同，当中小企业无法还贷时，信用保证协会可根据合同向中小企业信用保险金库索赔保险金。政府和地方共担风险是指政府会根据情况补偿信用保证协会的最终损失。日本的信用补全制度被誉为最完善的信用担保体系，在间接融资市场发达而直接融资市场不发达的不平衡金融市场中实现了较好的政策效果，其担保规模在1999年年末就已远远超过美国，较好地解决了科技型企业融资问题，有效促进了科技型中小企业的发展。

4. 强大的银行体系是日本科技创新的主要融资渠道

20世纪90年代以来，日本经济陷入了衰退和停滞，尤其是在金融领域出现了泡沫以及巨额不良债权等严重问题，引发了日本政府对传统金融制度的深

层次改革。

日本金融体制重建旨在改变高度监管的银行系统，将其转变成为一个公开透明的、以市场为中心的金融体系，从而振兴日本经济。改革保留了原有体制的特征，采用了部分英美市场融资体系的内容，同时也创造了一些不同于任何已存在体系的新实践，对直接金融的吸收一定程度上克服了传统金融模式的弊端，提高了金融市场活力和金融机构的国际竞争力。改革后的日本金融中介在组织结构、融资工具和融资制度上都进行了创新，更加有利于日本科技企业通过间接融资渠道进行融资。

金融改革后，日本从法律上完全解除了银行、保险公司、证券机构等金融机构业务范围的限制，各机构之间的金融活动与服务相互交叉、相互渗透。在政策的推动下，日本金融领域出现了前所未有的大规模重组与整合。整合后的银团在组织结构上大多包含了银行、证券及保险等不同种类的金融机构，实现了银行持股公司的混业经营。

改革后的金融体系可以根据科技企业的生命周期来提供相应的融资服务。如创业投资子公司可以为科技企业的早期和成长期提供资金；科技企业进入中后期，由于前期的有利信息和创投机构的扶持，使其获得银行贷款的机会更大，贷款额更高；科技企业步入成熟期后，金融持股公司下的证券子公司可以为企业利用股票市场和债券市场直接融资提供服务。

此外，日本政策性投资银行根据相关法律，对缺乏传统抵押担保物的创业企业，可以知识产权担保提供长期资本供给，实践中主要以专利权和著作权为担保。在政府、银行机构和科技企业三方共同努力下，知识产权担保融资成为解决科技型中小企业融资困难的有效工具。

（四）以色列：政府为科技成果市场化提供过渡性支持

以色列在实施科技创新战略中，着重营造激励创新的公平竞争环境，通过各类研发资金支持建立创新风险分担机制，强化风险投资等金融行业对创新的服务功能。

1. 用法律形式明确科学家在资金使用中的支配地位

以色列政府建立了透明的法律体系框架，以色列的《产业创新促进法》将创新政策的制定、实施与协调等各项权力集中授予了经济部（原工业与贸易部）

下属的首席科学家办公室等专职机构，使其统筹管理政府科研资金，有效做好对重点行业、关键技术领域的资金支持，在 20 世纪 80 年代牵头负责了以色列政府一系列研发支持计划，包括研发基金计划、孵化器计划、磁石计划以及国际科技合作项目等。

2. 淡化政府基金的收益目标并建立风险分担机制

研发支持基金是以色列政府在《产业创新促进法》框架下最早实施，也是适用范围最广、规模最大的一项创新扶持计划。符合条件的以色列企业均可以向首席科学家办公室提出资金支持申请，一般 70% 左右的企业可以获准通过，并获得不超过研发预算成本 20%～50% 的支持资金。以色列政府对提出申请的企业主要设置了三项条件：一是要求研发项目必须由申请企业亲自实施，不可委托第三方；二是项目成果转化成的产品必须在以色列境内生产；三是研发技术的专利成果不得转让或出售给第三方。

此外，根据《产业创新促进法》，获得研发基金支持的企业不得再申请其他的政府科技创新项目。研发项目获得商业成功后，一般要以专利权费的形式按一定比例、按年度偿还政府的资助资金，政府获得的收入总计不得超过资助本金及相应利息之和。

以色列政府支持科技研发并不以商业成功作为主要考量，不要求过高的投资回报，甚至对失败的初创公司还实行了债务豁免。以色列还设立了 2.2 亿美元的国家担保基金，通过议会授权，为中小企业申请银行贷款提供担保。

3. 鼓励国际合作，建立双边产业研发基金

在开展国际合作方面，首席科学家办公室遴选符合条件的国家及企业、研发机构，通过国际合作分享先进技术、获取市场信息，有效推动新技术、新产品进入国际市场。

以美双边产业研发基金（BIRD 基金）是全球历史最悠久的双边合作基金之一，由以色列和美国政府在 1977 年联合创建，旨在促进以美两国中小型企业产业技术创新的国际合作，成立至今已支持超过近千个产业合作项目。

该基金在公司管理、项目投资等方面都很好地体现了双边合作的特点。管理方面，BIRD 基金理事会为最高管理机构，成员为 6 人，由以美各派 3 名代表组成，相关人员一般来自财政部、经济部等政府部门。BIRD 基金要求所有的项目必须是由一家以色列公司和一家美国公司联合申请，两家公司共同承担

研发和销售过程中的风险。这些项目会提交给有经验的专家审查。

与一般的风险投资基金不同，BIRD 基金提供的是政策性债权融资，并不要求股权回报。BIRD 基金对申请项目提供的资金支持最高金额可达到项目总预算的 50%，而只有当该项目获得销售收入时，BIRD 才会要求企业偿还资金。为了鼓励企业尽早实现商业化，基金根据偿还期限的不同设置了不同的偿还比例，比例从 100% 到最高的 150% 不等。如果项目失败，BIRD 基金将不要求还款。

鉴于 BIRD 基金的成功经验，以色列政府分别与加拿大、新加坡以及韩国等国家建立了类似的基金，也都取得了不错的效果。2011 年，以色列工贸部还推出了一项约 2 亿元人民币的"印中计划"，鼓励科技企业加强与印度、中国的合作。

4. 鼓励风险投资发展，最大限度降低行政干预

在政府基金的引导和带领下，以色列积极引入众多的民间和国际风险投资机构，不断加大对以色列科技创新领域的投资。其中互联网、通信、软件、生命科学、半导体五大高科技领域分享了约 80% 的风险投资，市场化的风投行业逐渐替代了各项政府支持计划，外资风险投资机构成为支持以色列高科技发展的主导力量。

在这一模式中，政府基金在先期引导并初见成效时便适时退出，使财政资金效率最大化，也为风投机构提供了丰厚的投资机遇。同时，政府将重心转向政策支持和投资环境建设，建立了以色列风险投资市场开放竞争和法律保障的良性机制。

三、各国经验的重要启示

（一）拓展业务范围，增强服务科创能力

以银行为代表的间接融资体系对科创支持仍存在巨大的延展空间，关键在于如何规范地拓展银行的业务范围以及增强其服务科创的能力。德国的全能型银行，既可以直接投资并持有企业股份，又可以通过中小企业贷款基金，用证券化等方式帮助广大中小企业拓宽资金来源。日本在 20 世纪 90 年代完全解除了对银行业务范围的限制，银行的各个子机构得以为科技企业提供全生命周期的融资服

务。这对目前仍以间接融资为主体的中国金融体系具有重大的借鉴意义。

（二）完善风险分担与退出机制，平衡风险与收益

直接融资应当是金融支持科创最直接、最有效的方式，关键是在构建多层次资本市场的同时，要完善风险分担与退出机制，以便最大限度地实现金融支持科创过程中风险与收益的平衡。交易机制完善、流动性高、退出机制健全的多层次资本市场，可以对接不同类型、不同发展阶段的科创企业。科学规范的多层次资本市场的制度设计又可为投资者在收益与风险之间作出可靠的抉择，从而增强投资科创企业的积极性。

（三）建立健全便捷、高效的科创支持制度体系

美国小企业管理局的设立极大地提升了美国各类科技创新型小企业的成功概率。日本通过《中小企业创造法》支持对科技型中小企业进行风险投资。以色列则用法律形式明确科学家在资金使用中的支配地位。我国应结合自身实际，做好顶层设计，增强支持科创的制度供给。

（四）注重发挥财政资金的信用增进和风险分担作用

当前科创企业获得资金支持不足的重要原因在于其风险较大，在现行体制下，金融体系的资金较难大规模进入科创领域。一方面，财政资金应淡化收益目标，如以色列政府支持科技研发并未以商业成功作为主要考量，也不要求过高的投资回报，甚至对失败的初创公司还实行了债务豁免。另一方面，财政资金的信用增进和风险分担作用应得到着重发挥。

（五）避免过度行政干预，有效发挥市场作用

各国的经验是政府应搭建好平台、做好对私营资本的投资引导。政府的适时退出，也是不与民争利的体现，有助于财政资金的循环使用并发挥更大效益。例如，美国资本市场在较少政府干预的环境下赋予企业发行股票和债券的自由，为直接融资市场提供了广阔的发展空间。又如，以色列市场化的风险资本有效地将科技和资本进行对接，使以色列成为世界上公认的创业和创新技术中心之一。外资和私营资本共同参与，由政府提供资金并制定相关规则，但通常并不负责具体运营。

四、我国金融体系在服务科创企业方面的差距和提升空间

我国金融支持科技创新的核心矛盾是，以间接融资为主的金融结构与科创企业的融资需求不匹配。这一矛盾集中体现在四个方面：

第一，银行体系追求本金安全和收益确定性与科技创新和成果转化存在不确定性之间的矛盾。

第二，金融市场对于资本快速流通、高周转的要求与科创企业到产业化阶段的长周期之间的矛盾。我国目前的信贷和债券的期限大部分都是 5 年以内，但多数科技创新项目从科研成果转化为应用性技术并且形成产品则是个漫长的过程，需要 5 至 10 年的耐心资本支持。

第三，中国金融体系习惯于为大企业、大项目提供"大钱"与早期科技创新阶段需要"小钱"之间的矛盾。

第四，金融体系"重抵押"与科创企业"轻资产"之间的矛盾。

此外，我国直接融资市场发育不足，对科创企业的融资支持也有待加强，鼓励金融支持科技创新的政策也有待完善。

在总结国际经验启示并结合我国实际情况的基础上，现阶段金融更好发挥支持科技创新作用的改革核心思路应当是：在不断完善以债务融资为主的社会融资模式基础上，探索并建立以股权融资为主的多层次资本市场体系，推动金融支持模式从间接融资向直接融资转变，通过政策设计引导各类金融服务为处在不同发展阶段的企业和科技项目提供有针对性的、差异化的金融支持。具体来说，可从"破旧、立新、聚合"三个层次共同发力。

（一）破旧

"破旧"，即在现有的金融结构中，释放银行体系服务科创企业产业化不同阶段融资需求的能力和动力。具体建议如下：

第一，探索信贷融资支持科创的新模式，即创设"专精特新贷"。其优势在于不违背信贷规律的同时，既能帮助初创科技企业解决初期发展资金不足的问题，又能解决这类企业高风险覆盖的问题，还不摊薄创始人或者创始团队的股权，使其心甘情愿地为此付出合理对价。

第二，制度方面应有所突破。一是适度放松对商业银行直接投资企业股权的严格限制，打造银行直接参与股权投资支持科创的新空间。当前，受《中华

人民共和国商业银行法》限制，商业银行不能投资企业股权。所以在《中华人民共和国商业银行法》修订之前，建议考虑全国人大授权中央银行等金融管理部门制定支持科技创新的新规章条例并由国务院颁布，适度放松对商业银行直接投资企业股权的严格限制，允许银行有更大的空间直接从事股权投资。二是调整监管政策，允许商业银行以一定的方式参与股权投资。三是融合科技信用体系与信贷评审体系，探索建立能够反映新经济发展方式的会计制度，建立健全风险损失抵补机制。四是以大型商业银行为试点，构建银行股权投资基金。五是推动商业银行人事管理模式变革，增强金融资本参与科技产业循环的长期稳定性。六是推进制度型金融开放以及金融供给侧结构性改革。

（二）立新

"立新"即借鉴国际成功经验，大力推动多层次资本市场的发展，更多通过直接融资的方式满足科创企业在不同发展阶段的融资需求。探索建立以股权融资为主的融资模式，促进金融深度参与科技创新产业化过程。具体内容有五个方面：

第一，发掘信用货币潜力，用好结构性货币政策工具以促进股权金融发展。

第二，健全多层次资本市场体系，形成可适应和满足不同类型、不同发展阶段的科创企业差异化融资需求的多层次资本市场体系，增强服务的多元性、针对性、普惠性。

第三，深入推进债券市场创新发展，推出满足不同阶段科创企业融资需求的直接融资工具和金融产品。

第四，加快发展私募股权基金。

第五，推动长期资金进入资本市场支持科技创新，共享科创成果产业化的长期红利。

（三）聚合

"聚合"即充分发挥财政资金的支撑作用，让财政资金通过引导、担保、兜底等方式充当金融资本的后盾，与金融体系协同完成支持科创的重任。具体来说，就是提升财政资金与金融体系的配合效率，不断发挥财政资金的撬动和托举的作用，共促科创进步。

可转债助力中国经济高质量发展

陈洪斌　鹏扬基金首席经济学家、总经理助理　中国首席经济学家论坛理事

中国经济已经从高速增长阶段转向高质量发展阶段，其中科创企业发挥着举足轻重的作用。通过对比全球可转债市场发展现状，发现成熟的转债市场发行主体的高科技属性更强、转债品种和条款也更为丰富，有利于科创企业进行融资。而我国在总量、结构和条款上均有进一步提升的空间。为此，本文通过借鉴国外转债市场优秀经验，对我国可转债发展提出优化建议，以期帮助科技企业走出融资难困境，助力我国经济实现高质量发展。

一、全球可转债市场发展现状

纵观过去二十多年全球可转债市场的发展历程，其发行量与股票市场繁荣和货币政策导向密切相关（见图1）。从可转债发行分布来看，美欧长期可转债发行量占全球比例超过80%，其中2021年美国发行量占比达到68%。一方面，由于美欧直接融资市场发达，转债市场起步早，经过长时间的发展，转债市场体量较大；另一方面，美国大量的科创企业对股债混合型融资工具需求旺盛，这让其成为全球转债发行最多的国家。而日本则自20世纪90年代中期开始经济长期低迷，转债市场逐渐萎缩，除日本以外的亚洲地区转债发行量占比近年来稳定在10%以上。从趋势来看，随着中国以及其他亚洲新兴经济体的经济增长和资本市场发展，其可转债发行占全球比例有望进一步提升。

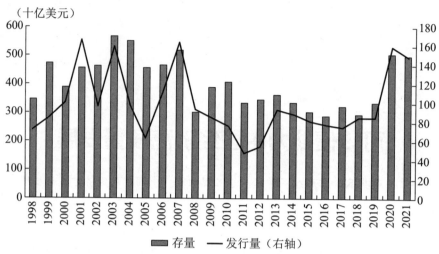

（十亿美元）

图 1　1998—2021 年全球可转债存量与发行量

数据来源：Calamos、BofA Global Research、ICE Data Indices, LLC。

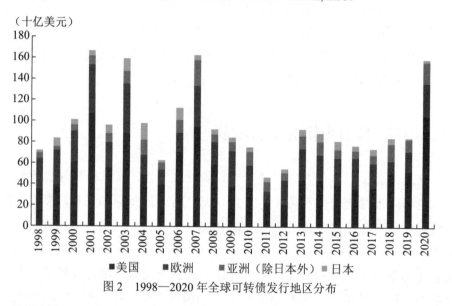

（十亿美元）

图 2　1998—2020 年全球可转债发行地区分布

数据来源：Calamos、BofA Global Research。

（一）美国可转债占信用债发行比例显著高于其他地区

从历史数据来看，美国可转债占信用债发行比重长期超过 2.5%，欧洲常年保持在不到 1%，日本则呈现逐步下行的趋势，近年来稳定在 0.1% 左右（见图 3）。美、欧、日三地区这一比例差异的背后，也折射出各个地区经济活力与科技创新能力的不同。美国庞大的经济体量与强劲的科技实力带来包括可转债在内多样化的融资需求，这种需求与其发达的资本市场相结合的方式使其转债发行占比较高。而欧洲和日本则由于经济长期趋于衰退且科技创新能力逐渐下降，使转债无法充分发挥其股债双性对于科创企业的作用，导致发行量占比较少。

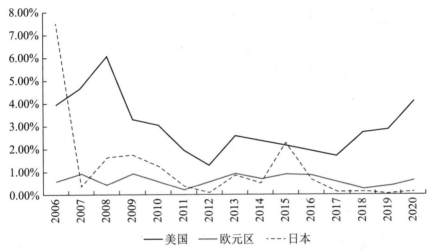

图 3　2006—2020 年海外各地区可转债占企业债发行比重

数据来源：Wind、SIFMA、ECB。

（二）从行业结构来看，美欧可转债发行主要分布在科技领域

鉴于美国和欧洲占全球可转债发行的绝大部分，下文将重点关注美欧转债市场的结构特征。美国转债发行占比靠前的行业分别是信息技术、医疗保健、非必需消费品、通信服务和金融，其中信息技术行业占比超过30%（见图4）。欧洲发行占比靠前的行业分别是工业品与服务、技术设备、医疗保健、旅游与休闲和金融服务，其中工业品与服务、技术设备行业占比总和在30%左右（见图5）。从上述行业分布可知，美欧转债发行主体中高新技术领域占比较多。一方面这体现了其科技水平领先的现状；另一方面表明了可转债非常适合于高风险、轻资产和现金流不稳定的科创企业融资。同时，美国与欧洲行业分布差异也体现了两个地区经济结构在高科技导向上的差别，美国转债发行主体的高科技属性更强。

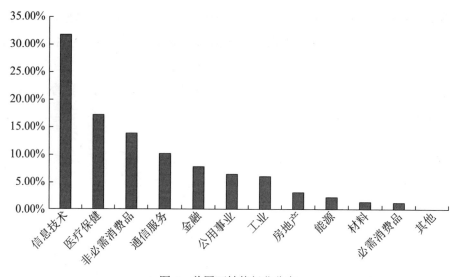

图 4　美国可转债行业分布

数据来源：Calamos、ICE BofA All US Convertibles Index，截至 2021 年 12 月。

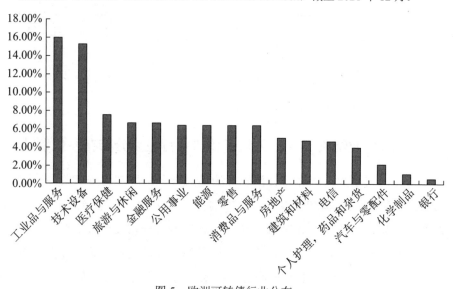

图 5　欧洲可转债行业分布

数据来源：Exane Europe Convertible Bond，截至 2022 年 2 月。

（三）美欧可转债中未评级与低评级比例较高

截至 2022 年 2 月，美国存量转债中有 77.9% 属于未评级，BBB 评级占 11.6%，BB 评级占 6.3%，B 评级占 2.3%，CCC 及以下评级占 1.4%，而 AAA、AA 和 A 评级总计占比不超过 0.6%。欧洲情况较美国更均衡，但也以未评级与低评级为主，其存量转债中未评级占 43.7%，BBB、BB 以及 BB 以下评级占 35.8%，AA 和 A 评级占 20.6%（见图 6）。造成上述情况的原因包括：首先，欧美转债市场私募发行占比较大。私募发行所需时间较短，便于企业及时抓住融资时机，并且不必评级，能够节省可观的费用。其次，欧美转债融资主体以科技企业为主，这一类企业多数缺乏稳定现金流与固定资产，评级一般较低。最后，美国私募转债发行后，可通过再注册方式在公开市场流通，极大地提升了流动性，这也是其私募转债发行比重较高的原因之一。

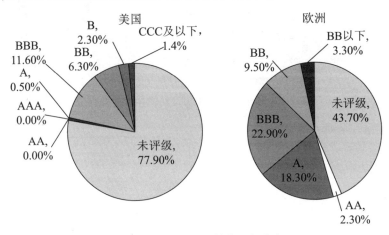

图 6　美国与欧洲可转债评级分布

数据来源：Calamos、BofA Global Research、Exane Europe Convertible Bond，截至 2022 年 2 月。

（四）中国可转债市场近年来发展迅速，但总量仍显不足

1992 年发行的"宝安转债"开辟了中国转债市场的先河。2017 年证监会发布"再融资新规"对上市公司再融资格局产生重大影响，非公开发行股票受限，转债发行呈现井喷之势。发行量从 2016 年的 213 亿元增长到 2021 年的 2 829 亿元，年均增速达 67.8%；存量也从 2016 年的 344 亿元增长到 2021 年的 6 582 亿元，年均增速为 80%（见图 7）。在我国转债市场取得飞速发展的同时，与海外市场相比，发行总量仍显不足。我国转债发行占信用债发行量比重常年不超过 1.5%，与美国长期超过 2.5% 的比重相差较大（见图 8）。在当前以及未来一段时间内，我国经济稳中向好态势不变，经济活力持续增强，产业结构不断优化，可转债市场有空间也有必要进一步扩容发展。

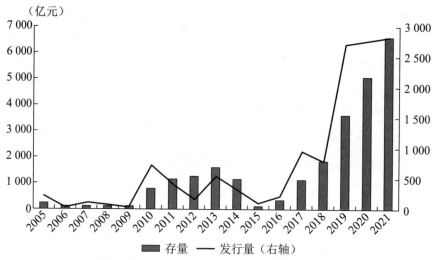

图 7　2005—2021 年中国可转债存量与发行量

数据来源：Wind。

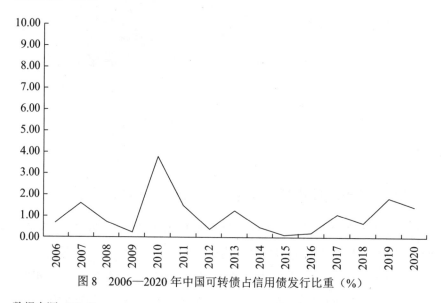

图 8　2006—2020 年中国可转债占信用债发行比重（%）

数据来源：Wind。

（五）中国可转债行业分布失衡，应重点提升科技创新属性

中国转债发行量排名靠前的行业分别是银行、材料、资本品、运输以及技术硬件与设备。其中银行占比超过累计发行量的 30%，而其他科创属性更强的技术硬件与设备、半导体与半导体生产设备、制药、生物科技与生命科学以及

软件与服务占比总和为 13.5%（见图 9）。这些数据表明，与海外市场相比，中国转债市场对科技新创企业支持力度有待提升。一方面，这是由于股权再融资渠道受限，大量上市公司发行转债的目的是变相发行股票，而其中多数并非高科技企业；另一方面，中国转债发行门槛较高，这使科创企业难以达到发行转债的条件，反而降低了其通过转债融资的可能。

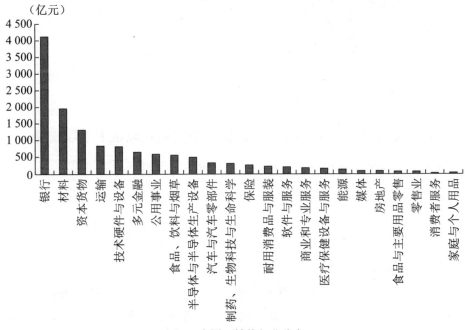

图 9　中国可转债行业分布

数据来源：Wind，截至 2022 年 2 月。

（六）中国转债发行方式单一，评级结构有待优化以匹配科创企业

　　发行方式上，公募发行占绝对多数，达到 99%。评级分布上，我国转债中无评级与低评级占比极少，未评级占总发行量 2%，AA- 及以下评级占比 8%，剩下 90% 均为 AA 及以上评级，AAA 占比就达到 51%（见图 10）。一方面，这是由于当前我国私募转债无法像美国一样注册公开交易，导致其流动性不足，进而难以通过私募方式融资。而公募发行必须评级，导致未评级的占比极小。另一方面，这是由于我国转债发行门槛较高，抬升了整个市场的债项评级，叠加银行转债发行占比较高，进一步抬升了评级要求。

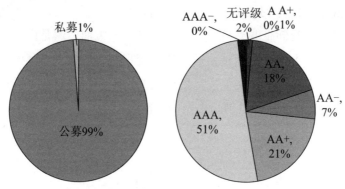

图 10 中国可转债的发行方式与评级分布

数据来源：Wind，截至 2022 年 2 月。

（七）可转债有利于科创企业融资，中国应在政策上予以支持

上述分析表明，中国转债市场存在明显的总量不足与结构失衡的特征。为得到转债对不同类型企业融资重要性的直观证据，本文选取 8 个代表性行业，在各行业发行转债的企业中分别抽样，比较抽样企业转债占其发行债券比例（见表 1）。在各抽样行业中，转债占银行债券融资比重最低，为 5.25%；在生物制药、技术硬件与设备以及建筑与工程行业均超过 60%；而在新能源、软件、电气设备以及航空航天行业的债券融资占比均在 98% 以上。通过抽样数据可知，科创型企业融资更加依赖可转债这样一种特殊的融资工具。因此，我国有必要对相关政策予以支持，破解科创企业融资难题，助力实现我国经济高质量发展。

表 1 各行业抽样公司的债券发行特征

行业	转债发行（亿元）	一般性债券发行（亿元）	转债占比（%）
银行	229	4 130	5.25
新能源	226	4	98.26
生物制药	54.65	30	64.56
软件	14.18	0	100
技术硬件与设备	17.75	8	68.93
电气设备	21.54	0	100
航空航天	11.65	0	100
建筑与工程	20.8	10	67.53

数据来源：Wind。

二、中美可转债发行条款差异

美国可转债市场发展时间长、创新产品多、条款设计更为丰富，有利于发行人运用条款进行灵活博弈，为科创企业提供了较好的融资工具。而我国可转债市场发展时间相对较短，市场交易品种较为单一，条款设计趋同性强，更有利于大型国企融资。以下将对美国转债市场中的特殊条款和特殊品种差异性进行对比并附表进行说明，详见表2。

表 2　中美可转债条款对比

条款	美国	中国
转股条款	溢价发行：转股价格相较正股价格，均有30%左右的溢价	平价发行：大部分转债没有溢价甚至部分有折价
赎回条款	硬赎回条款：约定转债发行若干年后，发行人有权赎回全部或部分转债，且同一转债可以约定多个强赎期 软赎回条款：约定正股价格在一段时间内连续上涨至转股价格的某一阈值后，按约定价格赎回转债 强制赎回保护条款：约定发行人在一段时间内，不能赎回所发行的转债	软赎回条款：约定正股价格在一段时间内连续上涨至转股价格的某一阈值后，按约定价格赎回转债 赎回期：一般设定为六个月后
回售条款	更苛刻 大部分转债只有在公司发生重大变化时才可以回售，且回售价通常低于面值	更宽松 有条件回售：大部分转债在最后两个计息年度任何连续30个交易日的收盘价格低于当期转股价格的70%时，持有人有权将其持有的转债全部或部分按债券面值加当期应计利息的价格回售给发行人 附加回售：在募集说明书中约定，如果募集资金用途发生改变则赋予持有人一次回售权
下修条款	更苛刻 只有在发行公司的股份发生实质性变化时才会进行转股价的修正，如送股、转增股、增发新股和配股等	更宽松 存续期内，当公司股票连续30个交易日中至少15个交易日收盘价低于当期转股价80%/85%时，董事会表决2/3及以上通过方可提出下修方案

续表

条款	美国	中国
反稀释条款	在发行人增发新股、派发股票股利等行为导致股本扩大时，发行人按募集说明书的约定调整转股价格。此外，还有一些反稀释条款会约定，只要发行人还有存续的可转债，那么发行人就不可以发行低于存续转债转换价格的转债或附有转股权的其他产品	—

资料来源：自行整理。

（一）美国转债市场赎回条款较我国更灵活，可满足科技型企业转债发行多样化需求

美国可转债赎回条款分硬赎回和软赎回两类。其中硬赎回条款约定转债发行若干年后，发行人有权强制赎回全部或部分转债，且同一转债可以约定多个强赎期。软赎回条款通常约定正股价格在一段时间内连续上涨至转股价格的某一阈值后，按约定价格赎回转债，这与国内有条件赎回条款类似。另外，转债发行人还可以设置强制赎回保护条款，即约定在转债发行后的一段时间内禁止赎回，实际上这类似于我国转债中对赎回期的要求。在赎回条款方面，美国市场的条款设计更为多样化，再结合科技企业的成长属性，在进入赎回期后，发行人为避免因正股价格上涨投资人转股稀释股权，发行时可通过设置多个强制赎回期，实现资金期限的均衡错配，反观我国在此方面形式则更为单一。

（二）美国转债市场回售条款较我国更严格，下修条款必要性更弱

我国可转债的回售条款主要分为有条件回售和附加回售两种。回售的触发条件与正股价格有关，往往约定在可转债到期前的两年，正股收盘价连续30个交易日低于当期转股价70%，可转债持有人有权将持有的可转债按面值加上当期应计利息进行回售。附加回售条款是在募集说明书中约定，一旦募集资金用途出现重大变更，则赋予持有人一次回售权。而美国市场上转债回售条款一般只有在公司基本面发生重大变化时才会被触发，且回售价通常低于面值。另外，在下修条款方面，由于美国转债触发回售条款的可能性较低，下修的情况极少出现。由此可见，美国转债市场条款设计上更倾向发行方，严苛的回售条款有利于科技企业融资性现金流的稳定性。

（三）美国转债市场独有的反稀释条款，可用于保护可转债持有人的利益

反稀释条款中最常见的是股利保护条款，即在发行人增发新股、派发股利等行为导致股本扩大时，公司按募集说明书的约定下调转股价格。除此以外，还有一些反稀释条款约定，只要公司还有存量转债，那么发行人就不能发行低于存续转债转换价格或附有转股权的其他产品。可见，反稀释条款的设置更有利于保护投资者权益，从而激发科技型转债持有人的投资热情。

（四）强制转股可转债变相拓宽创新型企业权益类融资渠道

强制转股可转债要求债券持有人在约定转换日之前将手中持有的转债全部转换为股票，由于没有债底保护，这类转债将为投资者提供更高的票息作为补偿。目前，强制转股可转债分为"PERCS"和"PEPS"两类，其主要区别为行权价格设定的不同。"PERCS"的特点是在最终转换日之前可以随时转股，但行权价格有上限，当正股价格超过一定涨幅时，只能按限定的价格获得转股收益。"PEPS"则具备一高一低两个转股价格，当到期前正股价小于较低转股价时，按较低价转股。如果正股价高于较高转股价时，按较高价转股。如果正股价介乎二者之间时，则按正股价进行转股（见图 11）。

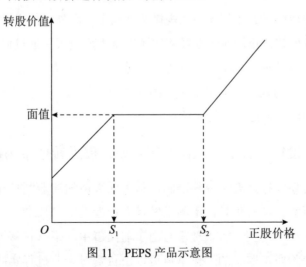

图 11 PEPS 产品示意图

资料来源：自行整理。

（五）反向可转债为风险较高的科技型企业提供融资选择

反向可转债在设计上同普通可转债相反，其内部嵌套的是一个看跌期权，且行权人为发行人而非持有人。在特定时间内，当正股价格出现下跌时发行人有权选择将转债进行转股，届时持有人将承担亏损本金的风险。由于风险敞口更大，反向可转债的票面利息普遍高于相同期限、评级的其他品种，从而吸引要求高收益、高回报的风险偏好型投资者，为科技型企业融资方式扩容。

综合来看，美国可转债市场的债性更强，我国转债市场的股性更强。在美国市场上，转债发行初期往往有相较正股交易均价 30% 左右的初始溢价。而我国上市公司在发行转债前往往会有打压股价的动作且采取平价发行方式，这样可使转债在发行时获得一个较低的转股价格，同时也更容易触发赎回条款。这意味着我国转债发行人的转股意愿更强，更具股性，而美国转债更具债性。对比来看，美国转债条款设计个性化程度更高，更偏买卖双方博弈的均衡性，在发行条款的设计上相较于中国更有利于融资端。我国转债市场发行条款更强调投资者保护，不利于科技创新型企业通过转债进行融资。

三、我国可转债市场发展的相关建议

我国可转债市场起步较晚，在规模及结构上与海外成熟市场存在一定差距。整体来看，海外转债市场对于新经济领域支持力度更大，通过借鉴其优秀经验，可以提升我国可转债市场效能，拓宽科技企业融资渠道，进而助力经济高质量增长。结合前文对比分析，我们将从可转债发行方式、发行门槛、条款设计、发行场所等领域提出进一步优化意见。

（一）在发行方式上，向注册制转型，促进转债市场扩容

我国可转债发行主要采取核准制，与美国采用的注册制相比，发行流程更繁杂、难度更大、耗时更长，不利于发行人把握关键窗口期。因此，建议推动转债市场向注册制转型，将管理重心由事前向事中、事后转移。在可转债公开发行前的审核阶段，监管的工作重点可以由负责对企业进行实质性判断，转换为对材料真实性、完整性把关，同时对于科技型企业实行专人专审、优先审批原则，提高发行效率。针对已通过私募方式发行的可转债，应打通其在发行后通过再注册进入公开市场的快捷通道，从而创造一个更为高效、便捷和开放的

转债发行环境，提高企业资源配置效率，促进转债市场加速扩容。

（二）在发行门槛上，放宽科技企业发行条件，创设激励机制

纵观我国转债市场发展历程，可以发现发行门槛已逐步放宽。但相较于其他融资方式，可转债的发行要求仍旧较为严格，尤其是在主板及中小板发行条件中，对于企业财务指标的诸多要求，直接将大多数科技型中小企业拒之门外，这也导致我国转债市场大型传统领域企业占比极大，而新兴领域企业却参与度不高。因此，建议在发行门槛上，进一步向科技创新型企业倾斜，通过出台针对性条款，适度放宽发行条件，淡化科创公司盈利性要求，以提高相关企业转债发行成功率，推动市场资金进一步向新经济领域流入。同时，对于"专精特新"企业可转债的首次发行，政府可给予一定的贴息，提高企业通过转债融资的主动性和积极性，帮助更多科技型企业做大做强。

（三）在条款设计上，放宽自由度，引导发行人创新

受企业规模、信用资质等因素的限制，传统的融资工具难以充分满足科创企业的融资需求。因而转债作为支持企业科技创新的中坚力量，有必要不断提高其结构的包容性和灵活性，以便企业能够根据自身发展需要，灵活调整发行计划。目前，我国转债市场在交易品种方面仍以普通可转债为主，条款灵活度不高，且在维护发行人利益领域的条款有待丰富。基于这一现象，我们建议：一方面应当放宽转债条款设计的自由度，提高发行种类的多样性，从而增强条款的博弈属性；另一方面鼓励金融机构为有需求的企业提供专业化的转债融资指导服务，引导企业基于自身条件积极创新转债结构，增强转债在不同环境下与企业需求的契合度与适配性，以达到融资效率最大化。

（四）在发行场所上，发挥北交所职能，拓宽科技企业融资渠道

北交所是服务创新型中小企业的主阵地。目前北交所已在发行门槛、审核流程、服务手段等方面出台了多项政策，助力企业走"专精特新"之路。在可转债方面，北交所目前尚未颁布公募可转债发行细则，企业仅可通过定向募集的方式发售。在此背景下，企业面临着因议价能力不足而导致转债发行失败，批文失效的风险。即便成功发行，募集的资金也较为有限，且由于缺乏下修条款的保护，当股价出现大幅波动时，容易触发回售，影响企业现金流的稳定性，

这就导致了北交所大多数上市企业对于发行转债目前仍持观望态度。因此，建议有关部门将北交所作为私募可转债通过再注册公开交易的试点平台，尽快出台北交所公募可转债试行管理办法，赋予转债在设计及流通时更高的灵活性。做好相关政策的宣传及培训工作，引导企业充分利用可转债拓宽融资渠道。同时，建议就转债设置更低的交易佣金，从而提高转债流动性，激发北交所转债市场的活力。

　　一国资本市场结构需与其经济结构相匹配，才能更好地发挥金融对经济发展和结构调整的促进作用。当前我国正处于实现经济高质量发展的重要时期，科技创新是关键。科创企业作为科技创新的载体，其发展壮大离不开资本市场的支持。建立健全多层次资本市场体系要大力发展多维度的转债市场。而目前我国转债市场呈现出总量不足与结构失衡两大特征，需要从扩总量和调结构两方面发力，优化、细化转债市场对科创企业的支持政策。筑牢转债市场健康可持续发展的制度基础，使其适应我国国情和发展阶段，更好地为实现我国经济高质量发展服务。